新时代新理念职业教育教材·机车车辆类
"互联网+"立体化教学资源特色教材

铁道车辆技术专业实训指导书
（货车方向）

主　编　王亚平　蒋　奎　武　欣

副主编　毕晓峰　郭顺美　于　莉

主　审　宋铁民

北京交通大学出版社
·北京·

内 容 简 介

本书以高等职业教育铁道车辆技术专业实训课程教学大纲为基础，结合铁路工作现场对货车检车员、铁路车辆钳工相关岗位必备核心技能的要求，对学生进行铁路货车运用、检修技能实训。

全书共设 5 个项目 25 个任务，涉及货车运用基本知识（3 个任务）、货车转向架运用维修（6 个任务）、货车制动系统运用维修（7 个任务）、货车车钩缓冲装置运用维修（4 个任务）、货车单车检查综合技能训练（5 个任务）。

本书配有与任务相关的操作视频，可用作高职院校学生的教学用书，也可供铁路企业相关岗位的术人员培训使用。

图书在版编目（CIP）数据

铁道车辆技术专业实训指导书. 货车方向 / 王亚平，蒋奎，武欣主编；毕晓峰，郭顺美，于莉副主编. —北京：北京交通大学出版社，2023.2

ISBN 978-7-5121-4851-2

Ⅰ. ① 铁⋯ Ⅱ. ① 王⋯ ② 蒋⋯ ③ 武⋯ ④ 毕⋯ ⑤ 郭⋯ ⑥ 于⋯

Ⅲ. ① 铁路车辆–货车–高等职业教育–教学参考资料 Ⅳ. ① U27

中国版本图书馆 CIP 数据核字（2022）第 246487 号

铁道车辆技术专业实训指导书（货车方向）
TIEDAO CHELIANG JISHU ZHUANYE SHIXUN ZHIDAOSHU (HUOCHE FANGXIANG)

责任编辑：陈跃琴

出版发行：北京交通大学出版社　　　　　电话：010-51686414　　http://www.bjtup.com.cn

地　　址：北京市海淀区高粱桥斜街 44 号　邮编：100044

印 刷 者：北京鑫海金澳胶印有限公司

经　　销：全国新华书店

开　　本：185 mm×260 mm　　印张：13　　字数：325 千字

版 印 次：2023 年 2 月第 1 版　　2023 年 2 月第 1 次印刷

定　　价：48.00 元

本书如有质量问题，请向北京交通大学出版社质监组反映。对您的意见和批评，我们表示欢迎和感谢。

投诉电话：010-51686043，51686008；传真：010-62225406；E-mail：press@bjtu.edu.cn。

前　言

《铁道车辆技术专业实训指导书（货车方向）》是为适应当前高职教育人才培养模式和课程改革相关要求，根据铁道车辆技术专业教学指导委员会制定的最新专业教学标准编写的实训教材。对高职院校教学而言，教材编写需要以职业教育教学理论为基础，以本专业所对应的典型职业活动的工作能力为向导，因此在铁路货车检修实训教学中，掌握对相关技能进行训练的应知应会、方式方法尤为重要。

本书采用“项目—任务—活动”的编排结构，通过互联网和移动终端平台，对传统纸质教材内容与新媒体视频资源进行有机融合，既可以作为高职院校铁道车辆技术专业的教学用书，也可以作为铁路企业技术人员的培训用书。

为深化产教融合、校企合作、育训结合，推动企业深度参与协同育人，河北轨道运输职业技术学院和中国铁路北京局集团有限公司石家庄车辆段校企合作共同开发了这本实训指导书。本书由河北轨道运输职业技术学院王亚平、蒋奎、武欣担任主编，毕晓峰、郭顺美、于莉担任副主编，具体编写分工如下：项目 1 由河北轨道运输职业技术学院王亚平、于莉、毕晓峰编写，项目 2 由河北轨道运输职业技术学院武欣、蒋奎、郭顺美、王亚平、王伟宵编写，项目 3 由河北轨道运输职业技术学院彭鹏、田杰宇、杨献杰和中国铁路北京局集团有限公司石家庄车辆段职教科张增顺编写，项目 4 由河北轨道运输职业技术学院武欣、毕晓峰、郭顺美、蒋奎、孔媛编写，项目 5 由河北轨道运输职业技术学院王亚平、王运涛、孔媛、张静斌、王葳和中国铁路北京局集团有限公司石家庄车辆段职教科耿翮飞编写。本书由中国铁路北京局集团有限公司石家庄车辆段宋铁民担任主审。

在本书的编写过程中，得到了中国铁路北京局集团有限公司石家庄车辆段等单位的大力支持和帮助，在此一并表示衷心的感谢。由于编者水平有限，书中难免有缺陷和不足，恳请广大读者批评指正。

编　者

2023 年 1 月

目　　录

项目1

货车运用基本知识

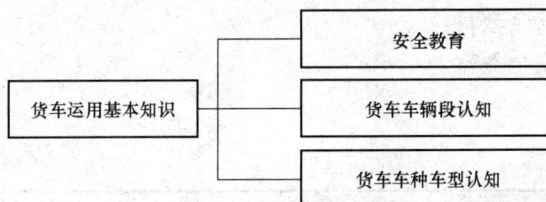

【项目构架】

```
                                    ┌─── 安全教育
                                    │
        货车运用基本知识 ───────────┼─── 货车车辆段认知
                                    │
                                    └─── 货车车种车型认知
```

【项目引导】

目的与要求

1. 通过对车辆段的学习,了解货车管理组织构架,了解车辆段及生产单位的任务与职责。
2. 掌握车辆运用安全生产规章制度。
3. 认知货车常用的车型种类。

重点与难点

重点:

1. 车辆段的任务与职责。

2. 车辆检修一般安全要求、列检所安全作业要求、站修安全作业要求。

难点:

车辆检修一般安全要求、列检所安全作业要求、站修安全作业要求。

【项目内容】

任务 1.1 安 全 教 育

【任务描述】

"安全第一，预防为主"是铁路工作永恒的主题，通过本任务的学习，学生需掌握以下内容：

① 安全教育的基本要求。

② 检修作业中的安全教育。

③ 运用作业中的安全教育。

【学习目标】

知识目标	1. 掌握车辆检修一般作业安全要求； 2. 掌握列检作业场作业安全要求； 3. 掌握站修作业安全要求
素质目标	1. 培养学生提高安全意识、遵守规章制度的良好习惯； 2. 培养学生职业道德、团队合作精神； 3. 培养学生吃苦耐劳的良好品质

【导　　入】

"安全第一，预防为主"是我国铁路运输安全管理方针。铁路运输主管部门根据铁路运输的性质，对铁路各专业制定了相应的安全规章制度，制定了安全法规和技术作业标准，使得安全管理规范化、高效化、科学化。

贯彻"安全第一，预防为主"指导方针的原则要求如下：

① 牢固树立安全第一的思想，强化安全第一的责任意识。

② 遵守规章制度，严格组织纪律，这是运输安全的重要保证。

③ 加强职工教育培训工作，提高职工队伍安全素质，这是运输安全的重要基础。

④ 不断改善和更新运输技术设备，这是保障运输安全的物质基础。

铁路车辆的运用与检修是铁路运输的重要工作，国铁集团制定了《铁路技术管理规程》《铁路货车运用维修规程》《铁路车辆安全管理规则》等法规，确保货车的运用与检修安全得到全面的贯彻。

对于车辆专业操作人员，在工作中要遵守铁路的一切法规和制度，严格按照作业标准化程序进行作业，保证安全第一，高质量地完成工作任务。

【活 动】

活动 1.1.1 安全教育

1. 车辆检修一般作业安全要求

① 上班前,严禁饮酒,要充分休息好,保证工作时精力充沛,思想集中;工作前,要按规定穿戴好防护用品,检查确认所使用或交接的工具、设备的技术状态良好;工作中,要保持场地整洁,通道畅通,作业中必须保证精力集中、严守两纪,不准做与本岗位工作无关的事情;下班前,要关闭风、汽、水、电等开关,工具、材料要收拾整齐,打扫周围环境,做到工完、料净、场地清。

② 在站场上作业和行走时,要随时注意两邻线来往的机车车辆,防止被车上坠落物品、篷布绳索等击伤;严禁在枕木头、轨道心、车底下、车端部和站台边坐、立、闲谈、休息、避雨或乘凉;顺线路行走时,不走轨道中心和枕木头。

③ 横越停留车辆的线路时,应先确认无调车作业及车辆无移动可能时,再由车钩上方通过,手抓牢,脚踩稳,严禁踩钩锁、钩颈和折角塞门把手。从停留车辆的端部横过线路时,要留有足够的安全距离,迅速通过,不得在轨道中停留。

④ 两人以上从事同一作业时,必须指定专人指挥,统一行动,互相配合,呼唤应答。

⑤ 横越线路或道口时,注意瞭望机车、车辆,执行一站、二看、三确认、四通过制度。严禁抢道、抓车、跳车、钻车。

⑥ 搬运材料、配件时,应在两线间行走,不得紧靠线路。两人以上抬物品时,应同肩同步,同起同落,做好呼唤应答。

⑦ 锅炉房空气压缩机室、乙炔发生器室、配电室、危险及易燃易爆物品存放室,严禁闲杂人员进入。易燃易爆物品存放室,应严禁烟火。

⑧ 登高作业在使用梯子、高脚凳、升降台之前,应检查确认其完整、良好。作业时,要思想集中,不得用力过猛和探身过远或高空跨越。升降台在上下升降或左右移动时,必须瞭望,确认安全后才能开动。不得两人同时站立在同一梯子上。高空作业时,应佩戴安全带或采取有效防护措施。露天工作场遇有 6 级以上大风时禁止高空作业。

⑨ 禁止私人接电源线。机械设备的电器部分发生故障时,要立即关闭电源开关,通知电工进行修理,禁止非电工人员检修电器。导线不允许缠在铁丝、金属管及机械设备等导体上,以防漏电伤人。

⑩ 进入电气化铁路区段的人员,严禁上车顶,严禁靠近接触网支柱。汽车运输通过接触网时,其装载高度不得超过 4.2 m。随车人员严禁挺身站立,4 m 以上不得有人。

⑪ 一切电动机械、工具,其电压在 50 V 以上的,都要采取保护性接地或接零措施。移动照明灯的电压不得超过 36 V,灯泡应装有防护罩。易燃易爆的作业场所、危险品仓库等处的照明灯,需装防爆装置。

⑫ 各种机械设备转动的外露部分,都要设置安全防护装置,凡超过 2 m 高的各种脚手架、走台、扶梯等,都要设置牢固的防护栏杆,其高度不低于 1 m。

⑬ 机床及各种转动机械设备的操作人员，在开机前，要检查机械转动部位的防护装置是否齐全、良好，给油状态是否良好；在操作机械时，衣袖要扎紧，女同志的头发应放在工作帽内，严禁戴手套操作；进行金属切削工作时，要戴好防护眼镜。

⑭ 各种锤、铲、锉、冲、斧等手动工具的材质硬度要适中，表面需平整，无卷边、缺损、裂纹。把柄需用硬木制作，要平滑光洁，无裂纹，不松动。锤柄应装有金属防脱楔子（不得用铁钉代替）。活扳手、管钳子不准加装套管，不准用 2 个扳手咬合使用或用扳手代替手锤使用。挥抡大锤不准戴手套，在打击第一锤之前，应注意周围环境，确认安全状态。

⑮ 一切工具、材料不得投掷传递，不得放在车顶、机械转动部位和边缘处所。

⑯ 根据产生防火要求配足消防器具，建立消防组织。非遇火警，禁止乱拿乱用消防器具。冬季安装取暖火炉要符合公安部门防火要求。要对职工进行消防知识教育，防止火灾和煤气中毒。

⑰ 对容易发生伤亡事故、中毒、爆炸、触电、火灾等的场所，应悬挂明显的国家统一规定的警告牌、提示牌。

⑱ 使用手提式风钻、电钻前，应检查确认钻机的技术状态和绝缘良好。操作时，站立位置要适当，不得用力过猛。在钻机尚未停止转动时，严禁接触钻头、钻夹头或钻套。严禁用手清除钻头上的碎屑。中断作业时，应立即切断电源、风源。

⑲ 使用各种镐类、千斤顶起重时，重心要找准，底座安放平稳、牢固，镐体垂直，铁与铁接触部分要加防滑木垫，其行程不得超过全长的 3/4（或安全线）。在一个起重物上同时使用多台镐时，要有专人指挥，平稳起落，防止倾倒。

⑳ 在起重过程中，起重物尚未垫妥架稳前，操纵人员不得离开岗位，身体任何部分不得伸入起重物下方。

㉑ 生产、生活区域均需建立环境卫生分工负责制，道路要平坦畅通，门窗、地面要整洁。距离线路较近的房屋，门前道路与轨道交叉处，要设安全栏杆或装设警铃、警告牌。为生产、生活需要所设的坑、壕、池和阴井，应有围栏或盖板。

2. 列检作业场作业安全要求

① 列检人员要熟悉本站内线路、设备、建筑物及调车作业情况。进出作业场要严格按照指定路线行走。

② 上班前，特别是上夜班前，要充分休息好，保证工作时精力充沛，思想集中。班前和班中严禁饮酒。

③ 列检作业要统一着装，佩戴臂章。雨雪天气时，穿戴要注意保持视觉、听觉的良好，并注意防滑。

④ 接发列车作业要严格执行整队出发、列队归所制度。

⑤ 列检作业场应按检修列车股道数配备带有脱轨器的防护信号，应保持信号状态良好，并指定专人负责维修保管。

⑥ 在站内线路上检查、修理、整备车辆时，必须有专人按规定插设脱轨器和防护信号，禁止在无防护信号的情况下进行车辆检修工作。带脱轨器的防护信号应设置在列车（车列）两端来车方向的左侧钢轨上，距车端 50 m，最少不能小于 20 m。风雪雨雾等不良天气要严格执行安全联控制度。

⑦ 列车作业完毕时，在列车两端对号志。确认车下无人后，由专人撤除脱轨器及防护信号。

⑧ 在站场内行走，应顺线路行走在两线路中间的安全处，不准走轨道中心和枕木头，并注意来往车辆；禁止互相打闹或两人以上并列行走；禁止扒乘站内调车机车或车辆代步，更不许飞上飞下扒乘车列。

⑨ 横过线路时，严格执行"一站、二看、三确定、四通过"的制度，确认左右及邻线无车，安全时迅速通过；严禁与来往机车、车辆、车列抢行；严禁在无防护信号的车列下通过；通过线路时不得脚踏轨面、道岔活动岔尖与基本轨缝及拉杆上。

⑩ 横越列车（车列）时，应先确认无调车作业和车辆移动的可能，再由车钩上方通过，严禁钻越车底。通过时严禁脚踩上锁销、钩颈和折角塞门把手。

⑪ 从停留车辆端部跨越线路时，要留有安全距离，徒手通过时不少于 3 m；搬运材料、工具时不少于 5 m。

⑫ 在站内抬运笨重工具、材料或在车底下传递工具、配件时，要呼唤应答、步调一致，并注意列车动态。

⑬ 接发列车时，应站在两线间安全地点，要目迎目送，注意酸、碱罐车运行，货物装载，篷车绳索等状态，防止意外伤人。

⑭ 在检修车辆上部时，应确认货物装载状态及车门关闭状态，确保安全后，再进行工作。

⑮ 检查罐车及装有易燃易爆品的车辆时，要注意防火，严禁明火接近、敲打罐体，严禁进入车内、罐内。

⑯ 起镐作业时，要采取防滑措施；处理一切制动装置故障（换阀、换闸瓦、洗制动缸、换制动梁等）时，必须先关闭截断塞门（关门），排净副风缸余风（排风），作业结束后将其恢复；调整制动缸活塞行程时，严禁用手摸探孔装销。清洗制动缸时，卸缸盖螺栓前要套上安全套，插上安全销；卸缸盖螺母时，头部要闪开。此外，大件修理时，还必须遵照相应的安全操作规程作业。

⑰ 在站场内休息或待检时，不得坐在钢轨上、站台边缘上，不得在车底下休息、避雨、乘凉。

⑱ 在动车组、直达特快旅客列车通过时，严禁对其相邻线路的列车进行检修作业。

⑲ 在电气化线路区段，禁止在接触网下上车顶、罐上及手制台上进行作业，禁止靠近接触网支柱；接触网导线折断下垂与车辆接触时，列检人员不得处理，应保持 10 m 上安全距离。

⑳ 在列检作业现场，如遇施工、堆放路料等影响列检作业和人身安全时，施工部门须采取有效措施，确保列检人员作业安全。

㉑ 在对列检设备的轨边设施进行检修作业时，必须设专人防护，不得单人作业。

3. 站修作业安全要求

1）架落车体作业

对于各种架落车用的机具及其附属配件、吊具、吊索等，必须订立检查制度，做好记录备查。

架落车作业前，应对架落车机具、负重量及地基状态进行技术检查。镐和铁马的顶部应放置不超过 2 块的防滑木垫，并在车辆的另一端打好止轮器。

有下列情况之一者，严禁架车：

① 不是均衡装载货物的重车；

② 非指定可架重车的地面；

③ 库外遇有大风雨时；

④ 车顶、车内、车下有人时（不包括架车人员）；

⑤ 固定架车器的镐顶与窄车体的侧梁搭载量有效长度不足 100 mm 时；

⑥ 少于 3 名作业人员时。

架车作业时，要鸣笛警告，缓慢启动塞门把手，严禁猛起急落和两端同时起落。车体架起后，应立即插好并固定车架器圆销或架好铁马，保持车体平稳，注意车辆动态。

架落车时，禁止手扶心盘销。必要时必须在两侧旁承上各垫以 200 mm 以上厚的硬木护垫方准进行。在任何情况下不准将头和身体探入枕梁与摇枕之间。

车体架起后，必须先支好铁马，再将转向架推出。落车时，必须在将转向架推到车体下部之后方可撤除铁马；推动转向架时，头和手不得超过轮缘高度。

架车作业人员应于架妥垫稳后，进行安全检查，关闭给风塞门或电源，收拾好电线、工具，方可离开。

使用桥式起重机架落车时，还必须遵守天车作业的安全规定。

2）转向架检修作业

分解、组装转向架，应根据不同型号的转向架按各自的作业顺序进行。对一切零配件、工具，严禁抛、掷。

在分解、组装侧架、均衡梁、拱板、摇枕、成组弹簧时，应使用吊挂牢靠、作用灵便的专用机具或天车，由两人以上操作，做到步调一致、用力均衡、呼唤应答、放稳垫实。

使用活动工作台作业时，要加强联系，防止误动。走行轨道要保持平整、畅通，防止颠翻。采用地下流水线时，应有报警装置或设人看护。

使用天车、悬臂吊、平衡吊吊送配件时，要有专人指挥，吊具要牢靠，动作要稳，严禁在吊起的工件下方进行任何作业。

分解、组装各部螺栓时，要选用适合的扳手。使用电动工具时，精力要集中。换套筒时，双手要紧握其中部。使用螺栓防转卡子时，要停机安放，以防挤手或滑落砸脚。

3）车钩缓冲装置的检修作业

分解、组装车钩装置，应使用工具，严禁直接落地。在没有拧妥前后拖板螺栓的情况下，必须要有架起的车钩顶镐。

分解、组装钩舌时，必须两腿分开，将钩舌贴胸搂抱，钩舌入位后立即穿上钩舌圆销。拆装钩舌销时，提开钩锁后注意防止钩舌落下砸脚。

遇有车钩及车钩尾框不能自然落下时，应使用工具压缩缓冲器弹簧，不得打入铁楔。

分解检修各型缓冲器时，要安装好防护装置，否则禁止敲打、震动。卸下缓冲器时，应检查弹簧压缩状态。往下溜放缓冲器时，滑梯要勾牢，禁止用人超力抬搬。

使用电动扳手、风动扳手装卸托板螺母时，要遵照操作流程调整好倒、顺位置，严禁用手扶防转卡具。

在搬运和检修中，遇有压缩状态的缓冲器或弹簧箱破损时，特别要注意避开弹崩方向，防止伤人。

4）制动装置检修作业

拆装、检修各阀门、仪表、管路及其配件时，必须先截断风源，排尽余风，然后才能作业。作业结束后要恢复开通位置。

分解、组装制动缸、副风缸时，应使用专用工具，两人操作，做到呼唤应答。

分解制动缸盖螺母前，要在活塞杆上套好安全圈，插上安全销，操作人员的头部要偏离活塞杆的伸出方向。

吹扫各种储风缸、制动管时，其风压不得超过 200 kPa。开放折角塞门吹尘时，应紧握制动软管连接器。

使用单车试验器时，每次试验前都要大声呼唤或鸣笛，确认车下无人后方可进行。车体未落妥前禁止拖行单车试验器。试验结束后，要全面排风。因故暂时离开时，要关闭截断塞门。

登高检修手制动机前，要先检查扶手、脚踏板、制动台的安装螺栓是否牢固，工具、配件要放妥，防止坠落伤人。

5）轮对检修作业

检查、测量轮对时，不得脚踩钢轨，要随时注意前后轮对的状态，并对前后轮对加强防溜动设施。溜放轮对前，要先检查线路，确认无障碍物后，在有人防护的情况下进行。严禁骑跨钢轨推送轮对。

使用地镐转轮时，托板要与车轴相吻合，缓开塞门，平稳顶起。溜放时，要注意瞭望。

装卸轮对时，起吊落钩不得与车内端、侧板碰撞。底层装载要牢固，要打上止轮器。要检查上下侧门插销是否插妥、钩牢。

装卸轮对、车轴、车轮时，吊具挂妥后，要呼唤应答，人员要及时躲开，防止滑动、坠落。

6）滚动轴承检修作业

感应加热器及控制屏的接地线状态应良好。作业人员要经常检查加热器线圈引出线和电缆线的绝缘状态，防止漏电、触电。随时注意使用情况，防止触电事故发生。

使用清洗机冲洗轴承时，开机前先将机盖盖好，防止溶液溅出伤人。取送轴承时，严禁抛掷和用手触摸。待机器自然停止后，用工具提取。

7）探伤作业

探伤人员必须经过技术考试合格并持有操作证，方可胜任探伤工作。每次探伤开工前，均应先检查机件、仪表电路，确认无误后，方可开始作业。

磁粉探伤作业前，要检查仪器性能。使用超声波探伤时，要注意绝缘良好，机壳要有接地装置。凡电器部分发生故障时，要立即切断电源，通知电工处理。

探伤作业时，不得骑跨轨道。向车床或机架上安放车轴时，应使用顶镐进行，禁止使用天车吊轴对顶针。

中断工作或作业完成后，要及时切断电源。

活动 1.1.2　思考练习

1. "安全第一，预防为主"指导方针的原则要求有哪些？
2. 车辆检修一般作业安全要求有哪些内容？
3. 列检作业场作业安全有哪些要求？
4. 站修作业车钩缓冲装置的检修安全有哪些要求？

【考核评价】

1. 综合评价表（见表 1-1）

表 1-1　综合评价表

序号	考核项目	总分	评分标准	自评分	互评分	教师评分	综合评分
1	课前知识查阅、调研完成情况	20	（1）调研铁路职工应具备的一般安全常识。 （2）调研动车段对安全管理的规定				
2	课中参与及协作沟通表现	20	（1）学生积极举手回答问题。 （2）学生普遍具有问题意识，敢于质疑问难，敢于发表不同见解。 （3）学生善于倾听、理解他人发言，并能及时抓住要点。 （4）合作学习适时有效，目标达成度高				
3	对车辆检修安全作业规定的掌握情况	50	（1）掌握车辆检修一般作业安全要求。 （2）掌握列检作业场作业安全要求。 （3）掌握站修作业安全要求				
4	思政方面	10	（1）理解"安全第一"的重大意义。 （2）提高安全意识，增强安全责任心。 （3）培养严谨的工作态度				

注：综合评分=自评分×20%+互评分×30%+教师评分×50%。

2. 教师评价建议

_____

_____

_____

_____

_____

_____

_____

_____

任务 1.2 货车车辆段认知

【任务描述】

货车车辆段是货车进行段修的基地。通过本任务的学习，学生需掌握以下内容：
① 全路货车车辆段的分布情况。
② 货车车辆段的职责。
③ 货车车辆段的组织机构。

【学习目标】

知识目标	1. 掌握车辆段的职责和任务； 2. 了解车辆段的组织构架； 3. 了解本专业的基本知识
素质目标	1. 培养学生的职业道德、创新意识； 2. 培养学生提高安全意识、吃苦耐劳意识

【导　　入】

为了保证铁路车辆在运输中处于良好的技术状态，我国铁路货车的维修保养制度采用以预防为主的原则，货车车辆保养分为定期检修和运用检修。

车辆段是货车车辆检修运用的基地，如图 1-1 所示。车辆段主要负责铁路车辆的运营、整备、检修等工作。车辆段是贯彻执行车辆规章制度的基层单位，它的基本任务是负责车辆的定期检修和日常维修工作，为铁路运输提供足够的、技术状态良好的货车，在检修保证期内和保证区段内保证行车安全，并管理辖区内的检修车间、运用车间、设备车间、动态检测设备车间等。

图 1-1　某车辆段

车辆段一般设在编组站、国境站和铁路枢纽，以及货车大量集散和始发终到列车较多的地区。

【活 动】

活动 1.2.1 货车车辆段的职责

我国铁路货车采用的管理模式是：铁路货车原则上无固定配属，通行全国；安全实行区段负责制；质量实行追溯负责制。货车车辆段必须树立全局观念，贯彻执行"安全第一、预防为主、综合管理"的指导方针，确保货车"用、管、修"协调一致。

货车车辆段的车辆管理职责是：

① 负责货物列车技术检查和列车制动机试验。发现铁路货车故障后应按要求处理，消除安全隐患，保证列车技术质量符合规定的技术标准。

② 负责定检到（过）期车、技术状态不良车（含沿途发生故障的铁路货车）及事故车的扣送工作。

③ 负责铁路货车安全防范系统的日常运用和日常管理工作。

④ 负责国际联运货物列车的技术交接工作，企业自备铁路货车、自轮运转特种设备过轨检查及运用管理工作，以及基地铁路货车备用及解除备用的技术检查和故障处理工作。

⑤ 负责固定配属管理的专用铁路货车的整备工作。

⑥ 负责运用车的技术质量分析、评价和管理工作，组织交接口和场际间货物列车质量监控；负责新造车、定检车和铁路货车主要配件的质量监督和反馈。

⑦ 负责爱护铁路货车工作（简称爱车工作），组织爱车宣传和"爱车周"活动，指导、监督和检查铁路货车的使用，制止损坏铁路货车的行为，负责损坏铁路货车的赔偿和管理。

⑧ 参加相关的铁路交通事故的调查和事故救援工作，负责铁路货车交通事故的处理和管理工作，负责铁路货车行车设备故障的调查、处理和管理工作。

⑨ 按规定负责铁路货车新车型、新技术、新型配件运用考验的相关工作。

⑩ 按规定负责特种运输列车的技术检查及列车添乘等工作。

活动 1.2.2 货车车辆段运用管理系统

货车车辆段设有货车段修检修车间、货车运用车间、站修作业场等生产部门。负责对货车车辆的段修、辅修、临修工作，负责运用车的检修工作，确保列车安全运行。车辆段检修车间鸟瞰图如图 1-2 所示。

图 1-2 车辆段检修车间鸟瞰图

1. 货车段修检修车间

货车段修检修车间主要负责车辆的定期检修，包括车辆的段修、临修等。货车段修的根本任务是：

① 保持货车在下次厂修之前各部状态性能良好；

② 延长车辆配件的使用寿命；

③ 减少临修，消灭行车事故，保证运行安全，提高车辆使用效率。

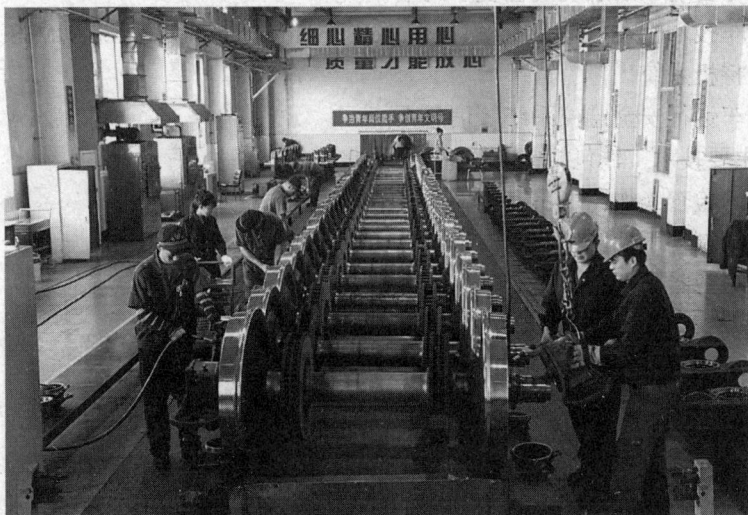

图 1-3 货车段修检修车间

2. 货车运用车间

货车运用车间是车辆段的主要生产车间，管辖一个或几个货车运用检修作业场，执行相关作业标准，负责车辆运用工作的生产组织，确保运用车技术状态良好。

货车运用检修作业场按规定的检查范围和质量标准，对货物列车或铁路货车进行技术作业，承担相应的安全保证责任，保证铁路货车相应部位在正常运用条件下，安全到达下一个负责检查该部位的货车运用检修作业场。

11

货车运用检修作业场包括列检作业场、动态检查作业场等。列检作业场、动态检查作业场的列车技术作业（简称列检作业）包括列车技术检查、列车制动机试验、铁路货车故障处理等。列车技术检查方式分为：动态检查、人工检查、人机分工检查等，列检作业场以人工检查或人机分工检查方式为主。

1）列检作业场

列检作业场的布局须满足铁路运输安全和畅通的需要，在编组站的车场及相应的车站，根据列车运行图中编制的到达解体列车（简称到达列车）、编组始发列车（简称始发列车）、中转列车的数量，同时按照运输组织、机车交路、运行工况、列检作业安全保证距离等合理设置。

列检作业场分为特级、一级、二级，列检作业场按规定的检查范围和质量标准，对货物列车进行技术作业后，须保证铁路货车相应部位的质量标准符合规定，并在正常使用条件下安全运行到下一个列检所，承担相应的安全与质量责任。

列检作业场的作业线路设施应满足列检作业需要，具体如下：

① 须安装具有安全防护功能的固定脱轨器；

② 须配备检修车辆所需的专用设施、工具；

③ 须配备电源、风源等动力设施。

列检作业场须配备以下信息系统：

① 货车车号自动识别系统列检复示终端；

② 铁路货车技术管理信息系统（H management information system，HMIS）运用子系统；

③ 列检手持机系统；

④ 铁路货车运行安全监控系统等信息系统。

列检所的主要技术工作包括：

① 列车技术检查（如图1-4所示）；

② 列车自动制动机性能试验；

③ 铁路货车故障处置和修理等工作。

图1-4 列检作业场人工检查

2）动态检查作业场

动态检查作业场（如图 1-5 所示）利用 5T 系统以动态检查方式进行列车技术检查，动态检查作业场主要是用红外线轴温探测智能跟踪系统（trace hotbox detection system，THDS）、货车运行故障动态图像检测系统（trouble of moving freight car detection system，TFDS）、货车运行状态地面安全监测系统（truck performance detection system，TPDS）、货车滚动轴承早期故障轨边声学诊断系统（trackside acoustic detection system，TADS）等系统对铁路货车进行动态的自动化检测。

图 1-5　动态检查作业场

动态监测系统就是由计算机网络联结的自动监测系统，探测各种货车热轴故障，并进行预报；用货车运行故障轨边图像检测系统，对动态车辆进行图像采集，进行检查、数据处理，对常见故障进行动态检测的系统。动态检测系统的出现，可以很好地将传统的对货车进行检修的方式，全面转化成利用机器的方式进行检修，从而进一步提升了列车质量性的把控力度。

3）作业场设施

列检作业场、动态检查作业场原则上应设值班室、待检室、动态检车室、办公室、会议室、交接班室、资料室、多媒体学习培训室、安全警示室、计算机设备机房、模具展示室、故障展览室、练功基地等生产设施，并设文化活动室、更衣室、间休室、食堂、洗衣间、浴室、卫生间等生活设施。列检作业场还应设充电室、空气压缩机室、工具室、材料配件分存室、室外大型配件存放棚、微机控制列车制动机试验装置的车场端部机房等设施。

3. 站修作业场

站修作业场是货车检修的重要基地，如图 1-6 所示。货车站修包括货车辅修、轴检和临修，其主要任务是维护货车的运用基本性能，努力缩短休车时间，加快车辆周转，保证行车安全。

图 1-6 站修作业场

站修作业场的工作任务是：

① 施行货车定期检修、辅修；

② 施行货车临修，包括修复破损程度较轻的事故车；

③ 整备配属专列货车；

④ 站修作业场所需的一般车辆配件和工具维修。

站修作业场须有修车库、材料配件库、轮对存放库，并有满足车辆检修作业要求的设备及风管路、水管路、电焊回路、照明等设施；根据需要还应有轮对镟修设备。

活动 1.2.3 思考练习

1. 货车车辆段对车辆的管理职责是什么？

2. 货车运用作业场包括哪些场所？

3. 动态检查作业场的主要工作任务是什么？

4. 站修作业场的工作任务是什么？

【考核评价】

1. 综合评价表（见表 1-2）

表 1-2 综合评价表

序号	考核项目	总分	评分标准	自评分	互评分	教师评分	综合评分
1	课前知识查阅、调研完成情况	20	调研我国车辆段的分布情况				

续表

序号	考核项目	总分	评分标准	自评分	互评分	教师评分	综合评分
2	课中参与及协作沟通表现	20	（1）学生积极举手回答问题。 （2）学生普遍具有问题意识，敢于质疑问难，敢于发表不同见解。 （3）学生善于倾听、理解他人发言，并能及时抓住要点。 （4）合作学习适时有效，目标达成度高				
3	货车车辆段的职责任务、货车车辆段的组织机构	50	（1）掌握全路车辆段的分布情况。 （2）掌握货车车辆段的职责。 （3）掌握货车车辆段的组织机构				
4	思政方面	10	（1）培养服务大局的意识。 （2）培养奉献精神、敬业精神				

2. 教师评价建议

任务 1.3　货车车种车型认知

【任务描述】

货车车种车型种类繁多，通过本任务的学习，学生需掌握以下内容：

① 70 t、80 t 级通用货车种类及结构。

② 专用货车的种类及结构。

【学习目标】

知识目标	1. 掌握 70 t、80 t 级通用货车的种类及结构； 2. 掌握专用货车的种类及结构
素质目标	1. 培养学生学习专业知识的能力； 2. 培养学生良好的人文素养

【导　入】

车体由若干纵向梁、横向梁和立柱组成钢骨架（钢结构），再装上内外墙板、地板、顶板，以及根据需要必须安装的隔热材料（如客车、保温车）、门窗等组成，包括底架、侧墙、端墙、车门等部件。其中，底架是车体的基础，承担着车辆的纵向及垂向载荷，因此要求底架设计得坚固、耐用，同时底架也是检修工作的重点部件。

【活　动】

活动 1.3.1　70 t 级通用货车

1. C_{70}、C_{70H}、C_{70B} 型敞车

1）C_{70}、C_{70H} 型通用敞车

C_{70}、C_{70H} 型通用敞车主要用于装运煤炭、矿石、建材、机械设备、钢材及木材等货物，属于通用铁路车辆。该车除了能满足人工装卸作业要求外，还能适应翻车机等机械化卸车作业，并能适应解冻库的作业要求。该车主要由车体、转向架、车钩缓冲装置及制动装置等组成，如图 1-7 所示。

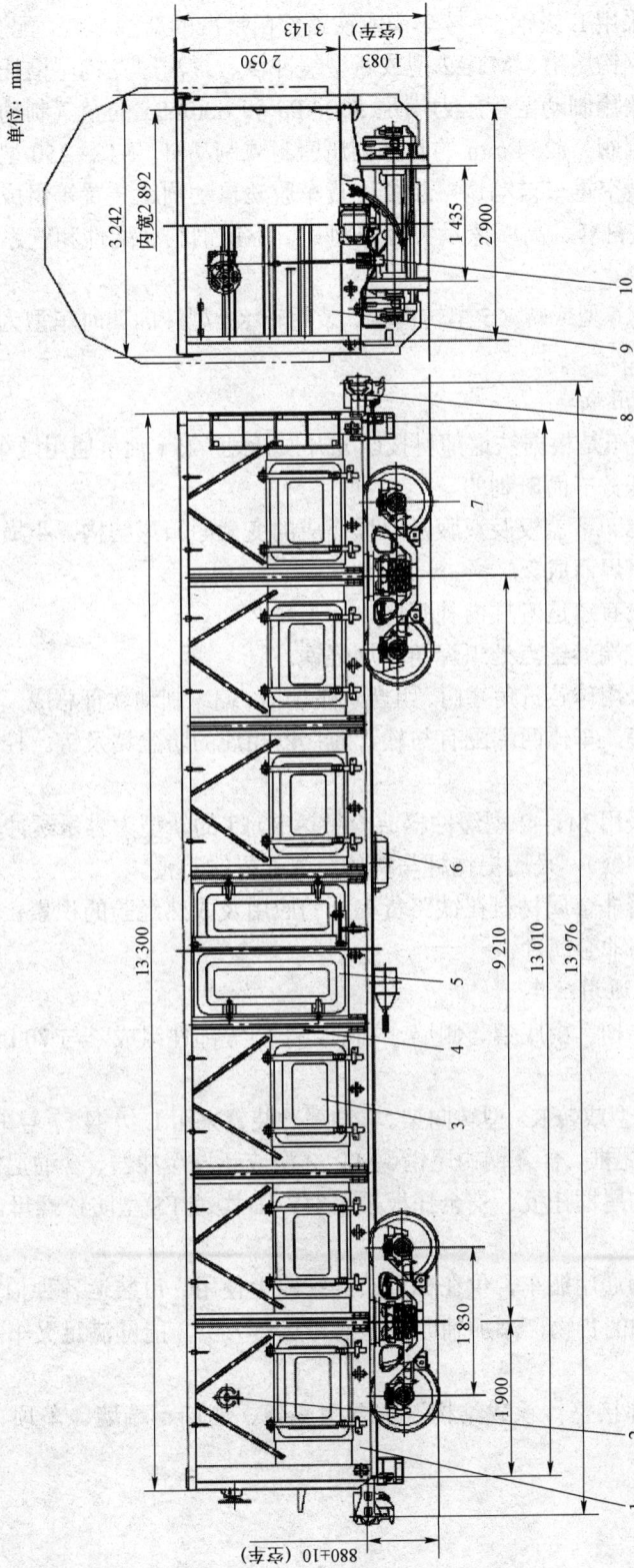

单位：mm

图1-7 C70、C70H 型通用敞车的结构

1—底架；2—标记；3—下侧门；4—侧墙；5—侧开门；6—空气制动装置；7—转向架；8—车钩缓冲装置；9—端墙；10—手制动装置。

3 143（宽车）

2 050

1 083

3 242

内宽2 892

1 435

2 900

13 300

9 210

13 010

13 976

1 830

1 900

880±10（宽车）

车钩缓冲装置　采用 E 级钢 17 号车钩或铁路部门批准的新型车钩，配套采用 17 号铸造或锻造钩尾框、合金钢钩尾销、MT–2 型或新型缓冲器、含油尼龙钩尾框托板磨耗板。

空气制动装置　采用制动主管压力满足 500 kPa 和 600 kPa 的空气制动装置。空气制动装置主要由 120 型控制阀、$\phi254$ mm 的整体旋压密封式制动缸、ST2–250 型双向闸瓦间隙自动调整器、KZW–A 型空重车自动调整装置、货车脱轨自动制动装置等组成，采用编织制动软管总成、奥–贝球铁衬套、高摩擦系数合成闸瓦、不锈钢制动配件和管系。手制动装置采用 NSW 型手制动机。

转向架　采用转 K6 型或转 K5 型转向架，装用转 K6 型转向架时车型为 C_{70}，装用转 K5 型转向架时车型为 C_{70H}。

2）70 t 级新型通用敞车

70 t 级新型通用敞车是根据铁道部科技研究开发计划"25 t 轴重通用敞车的研制"及 70 t 级新型通用敞车设计任务书而研制的。

底架　横梁为由上、下盖板及双腹板组焊而成的变截面箱形结构，小横梁及纵向梁为 U 型结构，中梁由型钢组焊而成。

侧墙　侧柱根部设有铸造侧柱内补强座。

端墙　上侧梁与上端梁结点处组焊角部加强铁。

空气制动装置　采用球芯折角塞门、组合式集尘器、编织制动软管总成、法兰接头、奥–贝球铁衬套及配套圆销等，车体两端配有与软管连接器相连的防尘堵及链。控制阀采用 120–1 型控制阀。

车钩缓冲装置　采用 MT–2 型缓冲器或容量达 80 kJ 的新型大容量缓冲器（新型弹性体缓冲器或新型胶泥缓冲器），采用提钩杆与钩体分离的提钩装置。

新材料应用　随着非金属材料在铁路货车上的应用及成熟经验的积累，车钩托梁、制动管系统垫板等件将采用非金属件。

3）C_{70B} 型不锈钢通用敞车

车体为全钢焊接结构，由底架、侧墙、端墙、车门等部件组成，与 70 t 级新型通用敞车区别是自重 ≤23.8 t。

转向架采用转 K6 型或转 K5 型转向架。车钩缓冲装置采用 E 级钢 17 号车钩或新型车钩，配套采用 17 号锻造钩尾框、合金钢钩尾销、MT–2 型或新型缓冲器、含油尼龙钩尾框托板磨耗板、钩尾销托梁、钩尾框托板、安全托板采用 BY–B 型或 FS 型防松螺母。

2. P_{70}、P_{70H} 型棚车

P_{70}、P_{70H} 型棚车为通用棚车，供在标准轨距铁路上使用，可装运各种怕受日晒、雨雪侵蚀的货物和箱装、袋装的货物，添加辅助设施后可运装人员，能够满足叉车等机械化装卸作业要求。

该车车体为全钢焊接整体承载结构，主要由底架、侧墙、端墙、车顶、车门、车窗等组成，如图 1–8 所示。

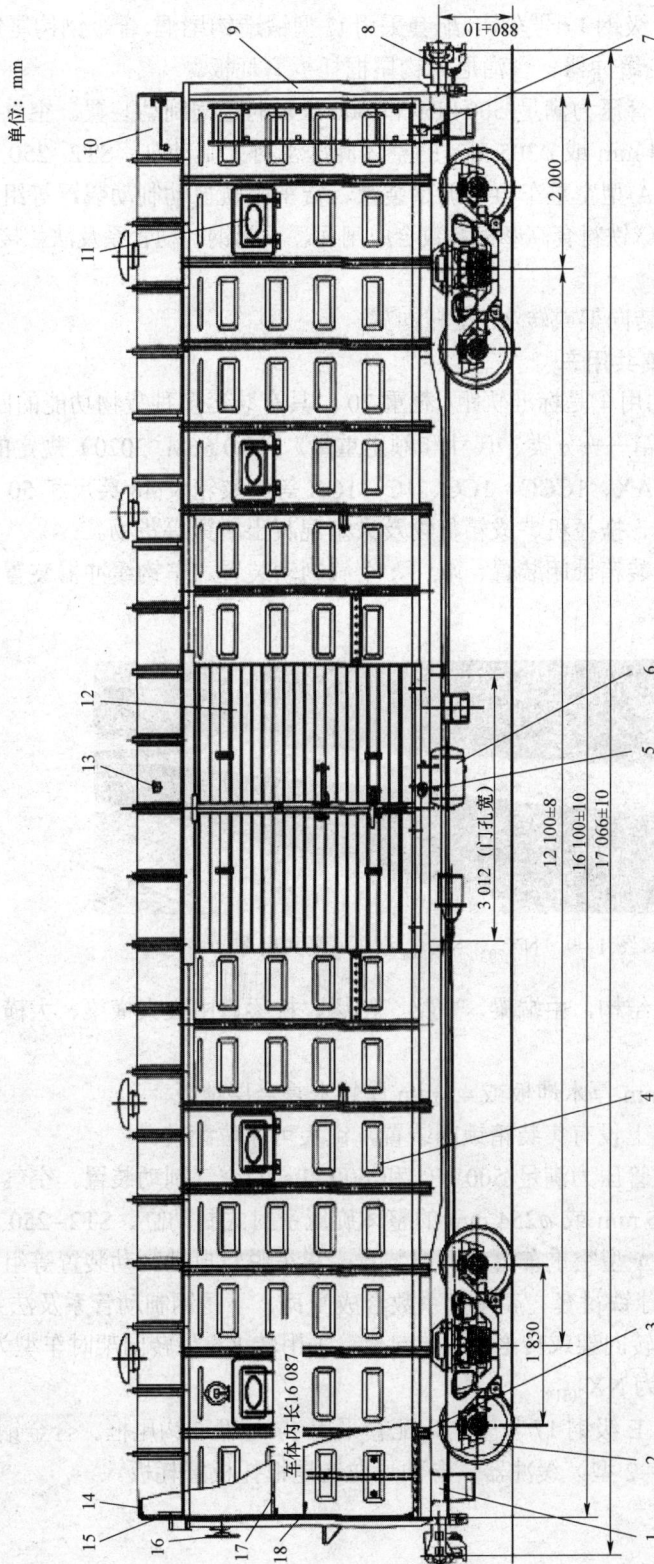

图 1-8 P₇₀、P₇₀H 型棚车的结构

1—底架组成；2—转 K6 型转向架；3—底架木结构；4—侧墙组成；5—底架附属件；6—空气制动装置；7—便器组成；8—车钩缓冲装置；9—端墙装置；10—车顶组成；11—车窗组成；12—车门组成；13—烟囱座组成；14—车顶木结构；15—电气安装；16—手制动装置；17—侧端墙木结构；18—端端墙木结构。

　　车钩缓冲装置　采用 E 级钢 17 号车钩,配套采用 17 型锻造钩尾框、合金钢钩尾销、MT-2 型（HM-1 型或 HM-2 型）缓冲器、含油尼龙钩尾框托板磨耗板。

　　空气制动装置　采用主管压力满足 500 kPa 和 600 kPa 的空气制动装置。空气制动装置主要由 120 型控制阀、ϕ254 mm 或 ϕ305 mm 的整体旋压密封式制动缸、ST2-250 型双向闸瓦间隙自动调整器、KZW-A 型空重车自动调整装置、货车脱轨自动制动装置等组成；采用编织制动软管总成、奥-贝球铁衬套高摩擦系数合成闸瓦、不锈钢制动管系及法兰接头；采用 NSW 型手制动机。

　　转向架　采用转 K6 型转向架或转 K5 型转向架。

　　3. NX$_{70}$、NX$_{70H}$ 型平-集共用车

　　NX$_{70}$、NX$_{70H}$ 型平-集共用车是标准轨距、载重 70 t、具有装运多种货物功能的四轴平车,可供装载符合《系列 1 集装箱——分类、尺寸和额定重量》（ISO 668：2020）规定的 1EEE、1EE、1AAA、1AA、1A、1AX、1CCC、1CC、1C、1CX 等集装箱及 48 英尺和 50 英尺的非标箱,还可装运钢材、汽车、拖拉机、成箱货物及大型混凝土桥梁等货物。

　　该车由底架、地板、集装箱锁闭装置、端门、空气制动装置、车钩缓冲器装置、转向架等部分组成,如图 1-9 所示。

图 1-9　NX$_{70}$、NX$_{70H}$ 型平-集共用车

　　底架　底架为全钢焊接结构,由端梁、中梁、侧梁、枕梁、中央大横梁、大横梁、小横梁和辅助梁等焊接而成。

　　地板　底架上铺有 70 mm 厚木地板或 45 mm 厚竹木复合层地板。

　　集装箱锁闭装置　底架上设有集装箱锁闭装置,锁头可原位翻转。

　　空气制动装置　采用主管压力满足 500 kPa 和 600 kPa 的空气制动装置。空气制动装置主要由 120 型控制阀、ϕ305 mm 或 ϕ254 mm 的整体旋压密封式制动缸、ST2-250 型双向闸瓦间隙自动调整器、KZW-A 型空重车自动调整装置、货车脱轨自动制动装置等组成；采用编织制动软管总成、奥-贝球铁衬套、高摩擦系数合成闸瓦、不锈钢制动管系及法兰接头。

　　转向架　采用转 K6 型转向架或转 K5 型转向架,采用转 K6 型转向架时车型为 NX$_{70}$,采用转 K5 型转向架时车型为 NX$_{70H}$。

　　车钩缓冲器装置　采用 E 级钢 17 号车钩,配套采用 17 号锻造钩尾框、合金钢钩尾销、MT-2 型（HM-1 型或 HM-2 型）缓冲器、含油尼龙钩尾框托板磨耗板。

活动 1.3.2　80 t 和 100 t 级通用货车

1. C_{80} 系列敞车

1）C_{80} 型双浴盆式铝合金敞车

C_{80} 型双浴盆式铝合金敞车是煤炭运输专用车，可与拨车机、自动列车定位机和不摘钩三车翻车机配套使用，实现重载运输，其结构如图 1–10 所示。

车体　双浴盆式、铝合金铆接结构，主要由底架、浴盆、侧墙、端墙、下侧门和撑杆等组成。其中，底架（中梁、枕梁、端梁）为全钢焊接结构；浴盆、侧墙和端墙均采用铝合金板材与铝合金挤压型材的铆接结构；浴盆、侧墙、端墙与底架之间的连接采用铆接结构。

转向架　装用转 K6 型转向架或转 K5 型转向架。

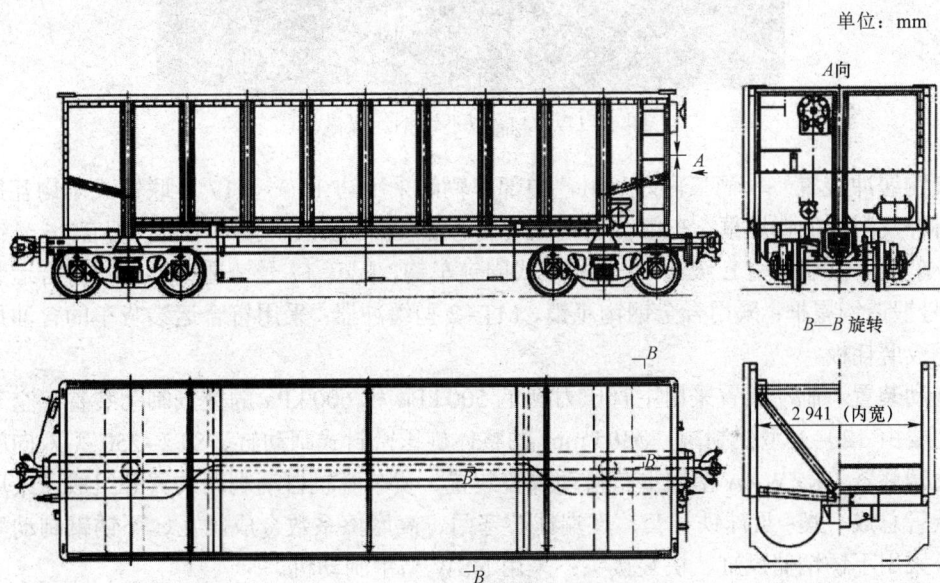

图 1–10　C_{80} 型双浴盆式铝合金敞车的结构

制动装置　采用制动主管压力能满足 500 kPa 和 600 kPa 的空气制动装置，同时预留 ECP 有线电空制动系统安装位置。安装 ECP 有线电空制动装置后，当 ECP 有线电空制动装置失效时，备用的空气制动装置应能正常工作。空气制动装置主要包括 1 个 120 型控制阀、2 个 $\phi 254$ mm 整体旋压密封式制动缸、两套 ST2–250 型双向闸瓦间隙自动调整器、直端球芯塞门、无级自动调整装置、编织制动软管总成及不锈钢管系。手制动装置采用 NSW 型手制动机。

车钩缓冲装置　采用 16 号联锁式转动车钩和 17 号联锁式固定车钩，采用配套的 16 号和 17 号钩尾框、MT–2（HM–1 或 HM–2）型缓冲器，也可装用能与 16 号、17 号车钩互换使用的牵引杆装置。

2）C_{80B}、C_{80BH} 型不锈钢运煤敞车

C_{80B} 型不锈钢运煤敞车是为开行 2 万 t 重载煤炭运输专列而开发研制的专用车辆，能与秦皇岛三、四期煤码头的拨车机、列车定位机和三车翻车机相匹配，实现不摘钩连续翻卸作

业，并能适应环形装车、直进直出装车和解体装车作业，能适应解冻库的要求。

该车主要由车体、车钩缓冲装置、制动装置及转向架等组成，如图 1-11 所示。车体为有中梁的平地板全钢焊接结构，主要由底架、侧墙、端墙、撑杆和车门等组成。采用转 K6 型或转 K5 型转向架。

图 1-11　C_{80B} 型不锈钢运煤敞车

车钩缓冲装置　车辆三辆为一组，中部车辆间采用与 16 号、17 号联锁式车钩互换使用的牵引杆及配套的钩尾框；车组 1 位端采用 E 级钢 16 号联锁式转动车钩，配套 16 号铸造钩尾框；车组 2 位端采用 E 级钢 17 号联锁式固定车钩，配套 17 号铸造钩尾框或符合运装货车的 17 号锻造钩尾框；采用合金钢钩尾销、MT-2 型缓冲器；采用符合运装货车的含油尼龙钩尾框托板磨耗板。

制动装置　制动装置采用主管压力满足 500 kPa 和 600 kPa 的空气制动装置。空气制动装置主要由 120-1 型控制阀、$\phi 305$ mm 的整体旋压密封式制动缸、ST2-250 型双向闸瓦间隙自动调整器、KZW-A 型空重车自动调整装置、货车脱轨自动制动装置等组成；采用编织制动软管总成、奥-贝球铁衬套、直端球芯塞门、高摩擦系数合成闸瓦、不锈钢制动配件和管系；采用不锈钢储风缸、快装接头；采用 NSW 型手制动机。

3）C_{80E}、C_{80H}、C_{80F} 型通用敞车

该车是 27 t 轴重通用敞车（如图 1-12 所示），主要用于装运煤炭、矿石、建材、机械设备、钢材及木材等货物。该车除能满足人工装卸作业要求外，还能适应翻车机等机械化卸车作业，并能适应解冻库的作业要求。

图 1-12　C_{80E}、C_{80H}、C_{80F} 型通用敞车

该车主要由车体、车钩缓冲装置、制动装置及转向架等组成。

车体为有中梁的平地板全钢焊接结构，主要由底架、侧墙、端墙、撑杆和车门等组成。车钩缓冲装置和制动装置与 C_{80B}、C_{80BH} 型不锈钢运煤敞车一样。转向架采用 DZ1 型交叉支撑转向架、DZ2 型摆式转向架或 DZ3 型副构架式转向架。

4) C_{80DH} 型通用敞车

C_{80DH} 型通用敞车主要用于装运煤炭、矿石、建材、机械设备、钢材及木材等货物，它除能满足人工装卸作业要求外，还能适应翻车机等机械化卸车作业，并能适应解冻库的作业要求。

该车主要由车体、车钩缓冲装置、空气制动装置、手制动装置、DZ2 型转向架等部件组成，车体采用出口重载铁路货车运用的成熟的折弯侧墙车体结构，由底架、侧墙、端墙、侧开门及下侧门等组成，如图 1–13 所示。

图 1–13　C_{80DH} 型通用敞车

该车采用 120 型控制阀及传统杠杆式制动装置、NSW 型手制动机；采用 E 级钢 17 号车钩及加厚型钩舌、锻造钩尾框、合金钢钩尾销；采用 HM–1 型缓冲器；采用 DZ2 型转向架。

5) C_{80EFZ} 型通用棚车

C_{80EFZ} 型通用敞车主要用于装运煤炭、矿石、建材、机械设备、钢材及木材等货物，它除能满足人工装卸作业要求外，还能适应翻车机等机械化卸车作业，并能适应解冻库的作业要求。

C_{80EFZ} 型通用敞车由车体、空气制动装置、手制动装置、转向架、车钩缓冲装置及标志等组成，如图 1–14 所示。

图 1–14　C_{80EFZ} 型通用棚车

该车的空气制动装置采用集成空重车限压阀的空气控制阀、ϕ305 旋压密封式制动缸；手制动装置采用 NSW 型手制动机；车钩缓冲装置采用 E 级钢 17 号车钩，配套 17 号锻造钩尾框和 HM-1 型缓冲器；转向架采用 DZ3 型副构架式转向架。

2. P_{80} 型通用棚车

P_{80} 型通用棚车是 27 t 轴重通用棚车，主要用于运输免受日晒、雨雪侵袭的成件货物和包装、袋装、箱装货物，适应叉车等机械化装卸作业。

该车由车体、转向架、制动装置和车钩缓冲装置等组成。车体为全钢焊接结构，由底架、侧墙、端墙、车顶、车门、车窗和内衬等部件组成，如图 1-15 所示。

图 1-15　P_{80} 型通用棚车

车体每侧安装一组推拉式对开车门，车门采用变断面结构。采用与 P_{70} 型棚车相同结构的门锁。车体每侧设有 4 扇内翻式车窗，车窗主要由内窗、外窗和锁闭机构组成。

其制动装置与 P_{70} 型棚车基本一致；车钩缓冲装置采用加强型钩舌的 17 号 E 级钢车钩、锻造钩尾框、HM-1 型缓冲器；转向架采用 DZ1 型交叉支撑转向架。

3. NX_{80} 型平-集共用车

NX_{80} 型平-集共用车是载重 80 t 的共用平车，在中国标准轨距铁路上使用，可运输钢材、汽车、农用机械、大型混凝土预制梁、机械设备、集装箱及军用装备等货物。

该车运输集装箱时，可装运单箱总重≤36 t、外形尺寸符合 ISO 668：2020 规定的 2 个 20 英尺集装箱或 1 个 40 英尺集装箱。

该车主要由车体、制动装置、车钩缓冲装置、转向架等部分组成。其中车体由底架、地板、集装箱锁闭装置、端板组成，如图 1-16 所示。

图 1-16　NX_{80} 型平-集共用车

底架 底架为型钢、板材拼焊的全钢焊接结构，由中梁、侧梁、端梁、枕梁、横梁、中央横梁、纵向梁等组焊而成。

地板 地板采用钢木混合地板结构。

端板 端板组成由端板、上门框、下门框、立柱及端门折页等组成，对端板结构进行了优化设计，采用冷弯矩形管上下边梁与花纹板组焊的设计方案。

集装箱锁闭装置 采用推拉翻转式锁闭装置，锁头为F-TR改进型。为方便货物捆绑，在每个单锁组成及双锁组成的外侧补板处设置有1个装载加固捆绑用地环。在底架端部为单锁组成，中部为双锁组成。

制动装置 制动装置的布置与既有NX$_{70A}$型共用平车基本一致。采用NSW型手制动机。

车钩缓冲装置 采用加强型钩舌的E级钢17号车钩、锻造钩尾框、HM-1型缓冲器。

转向架 采用DZ1型交叉支撑转向架。

4. C$_{100A}$、C$_{100AH}$型三支点敞车

该车于2007年被定型为三支点矿料、钢材运输专用敞车（如图1-17所示），其中装转K2型转向架的为C$_{100A}$型车，装转K4型转向架的为C$_{100AH}$型车。该车适用于在我国标准轨距铁路上运行，可适应抓斗式卸料机或螺旋卸车机卸货、人工卸货、新型大型翻车机卸货和机械化自动驼峰调车作业，能满足解冻库的作业要求。

该车主要由车体、均载装置、车钩缓冲装置、制动装置、转向架及装载加固装置等组成。

车体 车体主要由底架、侧墙、端墙和下侧门等组成，采用无下侧梁和端梁的全钢焊接结构，车体内侧墙和端墙根部设有角部板，与地板和墙板形成封闭形断面。

图1-17 C$_{100A}$、C$_{100AH}$型三支点敞车

均载装置 安装于2位及3位转向架与车体之间，它的装用，解决了三支点车由于三台转向架承载在运行中所带来的问题、车辆过驼峰（凹凸曲线）问题、车辆在驼峰（凹凸曲线）上运行时的均载问题、车辆过小半径曲线问题，这也是与其他车型最显著的区别。

车钩缓冲装置 采用E级钢17号车钩、17号锻造钩尾框、合金钢钩尾销、含油尼龙钩尾框托板磨耗板；采用HN-1型胶泥缓冲器（除HN-1型胶泥缓冲器外，其余配置与C$_{70}$型敞车相同）。

制动装置 制动原理与通用车型一致。制动装置的基本布局为：制动缸设于1位和2位转向架之间，制动缸一端通过制动杠杆和拉杆与1位转向架相连，另一端通过制动杠杆和拉杆与2位转向架相连，2位转向架与3位转向架通过一个上拉杆相连。

转向架 1位转向架采用转K4（K2）型转向架，2位、3位转向架是由转K4（K2）型转向架换装摇枕的专用转向架，其余结构和配置与转K4（K2）型转向架相同。2位转向架摇

枕采用无心盘、旁承承载结构，摇枕上表面设有滑槽，均载装置的上旁承伸入滑槽内，可在滑槽内横向滑动。3 位转向架摇枕采用柱式心盘销、旁承承载结构。摇枕上表面中间位置设有柱式心盘销，心盘销伸入车体的 3 位上心盘内。

装载加固装置　俗称鞍座，用于装载固定卷钢，鞍座分Ⅰ和Ⅱ、Ⅲ型鞍座，卷径为 1 600～1 960 mm 的卷钢选用Ⅰ型鞍座，卷径小于 1600 mm 的卷钢选用Ⅱ、Ⅲ型鞍座。

活动 1.3.3　专用货车

1. X_{4K} 型集装箱平车

该车是在标准轨铁路使用的装运集装箱的专用车，可以同时装运 3 个 20 英尺国际标准集装箱或 1 个 40 英尺和 1 个 20 英尺国际标准集装箱，也可单独装运 1 个 40 英尺、45 英尺、48 英尺、50 英尺、53 英尺集装箱。

该车主要由底架、集装箱锁闭装置、转向架、车钩缓冲装置及制动装置等组成，如图 1-18 所示。

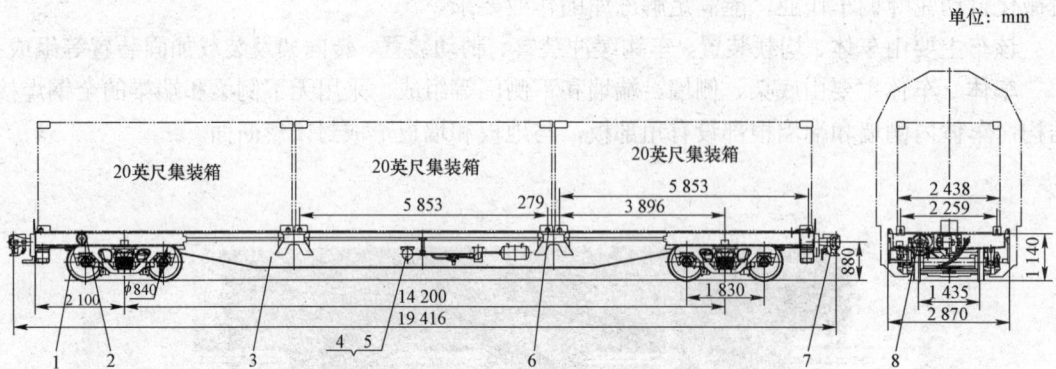

单位：mm

1—转 K6 型转向架；2—标记；3—底架组成；4—风制动装置；5—底架附属件；
6—集装箱锁闭装置；7—车钩缓冲装置；8—手制动装置。

图 1-18　X_{4K} 型集装箱平车的组成

该车底架为高强度耐候钢焊接结构，主要由中梁、端梁、枕梁、横梁、大横梁及端侧梁等组成。底架上设有集装箱锁闭装置，两端为固定式锁头，中部为原位翻转式锁头，锁头结构对集装箱具有防倾覆、防跳起功能。

车钩缓冲装置采用 E 级钢 17 号车钩、MT-2 型缓冲器；制动装置采用符合运装货车要求的制动装置；转向架采用转 K6 型转向架。

2. D_{15} 型 150 t 凹底平车

D_{15} 型 150 t 凹底平车是目前凹底平车系列中自重系数最小的特种车辆，具有自重轻、载重大、凹底承载面低、运行速度高、通过国内各种桥梁不受限制及结构简单新颖、维修方便、通用性能好等特点。D_{15} 型凹底平车如图 1-19 所示。

单位: mm

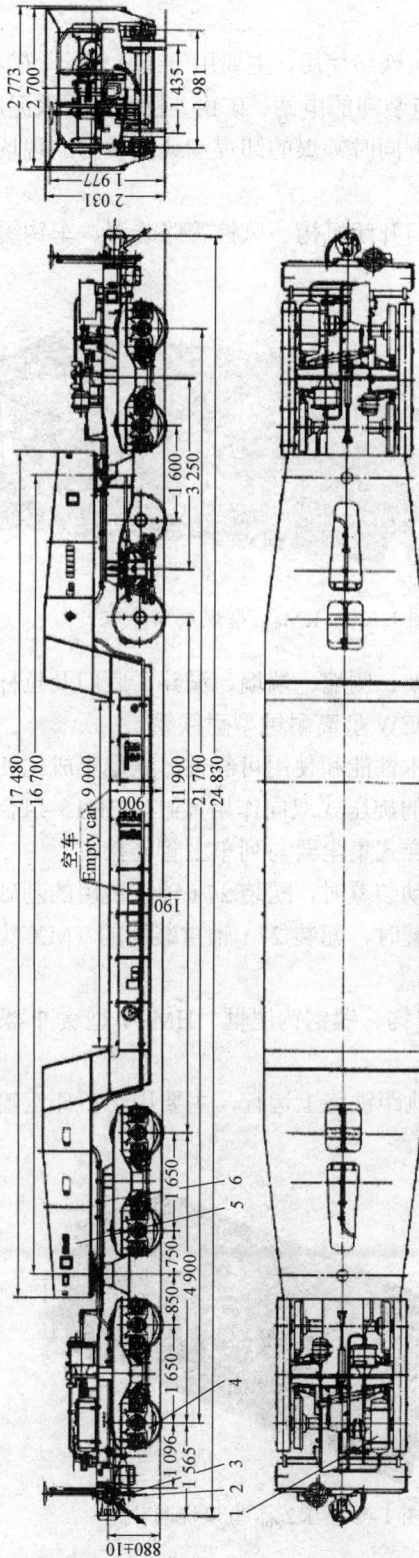

1—空气制动装置; 2—手制动装置; 3—车钩缓冲装置; 4—转向架; 5—大底架; 6—小底架。

图 1-19 D_{15} 型凹底平车

3. KM₈₀ₕ型煤炭漏斗车

KM₈₀ₕ型煤炭漏斗车供标准轨铁路使用，主要用于装运煤炭、矿石、石灰石等散装货物，可满足固定编组、循环使用、定点装卸的电站、矿山、钢铁厂、水泥厂、化工厂等企业运用。

该车适用于地面设有可供两侧同时卸煤的卸煤沟或高栈台的现场使用，可风动、手动快速卸货。

该车主要由车体、底门、底门开闭机构、风控管路装置、车钩缓冲装置、制动装置及转向架等组成，如图 1-20 所示。

图 1-20　KM₈₀ₕ型煤炭漏斗车

车体　全钢焊接结构，由底架、侧墙、端墙、漏斗、底门及拉杆等组成。车体主要材料采用屈服强度为 450 MPa 的 S450EW 型高耐蚀型耐候钢。

风控管路装置　采用提高技术性能和使用可靠性、满足集成化和模块化安装要求的新型操纵阀，采用 ϕ356 mm×280 mm 的旋压式双向作用风缸、DN15 组合式集尘器、嵌入式储风缸及不锈钢风控管路等，通过组合式集尘器与列车主管连接。

制动装置　该车采用车体制动装置时，配装 27 t 轴重装用的基础制动装置的下交叉支撑转向架；采用转向架集成制动装置时，配装 27 t 轴重装用的 TMX 集成制动装置的下交叉支撑转向架，或采用摆动式转向架。

车钩缓冲装置　采用 17 号车钩、锻钢钩尾框、HM-1 型缓冲器。

4. KZ₈₀ₕ型煤炭漏斗车

KZ₈₀ₕ型煤炭漏斗车在标准轨距铁路上运行，主要用于石砟运输。其工作方式为上装下卸，如图 1-21 所示。

图 1-21　KZ₈₀ₕ型煤炭漏斗车

该车主要由车体、卸砟系统、车钩缓冲装置、制动装置及转向架等组成。

KZ$_{80H}$型煤炭漏斗车优化了车体结构和卸砟系统，车体为无中梁全钢焊接结构，卸砟系统由卸砟门、风动操纵系统、手动操纵系统等组成，风动系统、手动系统各自单独操纵。车辆设有六个卸砟门，车体每侧各两个、中间两个。卸砟系统设有防误转动装置。

该车采用120型控制阀和传统杠杆式制动装置；采用17号车钩及HM-1型缓冲器；采用DZ1、DZ2或DZ3型转向架。

5. U$_{80H}$型水泥罐车

U$_{80H}$型水泥罐车在标准轨距铁路上运行，用于装运散装水泥。其工作方式为上装下卸，可与现有用户地面设施相配套，通过压缩空气将粉状物料流态化，然后经卸料管输送到远距离的料塔。

U$_{80H}$型水泥罐车主要由底架装配、罐体装配、风灰管路装配、外梯装配、风手制动装置、转向架及车钩缓冲装置等组成，如图1-22所示。

车体在借鉴成熟技术的基础上采用新型管带式流化床及锥底罐体结构；空气制动装置采用集成了限压阀的120阀及DAB型集成制动装置；转向架采用DZ2型转向架，每个转向架装用一套ϕ178 mm×200 mm制动缸；车钩缓冲装置采用17号车钩及HM-1型缓冲器。

图1-22　U$_{80H}$型水泥罐车

6. GF$_{80}$型氧化铝粉罐车

GF$_{80}$型氧化铝粉罐车是27 t轴重的供标准轨铁路使用的专用铁路车辆，用于装运氧化铝粉或其他类似的粉状物料。其工作方式为上装上卸，可与现有用户地面设施相配套，通过压缩空气将粉状物料流态化，然后经卸料管输送到远距离的料塔。

GF$_{80}$型氧化铝粉罐车采用无中梁结构，主要由罐体装配、牵枕装配、端梯及车顶走板装置、进风管路装配、制动装置、吊托装配、车钩缓冲装置、转向架等部件组成，如图1-23所示。

图1-23　GF$_{80}$型氧化铝粉罐车

牵枕装配主要由牵引梁、枕梁、端梁、侧梁等部件组焊而成。

罐体装配主要由罐体、加料装置、流化床装置、卸料装置、内梯等部件组成。罐体由圆柱形筒体与封头组焊而成。罐体顶部设有四组加料装置和两组卸料装置。罐体内底部设有弧面流化床。

制动装置与 U_{80H} 型水泥罐车相同，采用 NSW 型手制动机。

车钩缓冲装置采用 E 级钢 17 号车钩、加厚型钩舌、17 号锻造钩尾框、合金钢钩尾销、HM-1 型缓冲器，转向架采用 DZ1 型交叉支撑式转向架。

7. GQ_{80} 型轻油罐车

GQ_{80} 型轻油罐车采用无中梁结构，由罐体装配、牵枕装配、端梯及走台、制动装置、车钩缓冲装置、转向架等组成。其工作方式为上装上卸。

罐体装配由筒体、封头、垫板、人孔、聚液窝、安全阀和阀座、内梯、容积标尺等组成。筒体由三个筒段组成，如图 1-24 所示。中部为圆柱形，两端为倾斜放置的正圆锥形，形成顶部水平、中部下沉的鱼腹形状，圆柱筒段内径为 3 250 mm。筒柱筒段、圆锥筒段采用 Q450NQR1 钢板卷制组焊成型，封头为内径 3 100 mm 的标准椭圆封头，材料为 Q345R。

图 1-24 GQ_{80} 型轻油罐车

牵枕装配主要由牵引梁装配、枕梁装配、端梁装配、侧梁装配等组成。

GQ_{80} 型轻油罐车中部宽度较大，因此采用端梯。端梯设于车辆 1 位端，在罐顶设有走板及防护栏杆，走台长度覆盖罐体顶部的两个人孔及两个安全阀，便于人员在其上进行装卸作业或检修作业。

制动系统采用传统制动方式或转向架集成制动方式。传统制动方式采用 $\phi 254$ mm × 254 mm 整体旋压密封式制动缸，副风缸为 40 L；闸瓦间隙调整器为 ST2-250 型双向闸瓦间隙自动调整器；制动杠杆为整体锻造形式，上拉杆采用整体拉杆头。手制动装置采用 NSW 型手制动机。

车钩缓冲装置采用 E 级钢 17 号车钩、锻造钩尾框和 HM-1 型缓冲器。转向架采用 DZ1 型转向架。

活动 1.3.4 思考练习

1. 通用货车有哪些车种？
2. 简述 70 t 级新型通用敞车的基本构造。
3. U_{80H} 型水泥罐车的基本装置有哪些？

【考核评价】

1. 综合评价表（见表 1-3）

表 1-3 综合评价表

序号	考核项目	总分	评分标准	自评分	互评分	教师评分	综合评分
1	课前知识查阅、调研完成情况	20	（1）调研货车车种车型。 （2）调研货车的技术创新点				
2	课中参与及协作沟通表现	20	（1）学生积极举手回答问题。 （2）学生普遍具有问题意识，敢于质疑问难，敢于发表不同见解。 （3）学生善于倾听、理解他人发言，并能及时抓住要点。 （4）合作学习适时有效，目标达成度高				
3	70 t、80 t 级通用货车种类及结构的掌握情况	50	（1）掌握 70 t、80 t 级通用货车的种类及结构。 （2）掌握专用货车的种类及结构				
4	思政方面	10	（1）理解货车运营的重大意义。 （2）学习精益求精的大国工匠精神。 （3）树立科技报国的家国情怀和使命担当				

2. 教师评价建议

项目 2

货车转向架运用维修

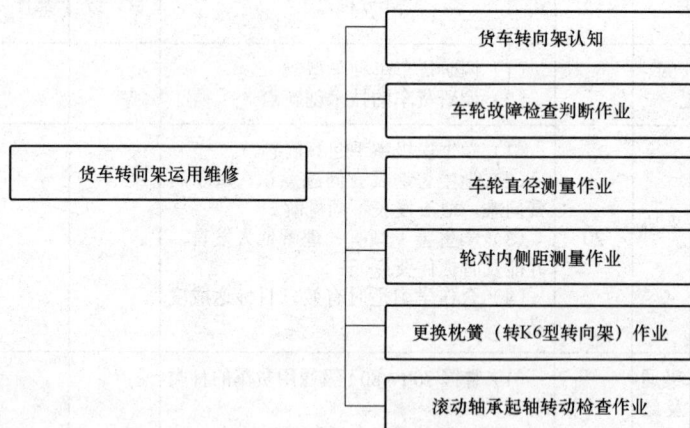

【项目构架】

货车转向架运用维修
- 货车转向架认知
- 车轮故障检查判断作业
- 车轮直径测量作业
- 轮对内侧距测量作业
- 更换枕簧（转K6型转向架）作业
- 滚动轴承起轴转动检查作业

【项目引导】

目的要求

1. 掌握货车转向架种类、构造、工作原理。
2. 掌握轮对的测量、检查、故障判断技能。
3. 掌握货车枕簧更换技能。
4. 掌握货车滚动轴承起轴转动检查技能。

重点与难点

重点：

1. 轮对的测量、检查、故障判断。
2. 货车枕簧更换。
3. 货车滚动轴承起轴转动检查。

难点：

1. 货车转向架构造、工作原理。
2. 更换枕簧，滚动轴承起轴转动检查。

【项目内容】

任务 2.1　货车转向架认知

【任务描述】

转向架是车辆的重要部件之一，它的结构是否合理对于车辆的运用指标、振动性能和运行安全均影响很大。通过本任务的学习，学生需要掌握以下内容：

① 转 K2、K6 型转向架的组成、特点。
② 转 K4、K5 型转向架的组成、特点。
③ 构造速度为 160 km/h 的货车转向架（以下简称 160 km/h 货车转向架）构成；
④ 重载货车转向架构成。

【学习目标】

知识目标	1. 掌握转 K2、K6 型转向架的组成、特点； 2. 掌握转 K4、K5 型转向架的组成、特点； 3. 掌握 160 km/h 货车转向架的构成； 4. 掌握重载货车转向架的构成
素质目标	1. 培养学生学习专业知识的能力； 2. 培养学生良好的人文素养

【导　　入】

铁路货车主要用于运送各种货物，它的载重量一般比客车载重量大得多。货车转向架是铁路货车的关键部件，而且在车辆的组成中是一个相对独立的部件，因而对各型车辆具有较大的适应性。对货车转向架的一般要求是：结构简单合理，工件安全可靠，运行性能良好，维护检修方便。

一般货车转向架主要由轮对轴箱装置、弹簧减振装置、侧架（少数为构架）和摇枕、基础制动装置等几部分组成。

【活　　动】

活动 2.1.1　转 K2、转 K6 型转向架

1. 转 K2 型转向架

转 K2 型转向架是装用变摩擦减振装置的铸钢三大件式转向架。转 K2 型转向架主要结构二维示意图如图 2-1 所示。

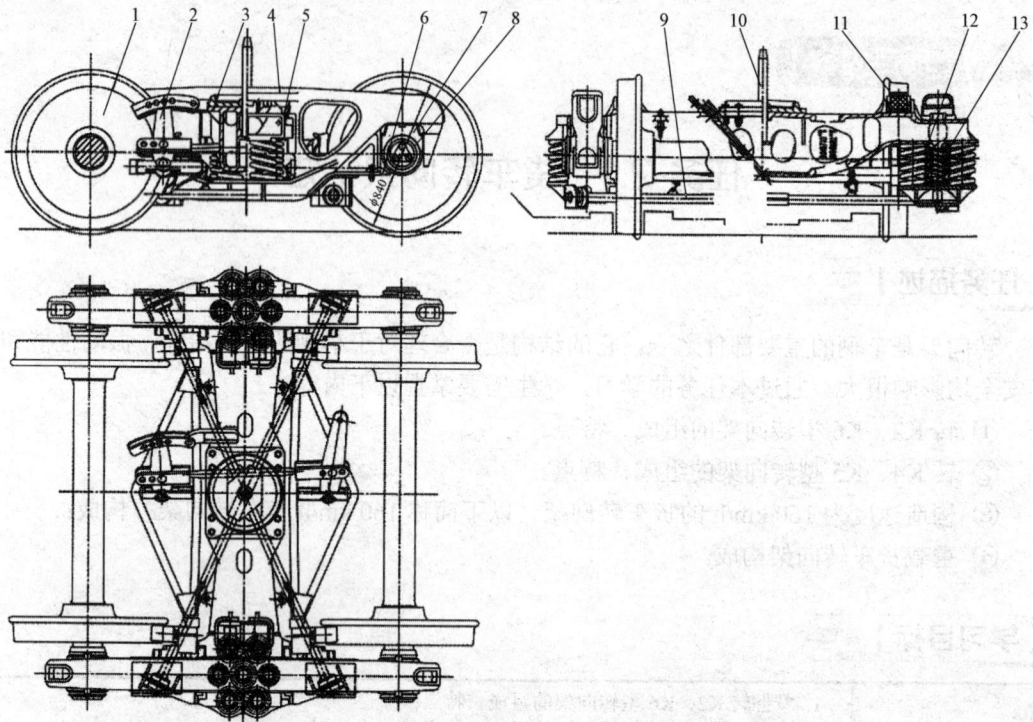

1—货车 RD$_2$ 型轮对；2—基础制动装置；3—摇枕组成；4—心盘磨耗垫；5—侧架组成；6—减振装置；
7—挡键；8—货车 D 轴滚动轴承装置；9—交叉支撑装置；10—中心销；
11—双作用常接触弹性旁承；12—外圈弹簧；13—内圈弹簧。

图 2-1　转 K2 型转向架主要结构二维示意图

转 K2 型转向架的具体结构如下：

1）轮对轴承装置

采用 HDS 或 HDSA 辗钢轮或 HDZC 铸钢轮、RD$_2$ 型 LZW50 钢车轴、352226 型或 SKF197726 型提速轴承，并在侧架导框里侧安装挡键。

2）侧架组成

转 K2 型转向架侧架组成主要由侧架、支撑座（1）、支撑座（2）、保持环、立柱磨耗板、滑槽磨耗板等零件构成。

3）中央悬挂系统

由 10 个外圆弹簧、10 个内圆弹簧、4 组双卷减振弹簧组成。摇枕外圆弹簧自由高比内圆弹簧高 22 mm。

4）减振装置

转 K2 型转向架减振装置，由侧架立柱磨耗板、斜楔、摇枕斜面磨耗板以及双卷减振簧组成。

5）摇枕组成

转 K2 型转向架摇枕组成由固定杠杆支点座组成、托架组成、摇枕、下心盘、斜面磨耗板组成。

6）基础制动装置

转 K2 型转向架基础制动装置由组合式制动梁、中拉杆组成、固定杠杆、固定杠杆支点、游动杠杆、高摩合成闸瓦、各种规格的耐磨销、套等组成。

转 K2 型转向架采用组合式制动梁，分为 L-A、L-B 型两种。

7）交叉支撑装置

转 K2 型转向架下交叉支撑装置由 1 个下交叉杆、1 个上交叉杆、8 个橡胶垫、4 个双耳垫圈、4 个锁紧板、4 个标志板、4 个紧固螺栓组成。

在上、下交叉杆与制动梁槽钢梁背面之间设置了 4 个安全吊链，同时在制动梁端部与交叉杆间还安装了 4 个钢链绳制成的安全锁，从而起到双重防脱作用。

8）横跨梁

因空重车自动调整装置的需要，在 2 位转向架上安装横跨梁。横跨梁组成由左横跨梁托、横跨梁组成、右横跨梁托、调整板、磨耗垫板、跨梁吊座组成。

9）双作用常接触弹性旁承

双作用常接触弹性旁承由旁承座、弹性旁承体、旁承磨耗板、滚子、调整垫板、垫片等零部件组成。

2. 转 K6 型转向架

转 K6 型转向架适用于标准轨距、轴重 25 t、商业运营速度 120 km/h 的各型铁路货车。转 K6 型转向架的结构由轮对轴承装置、轴箱橡胶垫、侧架组成、摇枕弹簧减振装置、双作用常接触弹性旁承、基础制动装置等部分组成。转 K6 型转向架主要结构二维示意图如图 2-2 所示。

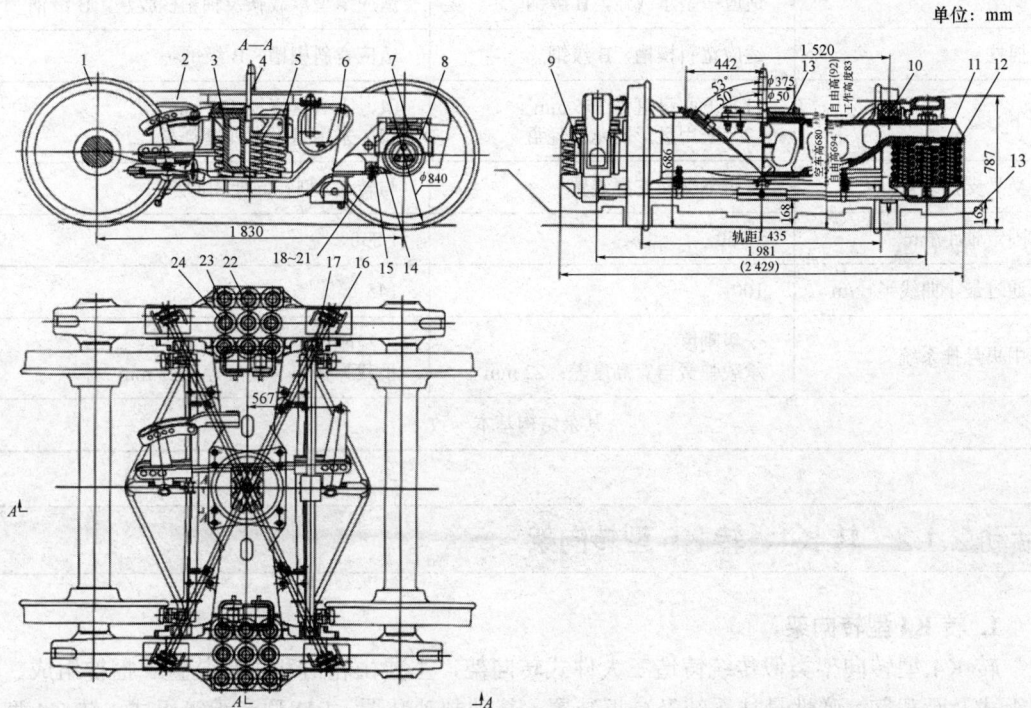

单位：mm

1—轮对组成；2—侧架组成；3—摇枕组成；4—中心销；5—斜楔；6—基础制动装置；7—轴箱橡胶垫；8—承载鞍；
9—货车 E 轴滚动轴承装置；10—双作用常接触弹性旁承；11—外圆弹簧（1）；12—内圆弹簧；13—心盘磨耗盘；
14—挡键；15—调整垫；16—交叉支撑装置；17—横跨梁总成；18—螺栓；19—螺母；20—垫圈；
21—销；22—外圆弹簧（2）；23—减振外圆弹簧；24—减振内圆弹簧。
图 2-2　转 K6 型转向架主要结构二维示意图

转 K6 型与转 K2 型转向架的主要技术特征对照如表 2-1 所示。

表 2-1　转 K6 型与转 K2 型转向架的主要技术特征对照

主要技术特征	转 K2 型转向架	转 K6 型转向架
轴重/t	21	25
自重/t	4.2	4.68
最高运行速度/（km/h）	120	120
轴型	RD_2	RE_{2A}
轴承型式	352226 或 SKF197726（提速轴承）	353130 或紧凑型双列圆锥滚子轴承
轮型	HDS 或 HDSA 辗钢轮或 HDZC 铸钢轮（静平衡指标≤125 g·m）	HESA 辗钢轮或 HEZB 铸钢轮（静平衡指标≤125 g·m）
承载鞍	窄型，B 级钢	适用于轴箱橡胶垫的窄型承载鞍：B 级钢
轴箱橡胶垫	无	水平轴箱橡胶垫
轮对与侧架联接方式	窄承载鞍结构，间隙与干摩擦约束相结合	侧架与承载鞍之间通过轴箱橡胶垫连接，实现橡胶弹性定位与干摩擦约束相结合
侧架	适应窄型承载鞍，B 级钢	适应窄型承载鞍及轴箱橡胶垫，B 级钢
摇枕	适应宽斜楔槽，B 级钢	适应宽斜楔槽，B 级钢
下心盘	（1）下心盘直径 355 mm （2）采用盘形尼龙磨耗盘	（1）下心盘直径 375 mm （2）采用盘形尼龙磨耗盘
交叉支撑装置	采用下交叉支撑装置	与转 K2 型转向架相同
固定轴距/mm	1 750	1 830
通过最小曲线半径/m	100	145
中央悬挂系统	一级刚度 承载弹簧自有高度差：22 mm	二级刚度 承载弹簧自有高度差：23 mm

其余结构基本一致

活动 2.1.2　转 K4、转 K5 型转向架

1. 转 K4 型转向架

转 K4 型转向架类似传统铸造三大件式转向架，主要由轮对和轴承装置、摇枕组成、侧架组成及承载鞍、弹性悬挂系统及减振装置、基础制动装置、BD 型旁承等组成，转 K4 型转向架主要结构二维示意图如图 2-3 所示。该型转向架采用了独特的弹簧托板、摇动座等结构，具有更好的横向性能及其他优点。其轮对和轴承装置与转 K2 型转向架具有相同的结构，不再赘述。

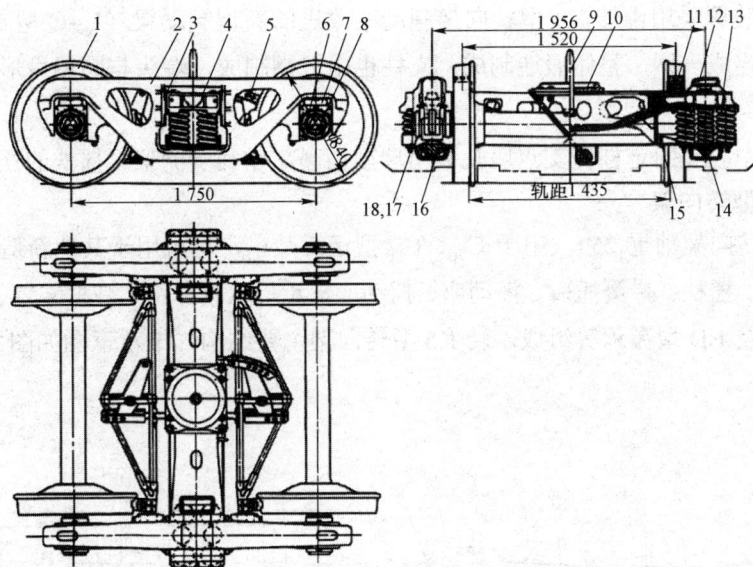

1—轮对；2—侧架；3—减振装置；4—摇枕；5—基础制动装置；6—挡键；7—承载鞍；8—滚动轴承装置；9—中心销；
10—心盘衬垫；11—下旁承；12—承载外圆弹簧；13—承载内圆弹簧；14—摇动座；15—弹簧托板；
16—摇动座支承；17—圆头折头螺栓；18—CAMRALL 螺母。

图 2-3　转 K4 型转向架主要结构二维示意图

1）侧架组成及承载鞍

侧架组成有侧架立柱磨耗板、侧架、导框摇动座等。

2）摇枕组成

转 K4 型转向架的摇枕采用 B 级钢材质。摇枕下部铸出两块三角形挡，与弹簧托板上的挡块配合，限定了摇枕的最大横向位移（摆动加横移共为±32 mm），防止摇枕窜出，起到安全挡的作用。为了便于与我国现有货车上心盘匹配，设计了直径为 355 mm 和 308 mm 两种下心盘，但两种下心盘与摇枕上的螺栓孔位置相同。心盘上安放了改性尼龙心盘衬垫。

3）摇动座、摇动座支承及弹簧托板

摇动座与弹簧托板用折头螺栓、防松螺母紧固，弹簧悬挂系统坐落在弹簧托板上。摇动座支承坐落在侧架中央方框下弦杆的腔形结构中，摇动座与摇动座支承的接触面为圆弧形结构，两圆弧形成滚动副，使侧架具有摆动的功能。

4）弹性悬挂系统及减振装置

每侧弹性悬挂系统及减振装置由两个斜楔组成、两组减振内圆弹簧、两组减振外圆弹簧、四组承载内圆弹簧、四组承载外圆弹簧组成。

5）BD 型旁承

BD 型旁承由旁承体组成、调整垫板、纵向锁紧斜铁组成，其中旁承体组成又由旁承体上部、旁承体下部、锥套形橡胶层、改性尼龙板等组成一个整体。

6）基础制动装置

基础制动装置采用由转 K3 型转向架制动梁改进的新型制动梁（L—C 型制动梁）。制动梁端头与滑块连成一体，整体锻造制成，支柱也由锻钢制成，端头与圆钢弓形杆采用过盈热套装新结构。

制动杠杆中孔和固定杠杆支点座孔装用球型销套，以利于侧架、摇枕的摆动。

2. 转 K5 型转向架

转 K5 型转向架轴重 25 t，用于 C_{76}、C_{80} 型运煤敞车，也可用于其他新造货车。该转向架主要由侧架、摇枕、弹簧托板、摇动座、摇动座支承、承载弹簧、减振装置、轮对和轴承、基础制动装置及 BD 型旁承等组成。转 K5 型转向架主要结构二维示意图如图 2-4 所示。

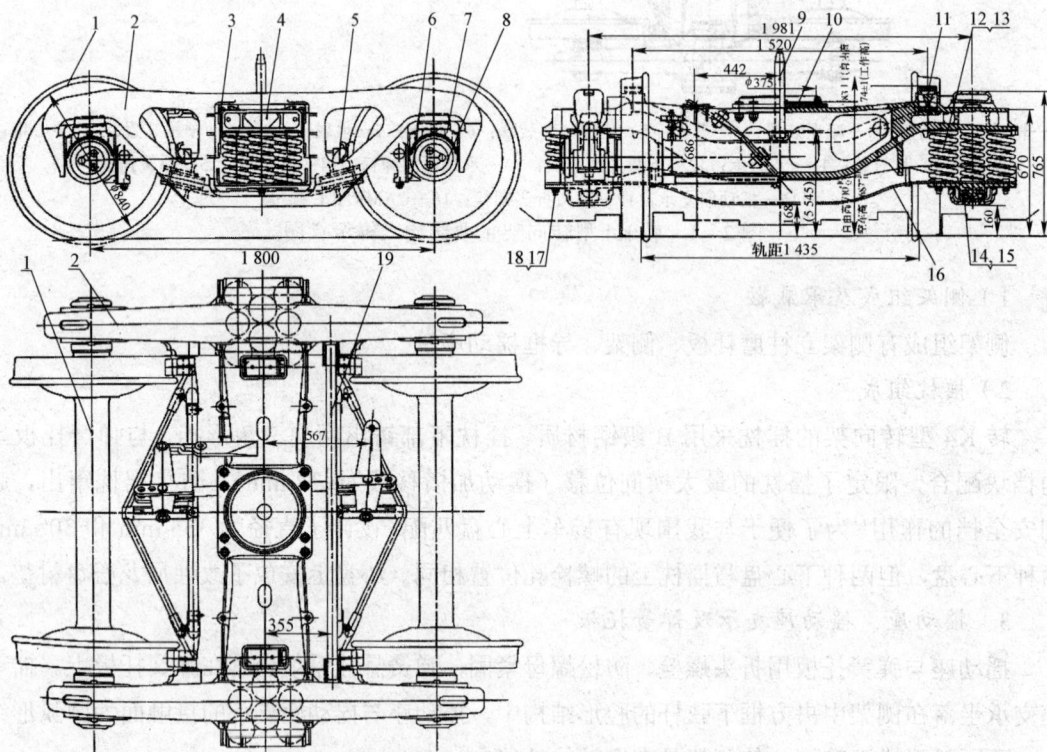

1—RE_2 型轮对；2—侧架组成；3—减振装置组成；4—摇枕组成（1 位）；5—基础制动装置；6—挡键；7—承载鞍；8—滚动轴承装置；9—中心销 450；10—心盘磨耗盘；11—下旁承组成；12—承载外圆弹簧；13—承载内圆弹簧；14—摇动座；15—摇动座支承；16—弹簧托板组成；17—SFT 型圆柱折头螺栓；18—SFT 型防松螺母；19—横跨梁组成。

图 2-4 转 K5 型转向架主要结构二维示意图

转 K5 型与转 K4 型转向架主要技术特征对照如表 2-2 所示。

表 2-2　转 K5 型与转 K4 型转向架主要技术特征对照

主要技术特征	转 K4 型转向架	转 K5 型转向架
轴重/ t	21	25
自重/ t	4.2	4.7
轴型	RD$_2$（LZW50 钢车轴）	RE$_{2B}$
车轮	HDZC 或 HDSA	HEZB 或 HESA
轴承尺寸	130 mm×230 mm×150 mm	150 mm×250 mm×160 mm（紧凑型）
承载鞍	适用于导框摇动座的圆弧顶面承载鞍	适用于导框摇动座的圆弧顶面承载鞍
侧架	适用于装用导框摇动座及摇动座支撑的侧架，B 级钢	适用于装用导框摇动座及摇动座支撑的侧架，B 级钢
摇枕	适应宽斜楔槽，B 级钢	适应宽斜楔槽，B 级钢
固定轴距/ mm	1 750	1 800
下心盘直径/ mm	355	375
弹簧托板形状	直槽形	凹槽形
基础制动形式	下拉杆式	中拉杆式
中央悬挂系统	二级刚度 承载弹簧自由高度差：37 mm	二级刚度 承载弹簧自由高度差：35 mm

活动 2.1.3　160 km/h 货车转向架

1. JNZ-200 型转向架

该转向架装用于新型集装箱平车、快捷运输棚车及相关专用车上，在既有普通提速线路运用时，最高运行速度达到 140 km/h，轴重 21 t；在 200 km/h 既有提速线路运用时，最高运行速度达到 160 km/h，轴重 18 t；在 200 km/h 及以上速度等级的客运专线上运用时，最高运行速度达到 200 km/h，轴重 16.5 t。JNZ-200 型转向架具有以下特点：

① 转向架与线路具有友好的轮轨作用力关系；

② 转向架结构简单，主要部件实现弹性定位，在维修时达到免维修或换件修的目标；

③ 转向架采用钢板和型钢的组焊构架形式；

④ 能适应货车的空重车引起的高度变化，保证转向架无论在新车、旧车或空车、重车时，心盘距轨面的极限高度差不得超高 75 mm；

⑤ 转向架制动系统采用压缩空气作为动力源，并装有空重车调节装置、防滑器（机械式或电子式）以及手制动机安装接口。

高速货车转向架的关键技术是保证空重车的动力学性能和制动性能满足要求。解决以上关键技术的措施如下：

① 采用大直径车轮；

② 采用性能优良的轴箱和中央减振悬挂系统；

③ 降低转向架中央悬挂的横向刚度；

④ 采用整体构架；

⑤ 基础制动采用盘形制动，且具有空重车称重装置、防滑器及手制动停车接口；

⑥ 具有转向架与车体间的接口（回转组力矩）。

2. 我国快速货车转向架

2003 年齐齐哈尔轨道装备公司研制出了 160 km/h 快速货车转向架。该转向架（如图 2−5 所示）为整体焊接构架式转向架，采用两系悬挂。摇枕与构架之间设有横向止挡和纵向止挡；转向架基础制动装置在每根车轴安装两套制动盘，并采用了能自动调整闸片间隙的单元制动缸与空重车调整装置；转向架的每根车轴轴端安装了机械式防滑器。

2002 年，南车长江公司开始进行 160 km/h 转向架研制。该转向架将一个摇枕与两个侧架通过四个球铰联系起来组成关节构架，悬挂于轴箱上，从而实现轴箱悬挂技术与侧架摆动技术的有机结合。

2005 年，南车眉山公司开始进行 160 km/h 转向架研制。该转向架（如图 2−6 所示）为 H 型整体构架结构，采用新型金属液体橡胶复合轴箱弹簧定位装置，使轴箱在横向、纵向均采用弹性定位，可减轻簧下质量，降低轮轨作用力，减少轮轨间的磨耗。同时，悬挂装置无磨耗，可减少维修工作量和维修成本。二系悬挂采用橡胶堆定位，摇枕通过两块垂向橡胶堆坐落在构架上，构架和摇枕之间斜对称安装，有横向减振器和橡胶弹性横向止挡。

图 2−5　齐齐哈尔研制的 160 km/h 转向架　　　图 2−6　眉山公司研制的 160 km/h 转向架

活动 2.1.4　重载货车转向架

1. DZ1 型转向架

DZ1 型转向架为铸钢三大件式转向架，具有以下特点：采用交叉支撑装置；采用 TJC−1 型轴箱橡胶垫；采用两级刚度弹簧；采用与转 K6 型转向架相同的组合式斜楔；采用 HFS 或 HFZ 型车轮、RF_2 型车轴、352132A 型轴承；采用 B+级钢整体芯铸摇枕、侧架，支撑座与侧架铸成一体；采用 BLM−1 型斜面磨耗板，与摇枕间采用螺栓连接；下心盘内装用与转 K6 型转向架相同的心盘磨耗盘；采用 CJC 型系列长行程双作用弹性旁承；采用中拉杆式基础制动装置，可采用 BAB−1 型或 DAB−1 型集成制动装置、GM915D 型高摩合成闸瓦。DZ1 型转向架如图 2−7 所示。

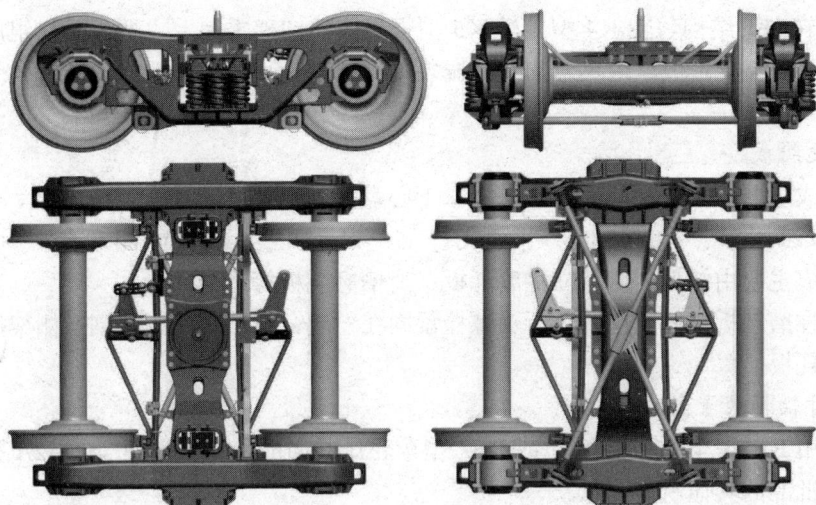

图 2−7　DZ1 型转向架

2. DZ2 型转向架

　　DZ2 型转向架适用于在中国标准轨距铁路运行、最大轴重 27 t、最高运行速度 100 km/h 的各型铁路货车。DZ2 型转向架主要结构二维示意图如图 2−8 所示。

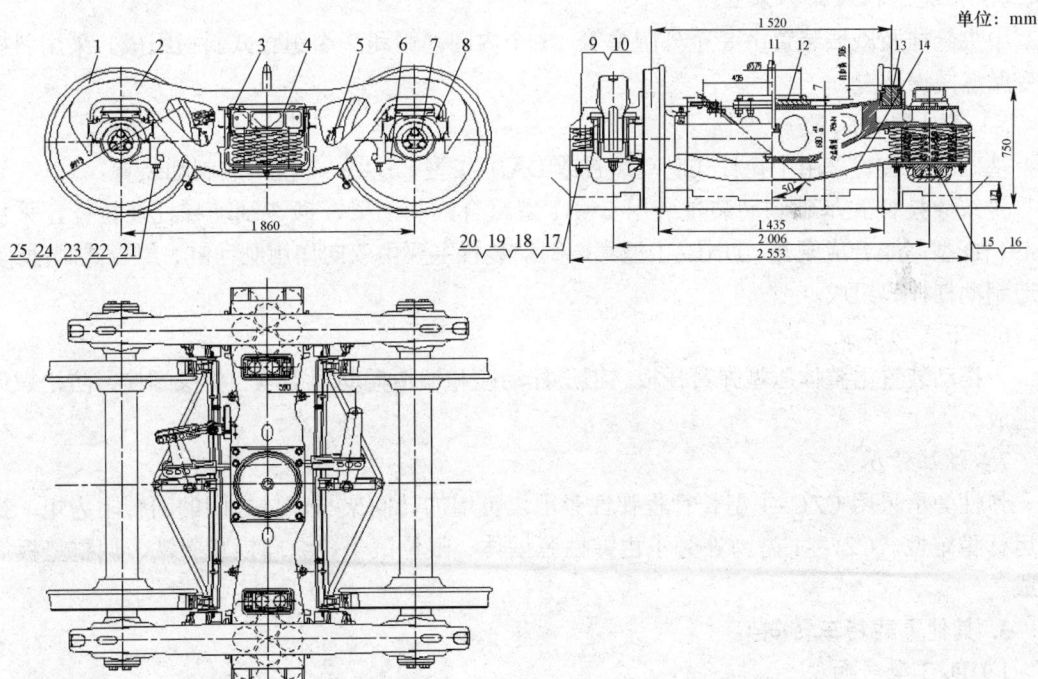

1—轮对组成；2—侧架组成；3—ZX−5 型组合式斜楔；4—摇枕组成；5—转向架制动装置；6—挡键；7—滚动轴承装置；8—轴箱悬挂装置；9—DZ2−Z 型外圆弹簧；10—DZ2−Z 型内圆弹簧；11—中心销（450）；12—心盘磨耗盘（导电式）；13—CZC−1 型弹性旁承；14—THB−1 型弹簧托板；15—YDZ−1 型摇动座；16—YDC−1 型摇动座支承；17—ZT 型圆柱折头螺栓；18—SFT 型防松螺母；19—螺母（M20）；20—垫圈（20）；21—螺栓（M20×95）；22—调整垫；23—铆钉（6×28）；24—销（5×40）；25—垫圈（22）。

图 2−8　DZ2 型转向架主要结构二维示意图

DZ2 型转向架结构与转 K4 型、转 K5 型摆动式转向架类似，主要由摇枕组成、侧架组成、轮对轴承箱装置组成、中央悬挂及减振装置、基础制动装置、下摆动装置及弹性旁承等组成。

1）摇枕组成

摇枕组成主要由摇枕、八字面磨耗板、下心盘、固定杠杆支点座等组成。

2）侧架组成

侧架组成主要由侧架、侧架立柱磨耗板、滑槽磨耗板等组成。

侧架立柱磨耗板与侧架用四个折头螺栓紧固在一起，材质为 45 号钢；侧架滑槽安装卡入式滑槽磨耗板。

3）轮对轴箱装置组成

轮对采用 RF$_2$ 型车轴和 HFS 型或 HFZ 型车轮压装而成，轴承采用 353132A 型滚动轴承或铁路部门批准的其他新型轴承。

轴箱悬挂装置主要由承载鞍、轴箱橡胶弹簧、轴箱纵向弹性垫等组成。具有导电功能的轴箱橡胶弹簧坐落在承载鞍上；轴箱纵向弹性垫安装于承载鞍与侧架导框槽之间，一侧通过圆脐安装于承载鞍的安装孔上，另一侧置于侧架导框安装槽内。侧架导框安装槽采用上小下大的"八字形"结构，便于装卸。

4）中央悬挂及减振装置

中央悬挂及减振装置由 8 个外圆弹簧、8 个内圆弹簧和 2 个组合式斜楔组成。采用斜楔式变摩擦减振装置。

5）基础制动装置

基础制动装置采用中拉杆式制动装置或 DAB−1 型、BAB−1 型集成制动装置。

传统中拉杆式基础制动装置装用 L−B1 型组合式制动梁、锻造制动杠杆及拉杆，采用 GM915D 型高摩合成闸瓦。DAB−1 型集成制动装置主要由双向作用制动缸、组合式制动梁、锻造制动杠杆等组成。

6）下摆动装置

下摆动装置由整体压型弹簧托板、锻造摇动座和锻造摇动座支承、折头螺栓、防松螺母等组成。

7）弹性旁承

弹性旁承采用 CZC−1 型长行程弹性旁承，可增加转向架与车体之间的回转阻力矩，提高运行稳定性。CZC−1 型弹性旁承由弹性旁承体、限位滚子、纵向锁紧斜铁、调整垫板等组成。

3. 其他重载货车转向架

1）DZ3 型转向架

DZ3 型转向架是 27 t 轴重的自导型径向转向架。DZ3 型转向架为铸钢三大件式货车转向架，主要由轮对组成、侧架组成、摇枕组成、转向架制动装置、橡胶堆、滚动轴承装置、轮对径向装置、弹性旁承和中央悬挂装置等部件组成。

DZ3 型转向架采用径向技术，副构架与承载鞍间设置承载鞍垫，副构架与承载鞍采用分体模块化设计。其长行程弹性旁承提供合适的回转阻力矩。转向架制动装置、连接杆圆销等悬挂件采用了防脱设计。

2）DZ4 型转向架

DZ4 型转向架为铸钢三大件式转向架，装用于 C$_{96H}$ 型运煤专用敞车。

轮对轴箱装置　采用材质为 CL70 钢的 HFS 型辗钢整体车轮或材质为 ZL-C 级钢的 HFZ 型铸钢车轮，滚动轴承采用 352132A、353132X2-2RS-ZC 型滚动轴承。轴箱橡胶垫采用八字形结构 TJC-1 型轴箱橡胶垫，主要由上、下衬板与橡胶硫化在一起，设有侧架和承载鞍定位挡边，上、下衬板间设置内置导电结构，配套采用材质为 B+级钢的 JF-1 型承载鞍。

侧架　由 B+级钢整体芯铸造，一个侧架承台上排列 8 组弹簧，侧架上铸有交叉支撑装置和横跨梁安装座。

摇枕　设有固定杠杆支点安装座，下心盘直径为 419 mm，摇枕中部孔适合装用集成制动装置和中拉杆制动系统。

制动装置　采用 BAB-1 型集成制动装置，BAB-1 型集成制动装置由制动缸、闸调器、制动梁、推杆组成、前制动杠杆、后制动杠杆、前 J 型杠杆、后 J 型杠杆、手制动杠杆和 GM915E 型高摩合成闸瓦等组成。

弹性旁承　DZ4 型转向架装用的弹性旁承按结构不同可分为 CJC-1 和 CJC-2 型两种弹性旁承。这两种弹性旁承采用 ZX-1 型组合式斜楔，斜楔由斜楔体、垫圈、主摩擦板和销组成，其中主摩擦板、垫圈和销与转 K6 型转向架相同。其交叉支撑装置结构同转 K6 型转向架。

3）DZ5 型转向架

DZ5 型转向架装用于 C$_{96H}$ 型运煤专用敞车，配属于中南通道瓦日线的重载铁路货车，适用于在我国 1 435 mm 标准轨距铁路运行。车轮直径为 915 mm，最大轴重为 30 t，最高运行速度为 100 km/h。

DZ5 型转向架由摇枕组成、侧架组成、轮对轴箱装置、轴箱悬挂装置、中央弹簧悬挂系统、下摆动装置、DAB-1 型集成制动装置、CZC-1 型弹性旁承组成。

活动 2.1.5　思考练习

1. 简述 K2 型转向架的具体结构。
2. 转 K6 型转向架与转 K2 型转向架有哪些区别？
3. 简述转 K4 型转向架的具体结构。
4. 转 K5 型转向架与转 K4 型转向架有哪些区别？
5. 说明重载货车转向架的构造。

【考核评价】

1. 综合评价表（见表 2-3）

表 2-3　综合评价表

序号	考核项目	总分	评分标准	自评分	互评分	教师评分	综合评分
1	课前知识查阅、调研完成情况	20	（1）调研各种货车转向架的结构。 （2）调研各种货车转向架的技术创新点				
2	课中参与及协作沟通表现	20	（1）学生积极举手回答问题。 （2）学生普遍具有问题意识，敢于质疑问难，敢于发表不同见解。 （3）学生善于倾听、理解他人发言，并能及时抓住要点。 （4）合作学习适时有效，目标达成度高				
3	各种货车转向架的种类及结构掌握情况	50	（1）掌握转 K2、K4、K5、K6 型货转向架的结构。 （2）掌握 160 km/h 货车转向架的结构。 （3）掌握重载货车转向架的结构				
4	思政方面	10	（1）理解货车运营的重大意义。 （2）学习精益求精的大国工匠精神。 （3）树立科技报国的家国情怀和使命担当				

2. 教师评价建议

任务 2.2　车轮故障检查判断作业

【任务描述】

量具是铁路车辆检修及日常维修的依据和标准，对行车安全起着重要的作用。检车员负责列车日常维修，必须掌握有关量具的用途、测量方法及使用限度、标准。例如，在检车中发现车轮踏面剥离或局部擦伤等故障，该故障是否影响行车安全？是否需要扣车修理？仅凭目测或估计是不规范、不准确、不科学的，会直接影响行车安全，正确做法是用量具测量，根据标准来判定是否需要扣车修理。检车员需依据作业指导书的规范标准进行车轮故障检查判断作业。通过实训教学，学生需完成以下任务：

① 正确使用第四种检查器。

② 正确判断车轮故障是否超限。

③ 准确填写记录单。

整个作业过程中，应遵循现场工作管理规范。

【学习目标】

知识目标	1. 掌握第四种检查器的使用方法； 2. 掌握判断车轮故障是否超限的技术标准
能力目标	1. 培养学生的动手能力； 2. 培养学生正确的检查技能； 3. 培养学生理论与实践相结合的运用能力
素质目标	培养学生提高安全意识及吃苦耐劳的素质

【导　入】

下面介绍车轮故障检查判断作业常用工具——第四种检查器。

1. 第四种检查器的结构组成

第四种检查器是车轮故障检测常用工具，其结构如图 2-9 所示。

第四种检查器的主尺为直角形，其垂直尺身（又称轮辋厚度测尺）正面刻有长度双刻度线，水平尺身的背面刻有车轮滚动圆中心定位刻线。踏面圆周磨耗测尺和轮缘厚度测尺通过踏面圆周磨耗测尺框和轮缘厚度测尺框组合在一起，从而形成整体的联动结构形式。

为保证第四检查器测量操作的稳定和数据准确、可靠，在轮辋厚度测尺的背面装有定位角铁。

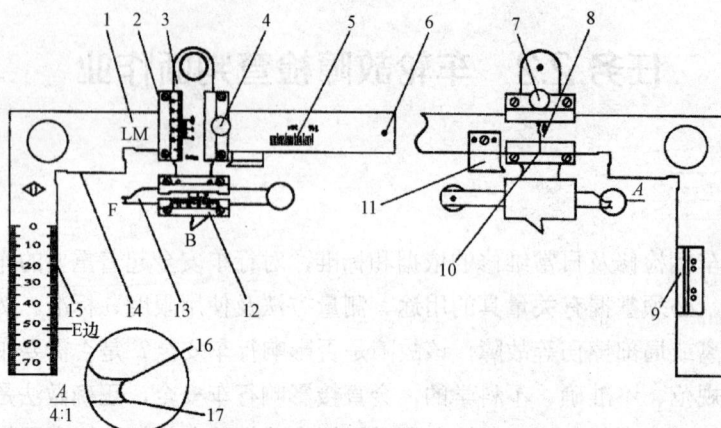

1—主尺；2—踏面圆周磨耗测尺框；3—踏面圆周磨耗尺；4—尺框紧固螺钉；5—轮辋宽度测尺；6—止钉；
7—踏面磨耗尺紧固螺钉；8—滚动圆中心定位刻线；9—定位角铁；10—踏面磨耗测尺框；
11—定位挡块；12—轮缘厚度测尺框；13—轮缘厚度测尺；14—轮缘高度测量定位面；
15—轮辋厚度测尺；16—垂直磨耗测头；17—轮辋厚度测头。

图 2-9　第四种检查器的结构

2. 第四种检查器的测量范围及使用方法

1）踏面圆周磨耗（深度）

向下推动踏面圆周磨耗测尺，使测尺触点 B 接触踏面，然后直接读出与测尺（上部）零刻线对应的尺框上的刻线尺寸，即为踏面圆周磨耗尺寸（如某次测量的读数为 5.7 mm）。

适用限度：踏面圆周磨耗不大于 8 mm。

2）轮缘厚度

（1）向下推动踏面圆周磨耗测尺，使测尺触点 B 接触踏面，拧紧背部紧固螺钉。

（2）向左推动轮缘厚度测尺，使触点接触轮缘外侧，这时可读出轮缘厚度测尺框上与轮缘厚度测尺零刻线相对应的数字，即为轮缘厚度。

适用限度：D、E 型不小于 23 mm，其他型不小于 22 mm。

3）轮辋厚度

可从垂直尺身 E 边尺寸刻线与轮辋底部棱角相对应位置读出数字（如某次测量的读数为 42 mm），然后将该数值减去踏面圆周磨耗尺寸（前面测出踏面圆周磨耗尺寸为 5.7 mm），则轮辋厚度尺寸为 36.3 mm（42 mm−5.7 mm）。

4）轮缘垂直磨耗（轮缘高度）

测轮缘垂直磨耗时，直接推动轮缘厚度测尺，看 F 点上边的触点是否接触轮缘外侧，若密切接触即为垂直磨耗过限。用 27 mm 加上踏面圆周磨耗尺寸，即为实际轮缘高度数值。

5）踏面擦伤或局部凹下深度

使测尺 B 点接触擦伤最深处，记下读数（a=5 mm）。固定测尺框螺钉，抬起测尺，再在同一圆周无擦伤部位测量，记下读数（b=2），则擦伤深度为 3 mm（$a−b$=5 mm−2 mm）。

适用限度：擦伤深度不大于 1 mm，剥离深度无具体规定。

6）踏面剥离长度

直接用测尺外侧（0～75 mm）沿车轮圆周方向（不是剥离长度方向）测量踏面剥离区两

边缘之间的长度，即为踏面剥离长度。

适用限度：① 剥离长度一处不大于 50 mm，两处每处不大于 40 mm，擦伤长度无具体规定。② 当两处剥离边缘间隔在 75 mm 以上时算两处，这种情况下每处不得超过 35 mm。③ 当存在多处长度小于 35 mm 的剥离时，其连续剥离总长度不得超过 350 mm。④ 对于最宽处宽度不超过 20 mm 的长条状剥离，不计算在内。

7）轮辋宽度

① 将踏面圆周磨耗测尺框推至轮辋宽度测尺附近。

② 向下推动踏面圆周磨耗测尺，使其测头越过踏面。

③ 向左推动踏面圆周磨耗尺框，使其下部测头贴靠（或指向）车轮外侧面。

④ 读取踏面圆周磨耗测尺框左侧面对应轮辋宽度测尺的数值，即为轮辋宽度。如果踏面有辗宽，应减去踏面辗宽数值，即为轮辋实际宽度。

8）车轮外侧碾宽

① 将踏面圆周磨耗测尺框推至轮辋宽度测尺附近。

② 向下推动踏面圆周磨耗测尺，使其测头越过辗边。

③ 向左推动踏面圆周磨耗测尺框，使其下部测头贴靠车轮外侧辗边，观察辗边宽度是否超出轮缘测尺的卷边测量线，超出者即判定过限。

9）测量车钩闭锁位钩舌与钩腕内侧面距离

在车钩处于闭锁位时，用第四种检查器垂直尺身（适用于运用、轴检）水平插向钩舌与钩腕之间，上、中、下测三处，其中任何一处能插入者即为过限。

适用限度：车钩闭锁位钩舌与钩腕内侧距离不大于 135 mm。

【活　动】

活动 2.2.1　准备工作

1. 安全准备

穿戴好个人防护用品，准备好安全防护号志（脱轨器、红灯或防护信号旗）。

2. 工具、设备设施准备（见表 2-4、表 2-5）

表 2-4　工具的准备

序号	名称	规格	数量	备注
1	防护信号旗		1 面	
2	LL-4A 型检查器		1 把	俗称第四种检查器
3	秒表		3 只	
4	钢直尺		1 把	
5	标记笔		1 支	
6	记录笔		1 支	

表 2-5　设备设施的准备

序号	名称	规格	数量	备注
1	故障轮对		1 个	

3. 技术准备

① 能正确使用检查器测量车轮各部尺寸。

② 能根据运用限度正确判断是放行还是扣修。

③ 掌握车轮检查器的使用方法（测量项目不少于 4 项）。

④ 掌握运用货车轮对部分的运用限度。

活动 2.2.2　车轮故障检查判断作业程序与要求

货车车轮踏面故障检查判断

车轮故障检查判断作业程序与要求如表 2-6 所示。

表 2-6　车轮故障检查判断作业程序与要求

序号	工步	作业内容与要求	图示
1	作业准备	（1）每班开工前穿戴好个人防护用品（工作服、工作鞋、工作帽），女士有长发者须盘在帽子内，禁止穿拖鞋、凉鞋、高跟鞋作业。 （2）准备轮对尺寸测量的量具、工具。从工具柜取出车轮第四种检查器、钢直尺、标记笔、记录笔等，放置到作业现场。检查量具技术状态须良好，检定不过期，不符合要求时不得使用，送计量室更换。 （3）插设安全防护号志	
2	测量踏面圆周磨耗	用第四种检查器测量车轮踏面圆周磨耗，用标记笔将测量值分别标注于对应轮辋内侧面上，数值保留一位小数。当踏面圆周磨耗深度大于 3 mm 时，车轮须旋修	
3	测量轮辋厚度	用第四种检查器测量车轮轮辋厚度，用标记笔将测量值分别标注于对应轮辋内侧面上，数值保留一位小数。有下列情况之一时，轮对须送车轮车间修理： （1）无辐板孔车轮轮辋厚度小于 26 mm 时； （2）有辐板孔车轮轮辋厚度小于 28 mm 时	

续表

序号	工步	作业内容与要求	图示
4	测量轮缘高度、垂直磨耗	用第四种检查器测量车轮轮缘厚度、垂直磨耗，用标记笔将测量值分别标注于对应轮辋内侧面上，数值保留一位小数。有下列情况之一时，车轮须旋修： （1）轮缘高度大于 33 mm 时； （2）轮缘垂直磨耗过限时	
5	测量踏面擦伤或局部凹陷深度	用第四种检查器测量车轮踏面擦伤或局部凹陷深度，用标记笔将测量值标注于对应轮辋内侧面上，数值保留一位小数。当踏面擦伤或局部凹陷深度大于 0.2 mm 时，车轮须旋修	
6	测量踏面剥离	用第四种检查器测量车轮踏面剥离尺寸，用标记笔将测量值标注于对应轮辋内侧面上。当车轮踏面剥离长度一处大于 15 mm 或二处及以上且有任何一处大于 8 mm 时，车轮须旋修	
7	测量轮辋外侧碾宽	用第四种检查器垂直尺身或钢直尺测量车轮轮辋外侧碾宽，用标记笔将测量值标注于对应轮辋外侧面上。当轮辋外侧碾宽大于 5 mm 时，车轮须旋修	
8	完工整理	（1）测量完毕后，将工具、材料、配件及时收回，放在定置存放处，并打扫作业场地，做到工完料清，场地清洁。 （2）撤除安全防护号志	

活动 2.2.3　思考练习

1. 简述第四种检查器的测量范围。
2. 简述用第四种检查器测量轮缘厚度的方法。
3. 测量踏面剥离长度时应注意哪些要求？

【考核评价】

1. 综合评价表（见表 2-7）

表 2-7　车轮故障检查判断作业综合评价表

考核要求时间：_____

操作开始时间：_____　　　　　　　　　　　　　　操作结束时间：_____

序号	考核内容	考核要点	总分	评分标准	扣分	得分
1	作业时间	作业时间 5 min	10	每超 5 s 扣 1 分，不足 5 s 按 5 s 计算		
2	作业过程	（1）插设安全防护号志。 （2）口述检查器各部名称及用途。 （3）确认第四种检查器检验标记。 （4）实际测量车轮各部尺寸（按运用限度掌握）。 （5）收拾工具，撤除安全防护号志	30	（1）防护信号旗未展开，扣 2 分；防护信号旗落地未重插，扣 5 分。 （2）作业顺序颠倒，每次扣 3 分。 （3）检查器各部名称不知，每项扣 1 分。 （4）检查器测量用途不知，每项扣 2 分。 （5）少测一项扣 5 分。 （6）未确认检验标记是否合格，扣 5 分。 （7）运用限度不掌握，每项扣 3 分。 （8）量具未撤出钢轨外侧，扣 2 分；防护信号旗未撤除，扣 10 分		
3	作业质量	（1）能正确测量车轮各部尺寸。 （2）正确判断是否符合运用限度。 （3）测量尺寸正确无误	50	（1）需精确测量的部位测量尺寸误差，每超 0.2 mm 扣 1 分。 （2）未对基准线扣 10 分。 （3）测量方法错误，每次扣 10 分		
4	安全及其他	（1）认真做好工具设备的使用与维护工作。 （2）按规定插、撤安全防护号志。 （3）按规定穿戴个人防护用品	10	（1）未按规定佩带工具及穿戴个人防护用品，每件扣 5 分。 （2）量具损坏，扣 10 分；量具未放回指定地点，扣 2 分。 （3）作业过程中碰伤出血，扣 5 分		
	合计		100			

否定项：若发生下列情况之一，则应及时终止实训，成绩记为零分。

① 未插设安全防护号志即进行作业。

② 受伤不能继续操作。

③ 作业时间超过 7 min。

④ 判断是放行还是扣修错误。

⑤ 不会使用第四种检查器。

2. 教师评价建议

_____

_____

_____

_____

_____

任务 2.3　车轮直径测量作业

【任务描述】

轮对组装时需要对车轮直径进行测量。检修人员需依据作业指导书的规范标准，进行车轮直径的测量作业。通过实训教学，学生需完成以下任务：

① 正确测量同一轮对轮径限度。

② 正确判断轮径差是否超限。

③ 准确填写记录单。

整个作业过程中，应遵循现场工作管理规范。

【学习目标】

知识目标	1. 掌握测量车轮直径的方法； 2. 掌握货车车辆车轮直径的技术标准
能力目标	1. 培养学生的动手能力； 2. 培养学生正确的检查技能； 3. 培养学生理论与实践相结合的运用能力
素质目标	培养学生提高安全意识及吃苦耐劳的素质

【导　入】

下面介绍测量车轮直径常用工具——仪表式车轮直径检查尺。

1. 仪表式车轮直径检查尺的结构

仪表式车轮直径检查尺可根据车轮的三个接触点间的距离显示出车轮的直径。它不仅用起来较为轻便，而且显示的数值较为精确，在车轮直径测量作业中使用较多。

仪表式车轮直径检查尺由测量块、构架、指示表、传动装置、测头、定位架组成，如图 2-10 所示。用于校对检查尺零位的校准器是一段圆弧，如图 2-11 所示。

2. 测量准备

① 在校准器上校对"零位"。

② 装上指示表，稍紧固。

③ 装上测头。

④ 将仪表式车轮直径检查尺放置于校准器上，通过上下移动指示表和旋转指示表盘，将指示表读数调整为标准圆直径，固紧指示表和指示表盘。

3. 测量轮径

测量时，两手握住仪表式车轮直径检查尺两端的构架部位，将其放置于被测车轮上，使定位架与车轮基准端面靠紧（因为有磁性，二者只要一接触就能保证密贴），两手轻轻下压，至两测量块均与车轮踏面接触，即可从指示表中读出直径值。

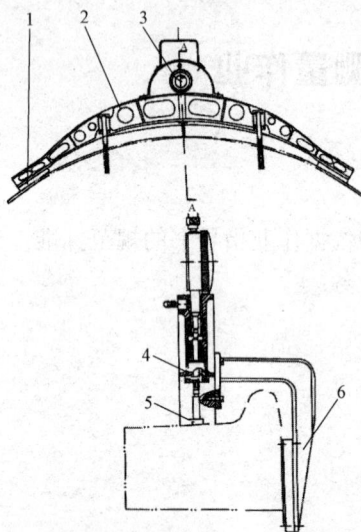

1—测量块；2—构架；3—指示表；
4—传动装置；5—测头；6—定位架。
图 2-10　仪表式车轮直径检查尺

图 2-11　校准器

【活　动】

活动 2.3.1　准备工作

1. 安全准备

穿戴好个人防护用品，准备好安全防护号志（脱轨器、红灯或防护信号旗）。

2. 工具、设备设施准备（见表 2-8、表 2-9）

表 2-8　工具的准备

序号	名称	规格	数量	备注
1	防护信号旗		1 面	
2	车轮直径检查尺		1 把	
3	记录纸		若干	
4	秒表		3 只	

表 2-9　设备设施的准备

序号	名称	规格	数量	备注
1	货车		1 辆	

3. 技术准备

要求学生掌握车轮直径测量尺的使用方法，掌握货车车辆车轮直径的技术标准。测量尺寸误差不得超过±0.5 mm。

活动 2.3.2　车轮直径测量作业程序与要求

车轮直径测量作业

车轮直径测量作业程序与要求如表 2-10 所示。

表 2-10　车轮直径测量作业程序与要求

序号	工步	作业内容与要求	图示
1	作业准备	（1）准备工具、材料、配件时，须检查确认其状态良好。 （2）检查车轮直径检查尺，须配件齐全，测量块灵活，刻度线清晰，定检标记（或鉴定合格证）不过期。 （3）插设安全防护号志，并确认安全	
2	在校准器上校对"零位"	（1）拧紧指示表、测头，以免校对"零位"或做测量时测头松动而带来测量误差。 （2）在车轮直径检查尺上装上指示表。 （3）将车轮直径检查尺放置在校准器上，保证两测块均与校准器弧面接触良好，定位架与校准器定位端面密贴，然后通过上下移动指示表，将指示表读数调整为校准器直径值。	
3	测量车轮外径	（1）测量时，两手握住车轮直径检查尺两端的构架部位，放置在被测车轮上，使定位架与车轮内侧面靠紧（因为有磁性，二者只要一接触就能保证密贴） （2）两手轻压，使两测量块均与车轮踏面接触到位	

序号	工步	作业内容与要求	图示
		（3）机械指示表表盘有以下几种形式，指示表中短指针指示的是 10 mm 以上的数，长指针指示的是 10 mm 以下的数，分度值为 0.1 mm，可估读到 0.01 mm。右图的读数分别为 1 053.10 mm、863.10 mm	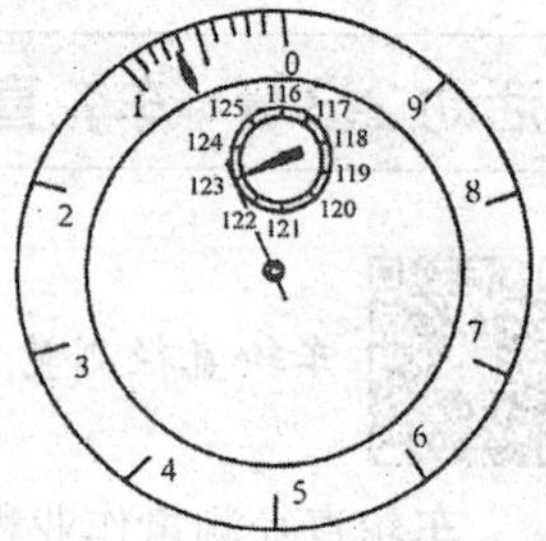 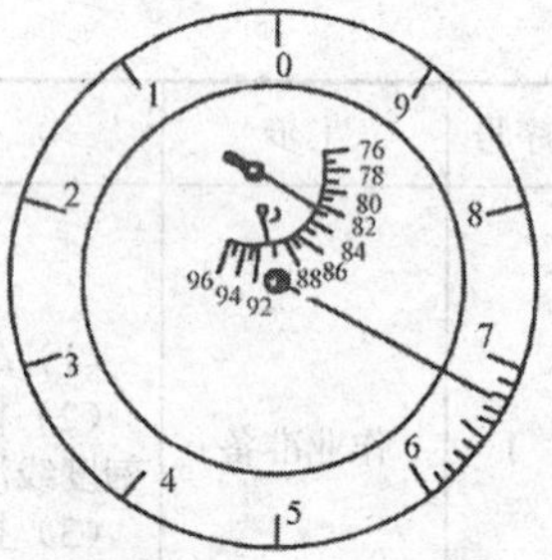
4	记录	将作业的车种车型车号、定检标记、测量数据、测量位置、测量内容等情况按要求记录在车统-15 A 上。填写须符合规定，字迹清晰	
5	质量检查和确认	值班老师现场组织指挥，负责指导、质量检查和确认	
6	清理现场场地	检查完毕后，将工具、设备设施及时收回，放在定置存放处	

活动 2.3.3　思考练习

1. 简述车轮直径检查尺的使用方法。
2. 测量车轮直径有哪些要求？

【考核评价】

1. 综合评价表（见表 2-11）

表 2-11 车轮直径测量作业综合评价表

考核要求时间：_____

操作开始时间：_____ 操作结束时间：_____

序号	考核内容	考核要点	总分	评分标准	扣分	得分
1	作业时间	作业时间 3 min	10	每超 3 s 扣 1 分，不足 3 s 按 3 s 计算		
2	作业过程	（1）插设安全防护号志。 （2）确认车轮直径检查尺检验标记。 （3）分别对同一轮对两轮径进行测量。 （4）口述同一转向架、同一车辆轮径的选配技术要求。 （5）撤除安全防护号志	30	（1）防护信号旗未展开，扣 2 分；防护信号旗落地未重插，扣 5 分。 （2）作业顺序颠倒，每次扣 3 分。 （3）车轮直径检查尺未确认检验标记，扣 5 分。 （4）测量时，未进行移动找位，每次扣 3 分；螺钉未固定，扣 3 分。 （5）测量位置不正确，每次扣 3 分。 （6）车轮直径检查尺使用不规范，扣 5 分。 （7）工具未撤出钢轨外侧，每件扣 2 分。 （8）防护信号旗未撤除，扣 10 分		
3	作业质量	（1）正确测量同一轮对轮径限度。 （2）正确判断轮径差是否超限（口述提问）	50	（1）测量误差每超 1 mm，扣 5 分。 （2）口述提问时，回答错误，每次扣 20 分。 （3）少测量一个车轮，扣 20 分		
4	安全及其他	（1）认真做好工具、设备设施的使用与维护工作。 （2）按规定插、撤安全防护号志。 （3）按规定穿戴个人防护用品	10	（1）未按规定佩带工具及穿戴个人防护用品，每件扣 5 分。 （2）工具损坏，每件扣 4 分；工具未放回指定地点，每件扣 2 分。 （3）作业过程中碰伤出血，扣 5 分		
	合计		100			

否定项：若发生下列情况之一，则应及时终止实训，成绩记为零分。
① 未插设防护信号旗即进行作业。
② 作业时间超过 4 min。
③ 受伤不能继续操作。
④ 不会使用车轮直径检查尺。

2. 教师评价建议

_____

_____

_____

_____

任务 2.4 轮对内侧距测量作业

【任务描述】

轮对组装后，需要测量轮对内侧距。检修人员需依据作业指导书的规范标准，进行车轮内侧距的测量作业。通过实训教学，学生需完成以下任务：

① 正确测量轮对内侧距。

② 正确判断轮对内侧距是否超限。

③ 准确填写记录单。

整个作业过程中，应遵循现场工作管理规范。

【学习目标】

知识目标	1. 掌握测量轮对内侧距的方法； 2. 掌握货车轮对内侧距运用限度标准
能力目标	1. 培养学生的动手能力； 2. 培养学生正确的检查技能； 3. 培养学生理论与实践相结合的运用能力
素质目标	培养学生提高安全意识及吃苦耐劳的素质

【导　入】

1. 轮对内侧距检查尺的结构

轮对内侧距检查尺的结构如图 2-12 所示。

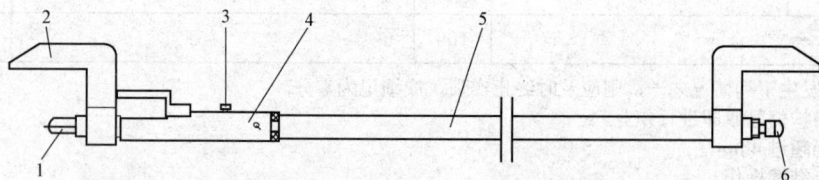

1—活动测杆；2—限位钩；3—紧固螺钉；4—示值标套；5—尺身；6—测头。

图 2-12　轮对内侧距检查尺的结构（LLJ-NJ-A 型）

2. 轮对内侧距检查尺的使用方法

1）检测说明

① 将检查尺两端定位面放置于两车轮轮缘顶点处，尺身平行于车轴中心线。

② 调整测头，使之与任一侧车轮内侧面靠紧。

③ 移动活动测杆，使其紧靠另一侧车轮的内侧面。

④ 再移动活动测杆找最小距离，读活动测杆上的刻线对着的示值标套上的刻线数值，即为轮对内侧距。

2）检测要求

在车轮圆周任意三等分处，以轮辋内侧面距轮缘顶部 45 mm 处为测量点，分别测量两轮辋内侧面之间的距离（即轮对内侧距），最大内侧距与最小内侧距之差为轮对内侧距最大差。

【活　　动】

活动 2.4.1　准备工作

1. 安全准备

穿戴好个人防护用品，准备好安全防护号志（脱轨器、红灯或防护信号旗）。

2. 工具、设备设施准备（见表 2-12、表 2-13）

表 2-12　工具的准备

序号	名称	规格	数量	备注
1	防护信号旗		1 面	
2	轮对内侧距检查尺		1 把	
3	记录纸		若干	
4	秒表		3 只	

表 2-13　设备设施的准备

序号	名称	规格	数量	备注
1	货车轮对		1 条	

3. 技术准备

要求学生掌握测量轮对内侧距的方法，掌握货车轮对内侧距运用限度标准。

活动 2.4.2　轮对内侧距测量作业程序与要求

轮对内侧距测量作业

轮对内侧距测量作业程序与要求如表 2-14 所示。

表 2-14 轮对内侧距测量作业程序与要求

序号	工步	作业内容与要求	图示
1	作业准备	（1）准备工具、设备设施时，须检查确认其状态良好。检查轮对内侧距检查尺，应配件齐全，活动测杆灵活，刻度线清晰，尺身无弯曲变形，检定标记（或鉴定合格证）不过期。 （2）插设安全防护号志，并确认安全	
2	测量	（1）将检查尺平放在轮缘顶点上，并使之与车轴中心线平行。 （2）先使检查尺测头靠紧轮缘内侧，再推动活动测杆，与另一轮缘内侧接触，拧紧螺母	
3	读数	读取轮对内侧距，并做好记录。轮对内侧距应为（1 353±3）mm。 注意：测尺中间刻线对正的刻度即为轮对内侧距	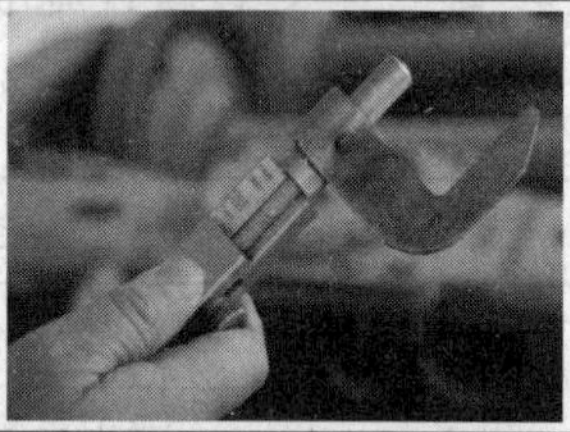
4	三等分点测量	使用同样操作方法再选择同一轮对其他两处进行测量，获得三处轮对内侧距数值。 注意：车轮三处须等分测量	
5	计算差值	计算三处轮对内侧距最大差值，应不大于 3 mm。依据测量结果对车辆进行相应处理	
6	记录	将作业的车种车型车号、定检标记、测量数据、测量位置、测量内容等情况按要求记录在车统-15 A 上。 注意：填写须符合规定，字迹清晰	
7	质量检查和确认	值班老师现场组织指挥，负责指导、质量检查和确认	
8	清理现场场地	测量完毕后，将工具和设备设施及时收回，放在定置存放处	

活动 2.4.3 思考练习

1. 简述轮对内侧距检查尺的使用方法。

2. 轮对内侧距需要测量几次？误差如何处理？

【考核评价】

1. 综合评价表（见表2-15）

表2-15　综合评价表

考核要求时间：＿＿＿＿＿

操作开始时间：＿＿＿＿＿　　　　　　　　　　　　　　操作结束时间：＿＿＿＿＿

序号	考核内容	考核要点	总分	评分标准	扣分	得分
1	作业时间	作业时间3 min	10	每超3 s扣1分，不足3 s按3 s计算		
2	作业过程	（1）确认轮对内侧距检查尺检定标记。 （2）能正确使用轮对内侧距检查尺。 （3）分别对轮对内侧距等分位置测量三处。 （4）运用限度标准（1 353±3）mm判断轮对内侧距是否超限	30	（1）不知道轮对内侧距检查尺各部名称，扣5分。 （2）作业顺序颠倒，每次扣3分。 （3）未确认检定标记，扣5分。 （4）测量时，未进行移动找位，每次扣3分。 （5）测量时尺身不平行车轴中心线，每次扣3分。 （6）轮对内侧距检查尺使用不规范，扣5分。 （7）工具未撤出钢轨外侧，每件扣2分。		
3	作业质量	（1）正确测量轮对内侧距。 （2）正确判断轮对内侧距是否超限（口述提问）	50	（1）测量误差，每超1 mm扣5分。 （2）未测量三处，少测一处扣10分。 （3）口述提问时，回答错误扣20分		
4	安全及其他	（1）认真做好工具、设备设施的使用与维护工作。 （2）按规定插、撤安全防护号志。 （3）按规定穿戴个人防护用品	10	（1）未按规定佩带工具及穿戴个人防护用品，每件扣5分。 （2）工具损坏，每件扣4分；工具未放回指定地点，每件扣2分。 （3）作业过程中碰伤出血的扣5分		
	合计		100			

否定项：若发生下列情况之一，则应及时终止实训，成绩记为零分。

① 受伤不能继续操作。

② 作业时间超过4 min。

③ 不会使用轮对内侧距检查尺。

④ 对轮对内侧距是否符合运用限度标准判断错误。

2. 教师评价建议

任务 2.5　更换枕簧（转 K6 型转向架）作业

【任务描述】

摇枕弹簧是车辆弹簧减振装置的重要组成部分，它与减振装置共同作用，起到缓和和消减车辆运行所受冲击与振动的作用。在车辆运行过程中，摇枕弹簧经常会出现折断、裂纹、移位出槽等故障，遇到这些情况应及时更换摇枕弹簧，达到消除故障、保证行车安全的目的。检修人员需要依据作业指导书的规范标准，进行更换铁路货车空车枕簧的作业。通过实训教学，学生需要完成以下任务：

① 正确更换铁路货车空车枕簧。

② 正确判断弹簧高度选配的限度要求。

③ 准确填写记录单。

整个作业过程中，应遵循现场工作管理规范。

【学习目标】

知识目标	1. 掌握更换铁路货车空车枕簧的方法； 2. 掌握弹簧高度选配的限度要求
能力目标	1. 培养学生的动手能力； 2. 培养学生正确的检查技能； 3. 培养学生理论与实践相结合的运用能力
素质目标	培养学生提高安全意识及吃苦耐劳的素质

【导　入】

作业流程如下：

① 作业准备；

② 组装液压镐；

③ 关闭排风；

④ 顶升分体式油镐；

⑤ 更换枕簧；

⑥ 撤除分体式油镐；

⑦ 质量检查和确认；

⑧ 开启截断塞门；

⑨ 信息记录汇报；

⑩ 工具、配件回收。

【活　动】

活动 2.5.1　准备工作

1. 安全准备

穿戴好个人防护用品，准备好安全防护号志（脱轨器、红灯或防护信号旗），无防护信号时禁止作业。

检查新品枕簧，须与更换的枕簧型号相同。

2. 工具、设备设施准备（见表 2–16、表 2–17）

表 2–16　工具的准备

序号	名称	规格	数量	备注
1	更换枕簧专修工具		1 套	
2	无线对讲机		1 部	
3	拆装枕簧专用卡具		1 把	
4	检车锤		1 把	
5	止轮器		2 个	
6	镐垫及底座		若干	
7	秒表		3 只	
8	防护信号旗		1 面	
9	液压镐		1 套	

表 2–17　设备设施的准备

序号	名称	规格	数量	备注
1	枕簧	组	1	

3. 技术准备

要求学生掌握更换铁路货车空车枕簧的方法，掌握弹簧高度选配的限度要求。

活动 2.5.2　更换枕簧（转 K6 型转向架）作业程序与要求

货车枕簧更换

更换枕簧（转 K6 型转向架）作业程序与要求如表 2–18 所示。注意，此项作业需要两人配合完成。

表 2-18　更换枕簧（转 K6 型转向架）作业程序与要求

序号	工步	作业内容与要求	图示
1	作业准备	（1）作业前，作业人员与值班老师确认车列两端设有防护信号，无防护信号时禁止作业。 （2）检查新品枕簧，须与更换的枕簧型号相同	
2	组装液压镐	2 号作业人员打开专修工具箱，取出专修工具，将液压管接头与顶镐安装牢固，确认性能良好	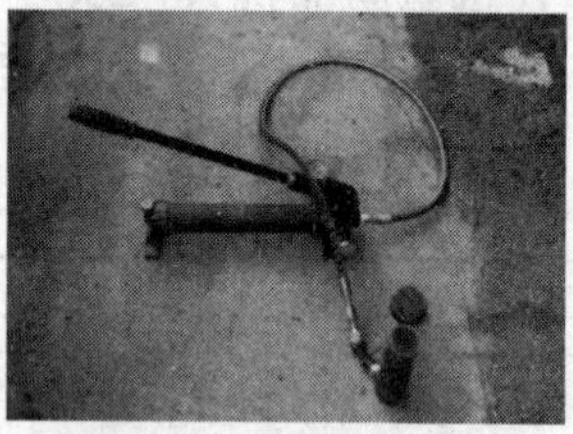
3	关闭排风	（1）1 号作业人员在需要更换枕簧的转向架同侧的车轮两端设置止轮器，使止轮器紧贴车轮踏面。 （2）1 号作业人员关闭故障车截断塞门，使截断塞门手把中心线与支管中心线呈 90°夹角。将排风卡具设置于缓解阀拉杆吊架间，排尽副风缸内的压力空气，副风缸不得有余风	 止轮器
4	顶升分体式油镐	（1）1 号作业人员选取底部带 V 形凹槽的镐座，镐座凹槽部位坐在侧架弹簧承台侧面凸台上，再将液压镐直接安放在镐座上。 注意：镐头的半月形凸起须放于摇枕与侧架间隙处，镐顶须加装防滑垫 （2）1 号作业人员手扶液压镐，确认顶镐无偏斜，待液压镐受力后松开液压镐。2 号作业人员拧紧液压泵的阀门，匀速上下压动摇把，使分体式油镐的油镐顶起故障部位摇枕端至适当高度。 注意：支撑油镐的行程不得超过全长的 3/4 或安全线	

序号	工步	作业内容与要求	图示
5	更换枕簧	（1）1号作业人员使用拆装枕簧专用卡具取出故障枕簧。取出的摇枕弹簧须放置于作业位置附近安全处所，不得抛扔。 **注意：不得直接用手取故障枕簧**	 
		（2）1号作业人员确认用于替换的枕簧的内簧与外簧旋转方向相反后，使用拆装枕簧专用卡具将良好枕簧送入相应的枕簧定位脐及定位挡边内	
6	撤除分体式油镐	2号作业人员确认枕簧安装正位后，缓慢松开液压泵阀门，使分体式油镐缓慢落下。1号作业人员手扶液压镐，依次取下油镐、防滑垫、下部底座，将其搬离作业区域并放置于两股道中间安全位置。 **注意：油镐不得倾倒（斜）**	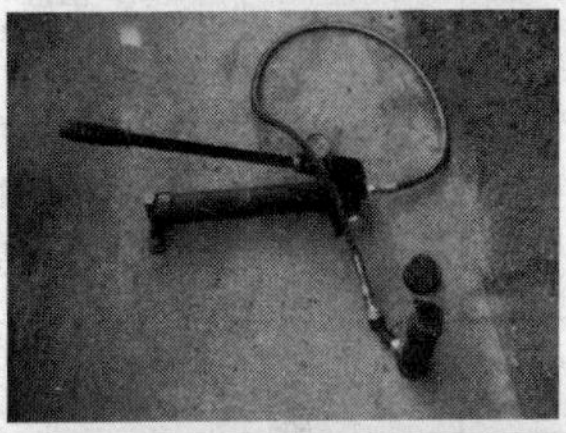
7	质量检查和确认	值班老师现场组织指挥，负责指导、质量检查和确认	
8	开启截断塞门	（1）1号作业人员卸下排风卡具，使缓解阀复位。开启截断塞门，使截断塞门手把中心线与支管中心线平行。 （2）1号作业人员撤除止轮器，将其带出股道并放置于安全处所	
9	信息记录汇报	工作人员在《检车员工作记录手册》（车统–15A）上记录故障的发现和处理信息，包括：故障车的车种车型车号、前次定检单位和时间、故障方位部位、运行方向左右侧、名称、处理方式、处理人等	
10	工具、配件回收	1号作业人员清点工具并装箱，2号作业人员回收旧枕簧，列队归所，之后分别将工具、故障枕簧送至工具室和故障损品存放处	

活动 2.5.3 思考练习

1. 简述更换枕簧的作业过程。
2. 使用油镐应注意哪些事项？

【考核评价】

1. 综合评价表（见表 2-19）

表 2-19 综合评价表

考核要求时间：_____

操作开始时间：_____   操作结束时间：_____

序号	考核内容	考核要点	总分	评分标准	扣分	得分
1	作业时间	作业时间 10 min	10	每超 10 s 扣 1 分，不足 10 s 按 10 s 计算		
2	作业过程	（1）插设安全防护号志。 （2）打止轮器。 （3）安装顶镐垫板，上顶镐后起镐。 （4）卸摇枕弹簧，选配、检查弹簧，安装弹簧。 （5）落镐，落成检查，撤除防护信号	30	（1）防护信号旗未展开，扣 2 分；防护信号旗落地未重插，扣 5 分。 （2）作业顺序颠倒，每次扣 3 分。 （3）止轮器忘撤，每只扣 5 分。 （4）新换弹簧前未检查新簧，扣 5 分。 （5）未做落成检查，扣 5 分。 （6）工具未撤出钢轨外侧，每件扣 2 分。 （7）防护信号旗未撤除，扣 5 分。		
3	作业质量	（1）摇枕内簧安装到位。 （2）摇枕弹簧须入槽	50	（1）摇枕内簧安装不到位，扣 20 分。 （2）摇枕弹簧未入槽，每个扣 20 分。 （3）内簧未抽出检查，扣 10 分		
4	安全及其他	（1）认真做好工具、设备设施的使用与维护工作。 （2）按规定插、撤安全防护号志。 （3）按规定穿戴个人防护用品	10	（1）未按规定佩带工具及穿戴个人防护用品，每件扣 5 分。 （2）工具损坏，每件扣 4 分；工具未放回指定地点，每件扣 2 分。 （3）作业过程中碰伤出血，扣 5 分。 （4）顶镐上部未装防滑垫，扣 3 分。 （5）起镐后，发生跑镐，扣 10 分。 （6）安装弹簧时，手放在弹簧上方，每次扣 5 分		
	合计		100			

否定项：若发生下列情况之一，则应及时终止实训，成绩记为零分。
① 未插设防护信号旗即进行作业。
② 起镐前未打止轮器。
③ 作业时间超过 12 min。
④ 受伤不能继续操作。

2. 教师评价建议

_____

_____

任务 2.6　滚动轴承起轴转动检查作业

【任务描述】

滚动轴承装置是转向架的重要组成部件，在列车运行中，滚动轴承会出现热轴、磨损、漏油、裂纹等故障，如果不及时消除故障，将危及行车安全。对在运行中出现问题的轴承，可采用滚动轴承转动检查法来判断轴承故障并及时做相应处理。

检修人员需依据作业指导书的规范标准，进行滚动轴承起轴转动检查作业。通过实训教学，学生需完成以下任务：

① 掌握货车滚动轴承起轴转动检查方法。
② 掌握货车滚动轴承的技术标准。
③ 正确填写记录单。

整个作业过程中，应遵循现场工作管理规范。

【学习目标】

知识目标	1. 掌握货车滚动轴承起轴转动检查方法； 2. 掌握货车滚动轴承的技术标准
能力目标	1. 培养学生的动手能力； 2. 培养学生正确的检查技能； 3. 培养学生理论与实践相结合的运用能力
素质目标	培养学生提高安全意识及吃苦耐劳的素质

【导　入】

进行滚动轴承起轴转动检查时，手动正反转动各三圈，在转动的过程中仔细听轴承内部有无异常声响，手感有无异常震动，正反旋转有无卡滞现象。特别是当轴承内部有异常声响时，要仔细辨认是否是滚子与滚子之间在转动过程中的撞击声。对有异状的滚动轴承，须扣修处理。

【活　动】

活动 2.6.1　准备工作

1. 安全准备

穿戴好个人防护用品，准备好安全防护号志（脱轨器、红灯或防护信号旗）。

2. 工具、设备设施准备（见表 2-20、表 2-21）

表 2-20　工具的准备

序号	名称	规格	数量	备注
1	防护信号旗		1 面	
2	液压镐	32 t	1 套	
3	活扳手	300 mm	1 个	
4	承载鞍卡具	K2、K4、K5、K6 卡具	各 1 个	
5	钢板尺		1 个	
6	止轮器		4 个	

表 2-21　设备设施的准备

序号	名称	规格	数量	备注
1	货车		1 辆	

活动 2.6.2　滚动轴承起轴转动检查作业程序与要求

滚动轴承起轴转动检查作业

滚动轴承起轴转动检查作业程序与要求如表 2-22 所示。注意，此项作业需要两人配合完成。

表 2-22　滚动轴承起轴转动检查作业程序与要求

序号	工步	作业内容与要求	图示
1	作业准备	（1）接到通知后，故障专修人员到工具室取滚动轴承起轴转动检查工具，包括液压镐（32 t）一套、活扳手（300 mm）一个和承载鞍卡具（K2、K4、K5、K6 各一个）。 （2）在指定地点集合整队出发，到达作业地点。横过线路和道口时，注意瞭望机车、车辆，执行"一站、二看、三确认、四通过"制度。 **注意**：作业前确认车列两端设有安全防护号志，无安全防护号志时禁止作业	
2	关门排风	1 号故障专修人员： （1）关闭截断塞门，要求完成操作时塞门芯刻线与列车支管成 90°角，应确认关闭到位。	 关闭截断塞门

序号	工步	作业内容与要求	图示
2	关门排风	（2）手拉（推）半自动缓解阀拉杆，直到排尽副风缸中余风	 排风
3	卸下轴承挡键	2号故障专修人员： （1）用钳子将轴承挡键开口销卸下。 （2）用活扳手将挡键螺母卸下。 （3）卸下螺栓，取下轴承挡键	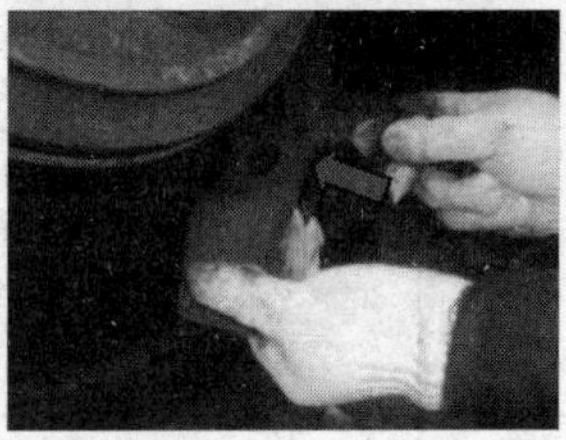
4	安装承载鞍卡具	2号故障专修人员负责安装承载鞍卡具	
		转K2型转向架：卡具安装在侧架导框上方，使承载鞍两个吊装凸缘置于卡具吊装孔内。 注意：必须确认卡具卡紧吊装凸缘	
		转K5型转向架：将卡具卡在承载鞍吊装凸缘上	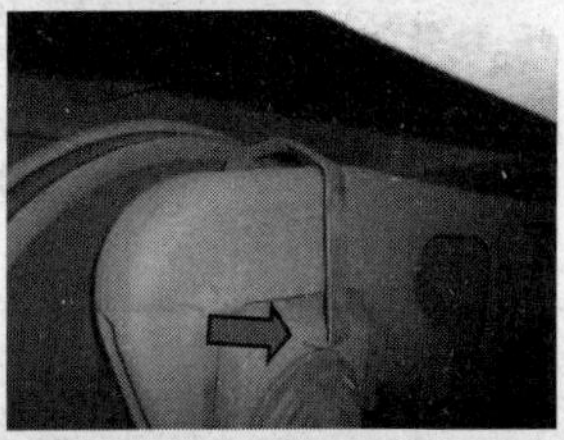
		转K6型转向架：将卡具卡在侧架与承载鞍突出台上	
5	安装液压镐	2号故障专修人员： 将欲安放液压镐场地进行平整，并在镐底加座，然后放置好液压镐，使镐头置于挡键安装座下平面下方。 注意：重车起轴时需安放压轮器	

续表

序号	工步	作业内容与要求	图示
5	安装液压镐		
6	顶升侧架	1号专修人员： 锁紧液压镐开关，缓慢压动镐手柄，使承载鞍与轴承外圈不接触后停止压动 **注意**：液压镐底座必须平整，镐身不能倾斜，否则有蹦镐的风险	
7	转动轴承测听鉴定	1号专修人员手动正反转动各三圈，在转动的过程中仔细听轴承内部有无异常声响，手感有无异常震动，正反旋转有无卡滞现象。对有异状的滚动轴承，须扣修处理	
8	撤除工具	1号故障专修人员缓慢拧开液压镐锁紧开关，缓慢落镐，待滚动轴承完全进入承载鞍卡槽内时，撤除承载鞍卡具。 2号故障专修人员撤除液压镐。 **注意**：应确认承载鞍无窜位，否则有燃轴的风险	
9	安装轴承挡键	2号故障专修人员将挡键安放在侧架挡键座上，由上至下穿入螺栓并加入弹簧垫圈、螺母进行紧固，插入开口销并紧固螺栓，使用钢板尺测量挡键与轴承外圈间隙，要求挡键与轴承外圈间隙为3～7 mm。 1号故障专修人员将截断塞门手把置于开通位置，此时塞门芯刻线应与列车支管平行，确认开启到位	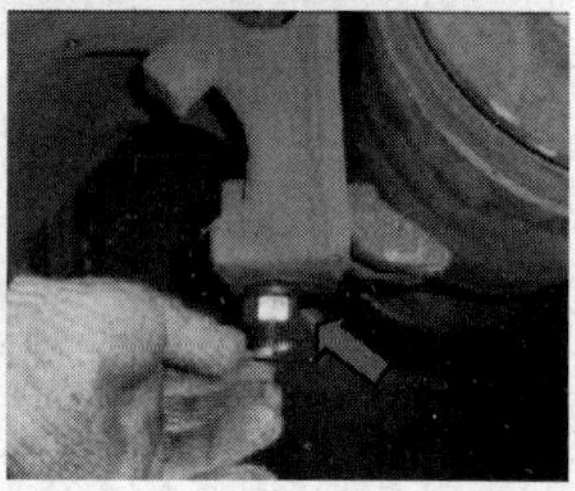
10	质量检查和确认	技术检查人员复查维修质量：目视检查承载鞍，应正位；轴承挡键与轴承外圈间隙符合规定。此后通知值班室故障处理完毕，并将车辆鉴定及处理结果通知值班室记载	
11	工具回收，撤除防护	1号故障专修人员： （1）将工具装箱，将工具送至工具室。 （2）撤除安全防护号志	

活动 2.6.3　思考练习

1. 简述滚动轴承起轴转动检查作业过程。
2. 测听转动轴承有哪些要求？

【考核评价】

1. 综合评价表（见表 2-23）

表 2-23　综合评价表

考核要求时间：_____
操作开始时间：_____　　　　　　　　　　　　　　操作结束时间：_____

序号	考核内容	考核要点	总分	评分标准	扣分	得分
1	作业时间	作业时间 10 min	10	每超 10 s 扣 1 分，不足 10 s 按 10 s 计算		
2	作业过程	（1）插设防护信号旗。 （2）上止轮器。 （3）关门排风。 （4）卸下轴承挡键，安装承载鞍卡具，安装液压镐，顶升侧架。 （5）转动轴承测听。 （6）撤除工具，安装轴承挡键。 （7）撤除防护信号旗	30	（1）防护信号旗未展开，扣 2 分；防护信号旗落地未重插，扣 5 分。 （2）作业顺序颠倒，每次扣 3 分。 （3）忘上止轮器，每只扣 5 分。 （4）转动轴承未检查，扣 5 分。 （5）工具未撤出钢轨外侧，每件扣 2 分。 （6）防护信号旗未撤除，扣 5 分		
3	作业质量	转动轴承测听	50	（1）转动轴承测听不到位，扣 20 分。 （2）安装轴承挡键不到位，扣 20 分。 （3）液压镐底座不平整，镐身倾斜，扣 10 分		
4	安全及其他	（1）认真做好工具、设备设施的使用与维护工作。 （2）按规定插、撤防护信号旗。 （3）按规定穿戴个人防护用品	10	（1）未按规定佩带工具及穿戴个人防护用品，每件扣 5 分。 （2）工具损坏，每件扣 4 分；工具未放回指定地点，每件扣 2 分。 （3）作业过程中碰伤出血，扣 5 分		
		合计	100			

否定项：若发生下列情况之一，则应及时终止实训，成绩记为零分。
① 未插设防护信号旗即进行作业。
② 作业时间超过 10 min。
③ 受伤不能继续操作。
④ 不会使用工具。

2. 教师评价建议

_____

_____

_____

项目3

货车制动系统运用维修

【项目构架】

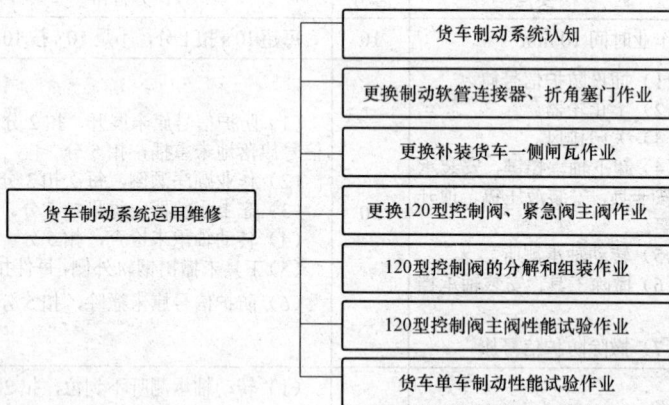

货车制动系统运用维修
- 货车制动系统认知
- 更换制动软管连接器、折角塞门作业
- 更换补装货车一侧闸瓦作业
- 更换120型控制阀、紧急阀主阀作业
- 120型控制阀的分解和组装作业
- 120型控制阀主阀性能试验作业
- 货车单车制动性能试验作业

【项目引导】

◉ 目的要求

1. 掌握货车空气制动机的构造、工作原理、作用。
2. 掌握制动系统常用配件的更换、修理。
3. 掌握货车单车制动性能试验。

◉ 重点与难点

重点：

1. 检修制动软管、折角塞门、120 型控制阀。
2. 更换货车闸瓦。
3. 货车单车制动性能试验。

难点：

1. 更换 120 型控制阀、紧急阀主阀。
2. 货车单车制动性能试验。

【项目内容】

任务 3.1 货车制动系统认知

【任务描述】

车辆制动装置是列车制动装置的基本单元。车辆制动技术和制动机性能决定着列车制动机性能。通过实训教学，学生需掌握以下内容：

① 空气制动机的构造、原理、作用。

② 基础制动装置的构造、作用。

③ 货车手制动机的构造、作用。

【学习目标】

知识目标	1. 掌握空气制动机的构造、原理、作用； 2. 掌握基础制动装置的构造、作用； 3. 了解货车手制动机
素质目标	1. 培养学生职业道德、创新意识； 2. 培养学生学习专业知识的能力

【导　入】

车辆制动装置是保证列车准确停车及安全运行所必不可少的装置。由于整个列车的惯性很大，不仅要在机车上设制动装置，还必须在每辆车上也设制动装置，这样才能使运行中的列车按需要减速或在规定的距离内停车。车辆制动装置装于车辆上，能实现制动作用和缓解作用。

车辆制动装置包括空气制动机、手制动机、基础制动装置三部分。通常将空气制动机称为车辆制动机。

【活　动】

活动 3.1.1　认识空气制动机

120 型空气制动机组成、120 型控制阀视频动画

空气制动机是指利用压力空气作为控制制动的介质，并作为产生制动力的原动力的制动装置。空气制动机是目前世界上各国广泛采用的制动机。我国的机车车辆全部装用空气制动机。

目前货车装用 120 型（含 120-1 型）空气制动机。120 型空气制动机由制动软管总成、球芯折角塞门、组合式集尘器、120 型空气控制阀、制动管、副风缸、制动缸、双室风缸、空重车自动调整装置（包括调整阀、传感阀、限压阀和降压气室）、脱轨制动阀等零部件组成，其示意图如图 3-1 所示。

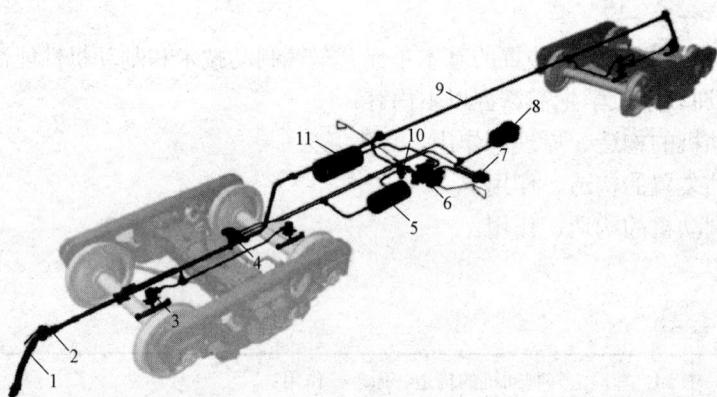

1—制动软管总成；2—球芯折角塞门；3—脱轨制动阀；4—空重车传感阀；5—双室风缸；6—120 型空气控制阀；
7—空重车调整阀；8—制动缸；9—制动管；10—组合式集尘器；11—副风缸。

图 3-1　120 型空气制动机组成示意图

120 型空气控制阀（以下简称 120 阀）根据制动管中空气压力的变化来操纵本车制动装置的制动和缓解，它是制动机的主要控制机构。

组合式集尘器是集截断塞门与远心集尘器于一体的组合装置，装设在制动管至 120 阀的制动支管上。截断塞门的作用是在需要时将塞门关闭，关闭截断塞门的车辆无空气制动作用；远心集尘器的作用是利用空气通过制动管时发生的沿其圆周内壁的旋转，使空气中的尘埃、水分、锈垢和砂土等杂物沿圆周内壁落下，对压力空气进行清洁，以保证 120 阀正常工作。

副风缸用于贮存压力空气，在制动工况时作为风源将压力空气经 120 阀充入制动缸，使制动机产生作用。此外，副风缸的空气压力还作为 120 阀主控机构的一个控制压力来控制 120 阀的动作。

双室风缸将加速缓解风缸和降压气室集成在一起。加速缓解风缸也用于贮存压力空气，在制动后的缓解工况时作为风源将压力空气经 120 阀充入制动管，使制动管产生局部增压作用，以提高缓解波速。

空重车自动调整装置的用途是根据车辆载重的变化自动调整制动缸压力，以减小车辆制动率的差别，改善车辆的制动性能。

球芯折角塞门位于制动软管与制动管之间，以控制列车制动管的连通与截断。当列车制动管截断时，制动软管端的压力空气可以经该塞门排出。

活动 3.1.2　认识基础制动装置

1. 单闸瓦基础制动装置

单闸瓦基础制动装置构造简单，节约材料，便于检查和修理。但制动时，车轮只受一侧的闸瓦压力作用，使轴瓦受力偏斜，易形成轴瓦偏磨，引起热量过大而出现热轴现象。在车辆不断向大型和高速方向发展而闸瓦单位面积的压力不能再增加的情况下，应采用高摩擦系数的合成闸瓦，这样不用改变原有的制动装置就可满足高速运行的要求。

四轴货车单闸瓦基础制动装置由制动缸、制动缸活塞推杆、制动缸前杠杆、上拉杆、制动杠杆（移动杠杆）、下拉杆、连接拉杆（中拉杆）、制动缸后杠杆、制动缸后杠杆托、固定杠杆、固定杠杆支点、轴瓦拖吊、轴瓦托、轴瓦、制动梁、手制动拉杆等组成，如图 3-2 所示。

1—固定杠杆支点；2—闸瓦钎；3—轴瓦；4—制动杠杆（移动杠杆）；5—上拉杆；6—制动缸后杠杆；7—制动缸；
8—制动缸活塞推杆；9—手制动拉杆；10—轴瓦托吊；11—下拉杆；12—制动缸前杠杆；13—连接拉杆（中拉杆）；
14—制动缸后杠杆托；15—制动梁；16—轴瓦托；17—固定杠杆。

图 3-2　单闸瓦基础制动装置的组成

我国铁路货车转向架大部分采用散开式单侧闸瓦制动。根据转向架基础制动装置拉（压）杆相对摇枕位置的不同，又可分为转向架下拉杆式基础制动装置和转向架中拉杆式基础制动装置。转向架下拉杆式基础制动装置如图 3-3 所示；转向架中拉杆式基础制动装置如图 3-4 所示。

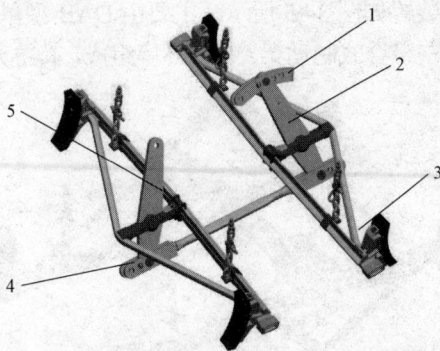

1—固定杠杆支点；2—固定杠杆组成；3—制动梁组成；4—下拉杆组；5—游动杠杆组成。

图 3-3　转向架下拉杆式基础制动装置

中拉杆滑槽式单闸瓦制动装置的游动杠杆和固定杠杆均采用 Q235A 材质制造，中拉杆采用整体锻造结构，与传统焊接结构拉杆相比，取消了焊缝，避免了焊接缺陷的产生，更易于质量控制，从而提高了中拉杆的使用可靠性。

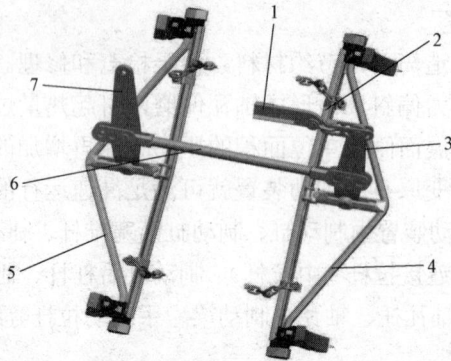

1—固定杠杆支点座；2—柔性支点及链蹄；3—固定杠杆组成；4—左组合式制动梁；
5—右组合式制动梁；6—中拉杆组成；7—游动杠杆组成。
图 3－4　转向架中拉杆式基础制动装置

2. 集成式基础制动装置

集成式基础制动装置部件少，结构紧凑，重量轻，有利于车体结构优化，特别适合漏斗车、浴盆车、凹底车等安装空间紧张车型装用。集成式基础制动装置具有以下优点：

① 制动缸安装在制动梁上，制动力通过前后杠杆、推杆直接作用到制动梁上，重车传动效率高，有利于降低能源消耗。

② 转向架不会产生偏转力矩，闸瓦压力均匀，可降低车轮偏磨。

③ 去除了受力底架附属件安装，有利于降低部件裂纹故障，特别利于罐车、鱼腹梁结构车辆装用。

我国常见的集成式基础制动装置包括 DAB－1 型转向架集成式制动装置、BAB－1 型转向架集成式制动装置、BAB－2 型转向架集成式制动装置。

1）DAB－1 型转向架集成式制动装置

DAB－1 型转向架集成式制动装置分为带手制动机和不带手制动机两种形式。带手制动机的 DAB－1 型转向架集成式制动装置如图 3－5 所示，主要由 DAB 型单元制动缸、前制动杠杆、后制动杠杆、右组合式制动梁、左组合式制动梁、链蹄环等组成，其单元制动缸布置在中拉杆位置。

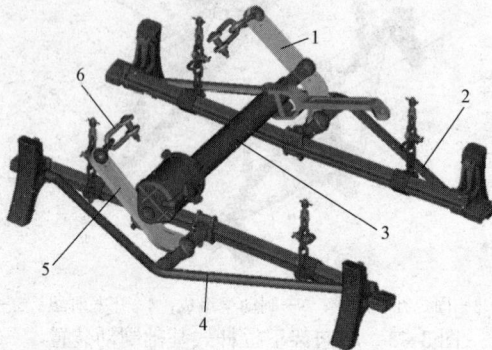

1—后制动杠杆；2—左组合式制动梁；3—DAB 型单元制动缸；4—右组合式制动梁；5—前制动杠杆；6—链蹄环。
图 3－5　带手制动机的 DAB－1 型转向架集成式制动装置

2）BAB 型转向架集成式制动装置

BAB 型转向架集成式制动装置分为 BAB-1 型和 BAB-2 型。其中，适应 915 mm 轮径的 BAB 型转向架集成式制动装置型号为 BAB-1 型，适应 840 mm 轮径的 BAB 型转向架集成式制动装置型号为 BAB-2 型。BAB-1 型转向架集成式制动装置 1 位端带手制动，主要由手制动杠杆、制动缸、推杆、制动梁、非制动缸侧杠杆、制动缸侧 J 型杠杆、闸调器、制动缸侧 J 型杠杆组成，如图 3-6 所示。

1—手制动杠杆；2—制动缸；3—推杆；4—制动梁；5—非制动缸侧杠杆；

6—非制动缸侧 J 型杠杆；7—闸调器；8—制动缸侧 J 型杠杆。

图 3-6　BAB-1 型转向架集成式制动装置

活动 3.1.3　认识手制动机

手制动机也称人力制动机，是指装在车辆制动装置上，用人力来操纵实现制动和缓解作用的制动机。手制动机结构简单，不受动力的限制，任何时候都可以使用，但缺点是制动力小，只能作为辅助制动装置，一般仅用于原地制动，或在调车作业中使用。

铁路货车上装用的手制动机有链条式手制动机、FSW 型手制动机、NSW 型手制动机、脚踏式制动机、棘轮式手制动机、螺旋式手制动机等 6 种。其中，常见的手制动机为链条式手制动机、FSW 型手制动机、NSW 型手制动机、脚踏式制动机等。

1. NSW 型手制动机的特点

NSW 型手制动机是在 FSW 型手制动机的基础上经局部改进而成的。它保留了 FSW 型手制动机的优点，简化了结构，增设了闭锁装置，有较好的防溜功能，提高了车辆停放的安全性，适用于各种铁路货车，尤其适合安装在平车和集装箱车上。

2. NSW 型手制动机的构造

NSW 型手制动机由手轮组成、箱壳组成、轴承、主动轴、卷链轴组成、功能手柄、棘轮、棘舌、离合器、键轮、链条、底座等组成，如图 3-7 所示。因视角关系，功能手柄图 3-7 中未标出。

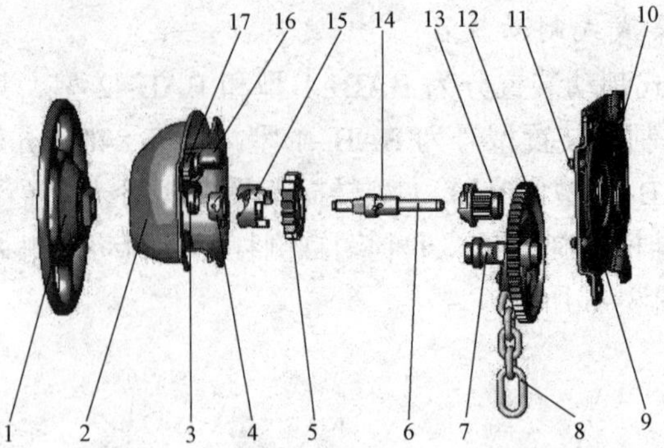

1—手轮组成；2—箱壳组成；3—轴承；4—键轮；5—棘轮；6—主动轴；7—卷链轴组成；8—链条；9—底座；

10—轴承座；11—铆钉；12—大齿轮；13—小齿轮；14—圆柱销；15—离合器；16—配重块；17—棘舌。

图 3-7　NSW 型手制动机的组成

3. NSW 型手制动机的作用原理

NSW 型手制动机具有制动、缓解、调力制动等 3 种功能。

① 制动功能：将功能手柄指向"常用"位指示标记，顺时针方向转动手轮。

② 缓解功能：将功能手柄指向"常用"位指示标记，逆时针方向转动约 30°。

③ 调力制动功能：将功能手柄置于"常用"位，顺时针方向转动手轮，使链条产生一定的拉力，此时将功能手柄旋向左侧"调力"位（此时手不得离开手轮，否则手制动机会彻底缓解），顺时针方向转动手轮使制动力增大，逆时针方向转动手轮使制动力减小。NSW 型手制动机调力制动性能图如图 3-8 所示。

图 3-8　NSW 型手制动机调力制动性能图

活动 3.1.4　思考练习

1. 120 型空气制动机由哪些配件组成？

2. 单闸瓦基础制动装置由哪些配件组成？

3. NSW 型手制动机由哪些配件组成？

【考核评价】

1. 综合评价表（见表 3-1）

表 3-1 综合评价表

序号	考核项目	总分	评分标准	自评分	互评分	教师评分	综合评分
1	课前知识查阅、调研完成情况	20	（1）调研空气制动机的结构。 （2）调研基础制动装置的结构。 （3）调研货车手制动机的结构				
2	课中参与及协作沟通表现	20	（1）学生积极举手回答问题。 （2）学生普遍具有问题意识，敢于质疑问难，敢于发表不同见解。 （3）学生善于倾听、理解他人发言，并能及时抓住要点。 （4）合作学习适时有效，目标达成度高				
3	货车制动系统掌握情况	50	（1）掌握空气制动机的结构及原理。 （2）掌握单闸瓦基础制动装置、集成式基础制动装置的结构。 （3）掌握货车手制动机的结构及作用原理				
4	思政方面	10	（1）理解货车运营的重大意义。 （2）学习精益求精的大国工匠精神。 （3）树立科技报国的家国情怀和使命担当				

2. 教师评价建议

任务 3.2　更换制动软管连接器、折角塞门作业

【任务描述】

　　制动软管和折角塞门在使用中遇到漏气、破损等故障时，需要对其进行更换、修复。检修人员需依据作业指导书的规范标准，进行更换制动软管连接器、折角塞门作业。通过实训教学，学生需完成以下任务：

　　① 检查制动软管连接器、折角塞门，判断其工作状态是否正常。

　　② 更换有问题的制动软管连接器、折角塞门。

　　③ 正确填写记录单。

　　整个作业过程中，应遵循现场工作管理规定。

【学习目标】

知识目标	1. 掌握制动软管连接器的构造和用途； 2. 掌握折角塞门的构造和用途； 3. 掌握更换制动软管连接器、折角塞门的作业方法
能力目标	1. 会更换制动软管连接器； 2. 会更换折角塞门
素质目标	1. 自觉遵循现场工作管理规范； 2. 具有精益求精的工匠精神

【导　　入】

　　制动软管连接器由制动软管及软管连接器组成，它能在列车通过曲线或车辆间距发生变化时，保证压力空气畅通，不泄漏。为保证两根软管在连接器接口连接后严密不漏，在连接器接口处内嵌一个软管垫圈。注意：更换新软管时，必须更换新的软管垫圈。

【活　　动】

活动 3.2.1　准备工作

1. 安全准备

穿戴好个人防护用品。

2. 工具、材料准备（见表 3-2、表 3-3）

表 3-2 工具的准备

序号	名称	规格	数量	备注
1	防护信号旗		1 面	
2	管钳	450 mm	1 把	
3	生料带		若干	
4	检车锤		1 把	
5	肥皂水桶		1 套	
6	秒表		3 只	
7	扳手		1 个	

表 3-3 材料的准备

序号	名称	规格	数量	备注
1	制动软管		1 根	
2	软管垫圈		1 个	
3	球芯折角塞门		1 个	
4	U 形卡子		1 个	
5	垫片	$\phi 8$ mm	2 个	
6	弹簧垫圈	$\phi 8$ mm	2 个	
7	螺母	$\phi 8$ mm	2 个	

活动 3.2.2 更换制动软管连接器、折角塞门作业程序与要求

货车制动软管连接器更换

更换制动软管连接器、折角塞门作业程序与要求如表 3-4 所示。

表 3-4　更换制动软管连接器、折角塞门作业程序与要求

序号	项目	作业内容与要求	图示
1	作业准备	（1）设置安全防护号志——插红旗。 （2）防护信号旗要展开，工作中防护信号旗不能落地	 
2	关闭折角塞门并排风	（1）关闭本车两端及相邻车辆端折角塞门，拉动缓解阀排净副风缸余风，使用止轮器对车辆定位。 （2）左手抓住软管，右手打开本车的折角塞门，排除管内余风，即排尽制动主管压力空气	 
3	拆卸制动软管及折角塞门	（1）卸下制动软管总成。 （2）用管钳卡住辅助管。 （3）用扳手卡住折角塞门端部（六方）。 （4）卸下折角塞门。 注意：拆下的配件要摆放在指定位置	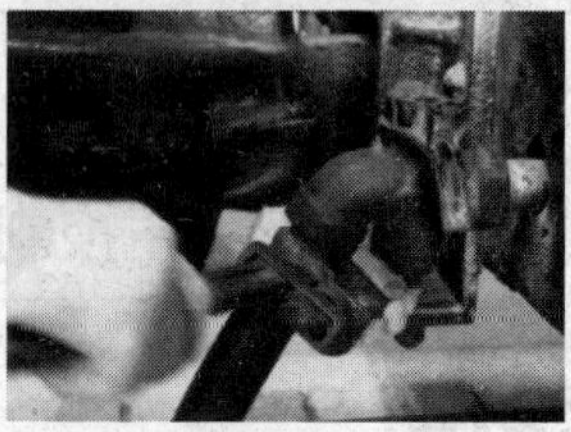 

序号	项目	作业内容与要求	图示
4	检查新制动软管、折角塞门质量	新制动软管风水压不过期，无破损、老化、起泡，上下卡子无松动，连接器良好。 折角塞门质量良好	
5	安装新制动软管连接器、折角塞门	（1）安装新折角塞门。安装要紧固，折角塞门中心线与车辆垂直线成30°角。 **要求：** ① 角度符合要求。 ② 检查配件螺纹是否完好，连接器和手把是否有裂纹，风水压实验标记是否符合要求。 ③ 补助管的头部绕生料带，组装拧紧合格的折角塞门，接头螺纹必须拧紧3牙以上	  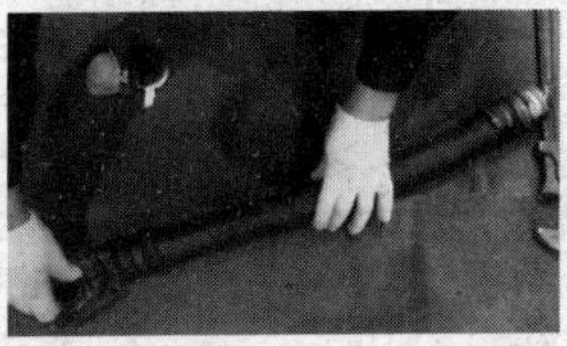
		（2）安装制动软管连接器。软管的头部缠绕生料带，组装后拧制动软管，接头必须拧紧。拧紧后制动软管连接器与中心线成45°角。 **要求：** ① 制动软管接头绕生料带，组装拧紧合格的软管，接头螺纹必须拧紧3牙以上。 ② 制动软管角度符合要求	 

续表

序号	项目	作业内容与要求	图示
6	打开折角塞门，停止排风	打开折角塞门，使折角塞门手柄与制动支管平行，停止排风	
7	做泄漏试验	更换新折角塞门后须做泄漏试验。具体做法是制动管内加风压，在各接触处涂肥皂水。 **要求：** ① 各连接处不泄漏。 ② 安装接头处不得漏风。 ③ 折角塞门、软管安装角度符合要求	
8	作业结束	整理工具，恢复现场，检查确认后撤除防护信号旗	

活动 3.2.3　思考练习

1. 简述相邻车辆制动软管连接器的连接方法。
2. 简述折角塞门的开关方法。

【考核评价】

1. 综合评价表（见表 3-5）

表 3-5 综合评价表

考核要求时间：_____

操作开始时间：_____   操作结束时间：_____

序号	考核内容	考核要点	总分	评分标准	扣分	得分
1	作业时间	作业时间 3 min	10	每超 3 s 扣 1 分，不足 3 s 按 3 s 计算		
2	作业过程	（1）插设防护信号旗。 （2）关闭本车及相邻车的折角塞门。 （3）摘解制动软管，卸制动软管。 （4）检查所换制动软管，安装良好制动软管。 （5）连接制动软管，折角塞门恢复开通位置。 （6）落成检查，检查有无漏泄。 （7）撤除防护信号旗	30	（1）防护信号旗未展开，扣 2 分；防护信号旗落地未重插，扣 5 分。 （2）作业顺序颠倒，每次扣 3 分。 （3）制动软管、折角塞门角度不正，各扣 3 分。 （4）配件重摔落地，扣 5 分。 （5）生料带缠绕不符合标准，扣 3 分；生料带进入软管内，扣 5 分。 （6）未做落成检查，扣 5 分。 （7）工具、材料未撤出钢轨外侧，每件扣 2 分。 （8）防护信号旗未撤除，扣 10 分。		
3	作业质量	（1）制动软管垫圈无破损、磨耗无过限。 （2）连接处无漏泄。 （3）制动软管、折角塞门安装符合要求	50	（1）制动软管垫圈丢失，扣 10 分；磨耗过限未更换，扣 5 分。 （2）软管紧过头以致倒转回来，扣 5 分。 （3）连接处漏泄，每处扣 5 分。 （4）制动软管松动或丝扣拧紧不足三牙，各扣 10 分。 （5）损伤丝扣，扣 20 分		
4	安全及其他	（1）认真做好工具设备的使用与维护工作。 （2）按规定插、撤防护信号旗。 （3）按规定穿戴个人防护用品	10	（1）未按规定佩带工具及穿戴个人防护用品，每件扣 5 分。 （2）工具损坏，每件扣 4 分；工具未放回指定地点，每件扣 2 分。 （3）作业过程中碰伤出血，扣 5 分。 （4）摘解制动软管未关闭折角塞门，扣 10 分		
	合计		100			

否定项：若发生下列情况之一，则应及时终止实训，成绩记为零分。
① 未插设防护信号旗即进行作业。
② 受伤不能继续操作。
③ 作业时间超过 4 min。
④ 作业结束后，折角塞门未恢复开通位置。

2. 教师评价建议

_____

_____

_____

任务 3.3　更换补装货车一侧闸瓦作业

【任务描述】

　　闸瓦是车辆制动时压紧在车轮踏面上产生制动作用的制动块。闸瓦可分为铸铁闸瓦和合成闸瓦。闸瓦是车辆配件中的易耗品，在车辆运用中，随着车辆制动次数的增加，闸瓦磨损越来越严重。当闸瓦磨损到规定的限度或者闸瓦破损时，就要对闸瓦进行更换。通过实训教学，学生需完成以下任务：

　　① 掌握更换闸瓦操作技能。

　　② 掌握闸瓦磨耗限度要求。

　　③ 培养学生工匠精神。

　　在整个作业过程中，应遵循现场工作管理规定。

【学习目标】

知识目标	1. 掌握闸瓦磨耗限度、运用要求限度； 2. 掌握更换补装闸瓦的方法
能力目标	1. 掌握更换补装闸瓦的基本技能； 2. 具备安全操作技能
素质目标	1. 自觉遵循现场工作管理规范； 2. 具有精益求精的工匠精神； 3. 培养学生的吃苦耐劳、团队协作精神

【导　　入】

　　由于车辆在运用中闸瓦磨耗过限，或闸瓦距踏面的间隙很小时，需要调整闸瓦与踏面的间隙。更换闸瓦时，首先用撬杠撬动闸瓦至踏面到最大距离，然后再去转动闸调器螺杆。一般同侧换一块闸瓦可不用松闸调器，换两块闸瓦转动闸调器不大于 2 圈，换三块闸瓦转动闸调器不大于 4 圈，依此类推。更换闸瓦结束后，一定要把闸调器调整到适宜的位置。

【活　　动】

活动 3.3.1　准备工作

1. 安全准备

穿戴好个人防护用品。

2. 工具的准备（见表 3-6）

表 3-6　工具的准备

序号	名称	规格	数量	备注
1	防护信号旗		2 面	备 1
2	检车锤		1 把	
3	撬杠	500 mm	1 根	
4	活扳手	250 mm	1 把	

活动 3.3.2　更换补装货车一侧闸瓦作业程序与要求

货车更换补装闸瓦

更换补装货车一侧闸瓦作业程序与要求如表 3-7 所示。

表 3-7　更换补装货车一侧闸瓦作业程序与要求

序号	工步	作业内容与要求	图示
1	作业准备	从站场内取出使用的工具，包括信号防护旗 2 面、检车锤 1 把、250 mm 活扳手 1 把、500 mm 撬杠 1 根，准备好新闸瓦及闸瓦钎环等。 （1）插设防护信号旗。 （2）防护信号旗要展开，工作中防护信号旗不能落地	 
2	关闭截断塞门	关闭更换闸瓦车辆的截断塞门，截断塞门芯刻线应与车辆支管垂直	

序号	工步	作业内容与要求	图示
3	排净副风缸余风	手拉（推）半自动缓解阀拉杆，直到排尽副风缸中余风	
4	松闸瓦间隙自动调整器	对 ST$_2$-250 型闸调器，需用扳手进行松动调整；对 ST$_1$-600 型闸调器，需用手抓住外体手柄进行松动调整。 注意： ① 一般同侧换一块闸瓦可不用松闸调器，换两块闸瓦转动闸调器不大于 2 圈，换三块闸瓦转动闸调器不大于 4 圈，依此类推。 ② 用扳手松闸调器时，扳手卡口须卡紧闸调器，防止滑脱伤人	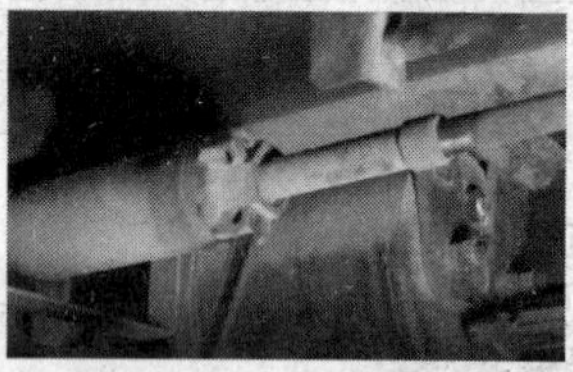
5	卸下闸瓦钎环	卸下闸瓦钎环，放在便于回收的地方	
6	拔出闸瓦钎	（1）用手将闸瓦钎拔出。如果闸瓦钎底部弯曲，先用扳手将其扳至接近于正常或标准状态，然后用手拔出。如仍不能拔出，则用检车锤头部用力向上敲打闸瓦钎头部或底部，直到拔出为止。 （2）拔出闸瓦钎，放在侧架上方	
7	卸下需更换的闸瓦	（1）用撬杠活动闸瓦托，使闸瓦与踏面之间出现间隙。 （2）将检车锤头部伸入闸瓦下部，向钢轨外侧勾拉闸瓦。 （3）卸下闸瓦，放在便于回收的地方	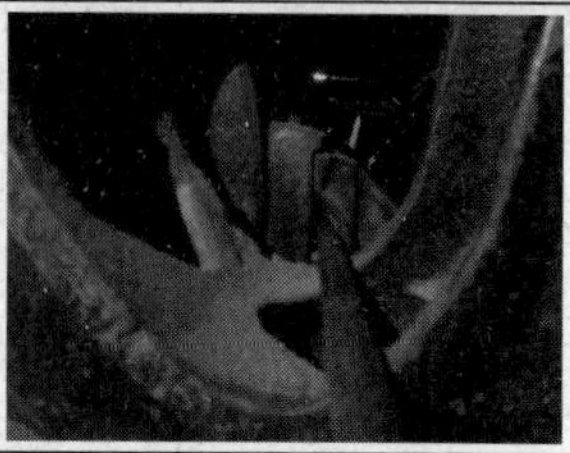
8	安装新闸瓦	（1）使闸瓦型号及生产厂家代码标记在上。 （2）一只手托住闸瓦底部，从闸瓦托下部由下向上沿车轮踏面将闸瓦送上闸瓦托。 注意： ① 闸瓦装车时，瓦背上的闸瓦型号及生产厂家代码标记端安装在制动梁闸瓦托的上端。无生产厂家和日期代码标记及标记不清的闸瓦禁止装车使用，同一制动梁两端闸瓦厚度差不得大于 20 mm。 ② 安装闸瓦时，严禁手指伸入闸瓦与车轮踏面之间	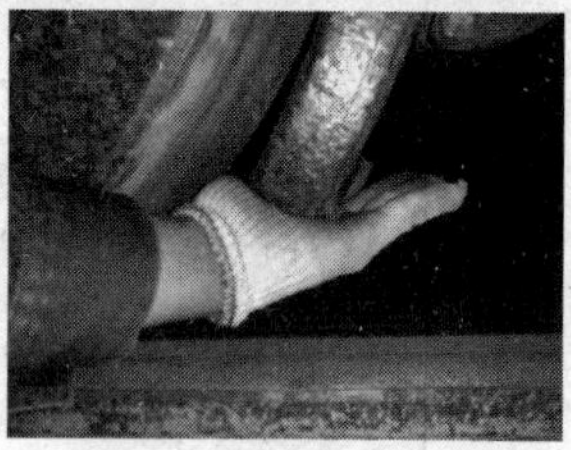

续表

序号	工步	作业内容与要求	图示
9	安装闸瓦钎	抓住闸瓦钎上部，沿闸瓦托上部插销孔由上向下顺势插入闸瓦钎。 　　**注意**：闸瓦钎穿入闸瓦托与闸瓦的插销孔内时，要正位、入底，闸瓦钎底部插销环孔需露出闸瓦托底部	
10	安装闸瓦钎环	（1）将闸瓦钎环一端掰开 3～5 mm 间隙。 　　（2）将闸瓦钎环穿入闸瓦钎底部插销环孔，然后旋转，直到闸瓦钎环另一端重新闭合。 　　**要求**：拨动闸瓦钎，环不脱落；目测闸瓦钎环距轨面距离，应不小于 25 mm	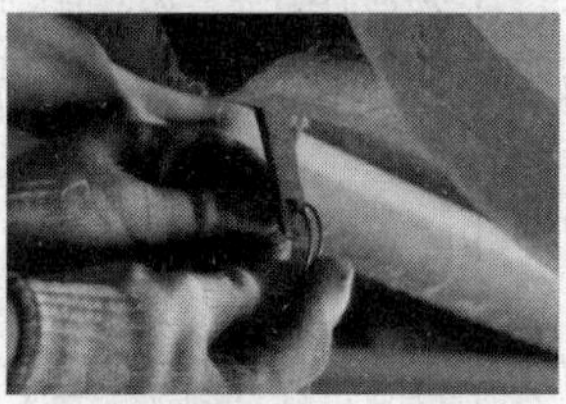
11	恢复闸调器	ST$_2$-250 型闸调器，用扳手调整恢复。 　　ST$_1$-600 型闸调器，用手抓住外体手柄进行调整恢复。 　　**注意**：用扳手紧闸调器时，卡口须卡紧闸调器，防止滑脱伤人	
12	开启截断塞门	扳动截断塞门手把，确认截断塞门芯刻线与车辆支管平行	
13	质量检查和确认	同值班老师共同确认： 　　（1）截断塞门开启到位。 　　（2）闸瓦、闸瓦钎安装良好。 　　（3）同一制动梁两端闸瓦厚度差不超限	
14	工具、配件回收	将工具、不良配件收回，分别送至材料箱和废旧材料存放处	
15	撤除防护信号旗	工作完毕，撤除防护信号旗	

活动 3.3.3　思考练习

1. 写出更换补装闸瓦的作业过程。
2. 简述闸瓦钎未落实该如何操作。
3. 简述更换闸瓦与调整闸调器的关系。

【考核评价】

1. 综合评价表（见表 3-8）

表 3-8　综合评价表

考核要求时间：_____

操作开始时间：_____　　　　　　　　　　　　操作结束时间：_____

序号	考核内容	考核要点	总分	评分标准	扣分	得分
1	作业时间	作业时间 4 min	10	每超 4 s 扣 1 分，不足 4 s 按 4 s 计算		
2	作业过程	（1）插设防护信号旗。 （2）关闭截断塞门，排除余风。 （3）松闸调器。 （4）分解闸瓦，检查新换闸瓦，安装闸瓦及环。 （5）落成检查（以锤击闸瓦及插销底部为准）。 （6）紧固闸调器，打开截断塞门。 （7）撤除防护信号旗	30	（1）防护信号旗未展开扣 2 分；防护信号旗落地未插，扣 5 分。 （2）作业顺序颠倒，每次扣 3 分。 （3）闸调器未紧固到位，扣 5 分。 （4）未做落成检查，扣 5 分。 （5）工具、材料未撤出钢轨外侧，每件扣 2 分。 （6）忘记打开截断塞门，防护信号旗未撤除，扣 10 分。		
3	作业质量	（1）闸瓦钎须入槽。 （2）闸瓦钎及环的安装须符合规定。 （3）闸瓦须更换新	50	（1）闸瓦钎未入槽，每根扣 50 分。 （2）闸瓦钎未露头，每根扣 5 分。 （3）闸瓦钎环未装，每只扣 2 分（若用锤拨动会掉下，视为未装）。 （4）未更换新闸瓦，每块扣 10 分		
4	安全及其他	（1）认真做好工具设备的使用与维护工作。 （2）按规定插、撤防护信号旗。 （3）按规定穿戴个人防护用品	10	（1）未按规定佩带工具及穿戴个人防护用品，每件扣 5 分。 （2）工具损坏，每件扣 4 分；工具未放回指定地点，每件扣 2 分。 （3）作业过程中碰伤出血，扣 5 分。 （4）手指伸入闸瓦与踏面间，每次扣 5 分		
	合计		100			

否定项：若发生下列情况之一，则应及时终止实训，成绩记为零分。
① 未插设防护信号旗即进行作业。
② 未关截断塞门排风（以开始撬动闸瓦为准）。
③ 受伤不能继续操作。
④ 作业时间超过 5 min。

2. 教师评价建议

_____

_____

_____

_____

任务 3.4　更换 120 型控制阀主阀作业

【任务描述】

　　主阀在使用中遇到故障，需要对其进行更换。检修人员需依据作业指导书的规范标准，进行更换主阀作业。通过实训教学，学生需完成以下任务：

① 检查主阀，判断其工作状态是否正常。

② 更换有问题的主阀。

③ 正确填写记录单。

在整个作业过程中，应遵循现场工作管理规范。

【学习目标】

知识目标	1. 掌握 120 型控制阀的基本构造、工作原理； 2. 掌握更换主阀的作业方法
能力目标	1. 能够熟练地检修 120 型控制阀； 2. 能够完成更换主阀作业
素质目标	1. 自觉遵循现场工作管理规范； 2. 具有精益求精的工匠精神

【导　　入】

　　120 型控制阀是空气制动机的主要部件，它控制空气制动机的制动和缓解。120 型控制阀在结构上采用二压力控制机构直接作用方式，在动作上采用分部作用方式，性能达到了国内外先进水平。由于 120 型控制阀结构复杂，橡胶材质配件较多，所以检修周期短。根据《铁路机车运用管理规程》要求，6 个月（辅修）就需要更换主阀等主要部件。

【活　　动】

活动 3.4.1　准备工作

1. 安全准备

穿戴好个人防护用品。

2. 工具、材料准备（见表 3–9、表 3–10）

表 3–9　工具的准备

序号	名称	规格	数量	备注
1	防护信号旗		1 面	
2	手锤	1.5 镑	1 个	
3	小撬棍		1 根	
4	活扳手	300 mm	2 把	
5	肥皂水桶		1 个	
6	刷子	40 mm	1 把	

表 3–10　材料的准备

序号	名称	规格	数量	备注
1	120 型控制阀主阀		1 个	
2	120 型控制阀主阀垫		1 个	
3	滤尘网		2 个	
4	开口销	ϕ8 mm	1 个	
5	洁布		1 块	

3. 设备设施准备

装用 120 型控制阀货车 1 辆、单车试验器一台（通风用）。

4. 技术要求

① 安装位置正确，螺栓无松动。

② 拉风杆安装及开口销角度符合技术标准。

③ 安装面无漏泄。

活动 3.4.2　更换 120 型控制阀主阀作业过程与要求

更换制动阀

更换 120 型控制阀主阀作业过程与要求如表 3–11 所示。

表 3–11 更换 120 型控制阀主阀作业过程与要求

序号	项目	作业步骤与要求	图示
1	设置安全防护号志	（1）插设防护信号旗。 （2）防护信号旗要展开，工作中防护信号旗不能落地	
2	关门排风	关闭截断塞门，拉缓解阀拉杆，排除副风缸余风	 
3	拆卸主阀	（1）卸下半自动缓解阀上的拉杆开口销。 （2）卸下主阀。 **注意**：主阀座上的 4 条螺母要对角拆卸，并放在规定位置	 
4	检查中间体安装座，检查主阀	（1）检查确认中间体主阀安装面无杂物，螺柱、螺纹无损坏；确认防误装销钉与阀匹配。 （2）检查主阀，质量应良好	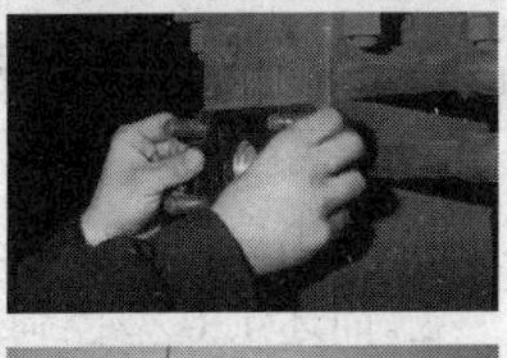 

续表

序号	项目	作业内容与要求	图示
5	组装主阀	（1）安装滤尘网、主阀垫。 （2）取下主阀防护件，双手水平托起主阀移动，使中间体4条组装螺栓穿入主阀安装座的4个螺栓组装孔。 （3）一手托住主阀，一手安装螺母，并旋紧。 （4）使用扳手交替紧固螺母	 
6	组装缓解阀拉杆	（1）组装缓解阀拉杆与缓解阀手柄，连接开口销前，须确认缓解阀拉杆吊座及拉杆手把接口焊接完毕。 （2）将缓解阀拉杆装入吊架后，调整缓解阀与手柄座，使连接孔同心，以车体横向中心线为准，由外向里安装ϕ8 mm×80 mm开口销，使用拔销器将开口销双向劈开。 （3）检查开口销劈开角度，应为60°～70°	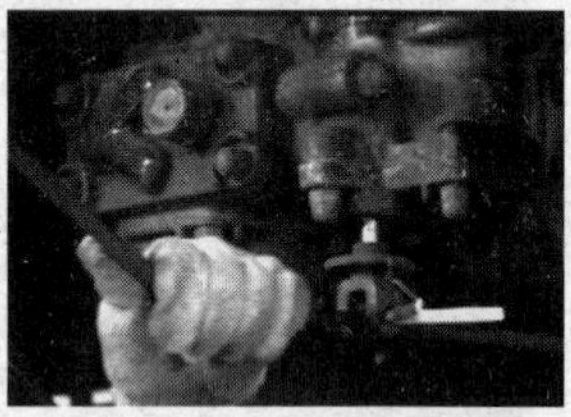
7	打开截断塞门，停止排风	扳动手把打开截断塞门，确认截断塞门芯刻线与车辆支管平行，停止排风	
8	任务结束	（1）落成检查，开门通风。 （2）收回工具、材料，离开轨枕头。 （3）撤除防护信号旗	

活动 3.4.3　思考练习

1. 写出更换 120 型控制阀主阀的操作步骤。
2. 简述 120 型控制阀主阀的组成。

【考核评价】

1. 综合评价表（见表 3-12）

表 3-12　综合评价表

考核要求时间：_____

操作开始时间：_____　　　　　　　　　　操作结束时间：_____

序号	考核内容	考核要点	总分	评分标准	扣分	得分
1	作业时间	作业时间 8 min	10	每超 8 s 扣 1 分，不足 8 s 按 8 s 计算		
2	作业过程	（1）插设防护信号旗。 （2）关门排风。 （3）分解缓解阀拉杆及开口销。 （4）拆卸阀体安装面螺栓。 （5）检查安装面胶垫。 （6）除尘、清扫安装面，检查滤尘网。 （7）安装新阀及拉杆开口销。 （8）落成检查，开门通风。 （9）撤出工具、材料。 （10）撤除防护信号旗	30	（1）防护信号旗未展开，扣 2 分；防护信号旗落地未重插，扣 5 分。 （2）关门排风顺序颠倒，每次扣 5 分。 （3）作业顺序颠倒，每次扣 3 分。 （4）未做落成检查，扣 5 分。 （5）工具、材料未撤出钢轨外侧，每件扣 2 分。 （6）忘记开门，未撤除防护信号旗，各扣 10 分		
3	作业质量	（1）阀体位置安装正确。 （2）开口销角度符合标准。 （3）螺栓对角紧固。 （4）安装面无漏泄	50	（1）滤尘网未取出检查，扣 5 分；滤尘网漏装，扣 10 分；中间体通风孔未除尘，扣 5 分。 （2）主阀垫未取出检查，扣 3 分；少更换一阀，扣 30 分。 （3）安装座螺栓松，每只扣 2 分；未对角紧固螺栓，扣 5 分。 （4）安装面泄漏，每处扣 10 分。 （5）主阀坠地，扣 3 分。 （6）开口销角度不标准，扣 2 分		
4	安全及其他	（1）认真做好工具设备的使用与维护工作。 （2）按规定插、撤防护信号旗。 （3）按规定穿戴个人防护用品	10	（1）未按规定佩带工具及穿戴个人防护用品，每件扣 5 分。 （2）工具损坏，每件扣 4 分；工具未放回指定地点，每件扣 2 分。 （3）作业过程中碰伤出血，扣 5 分		
	合计		100			

否定项：若发生下列情况之一，则应及时终止实训，成绩记为零分。
① 未插设防护信号旗即进行作业。
② 未关门排风就拆卸阀体螺栓（以扳手碰到螺栓为准）。
③ 受伤不能继续操作。
④ 作业时间超过 10 min。

2. 教师评价建议

_____

_____

任务 3.5　120 型控制阀的分解和组装作业

【任务描述】

　　120 型控制阀是货车制动机的核心部件，是实现铁路货车安全运行的重要保障。为保证 120 型控制阀处于良好的技术状态，需做好 120 型控制阀日常维修保养及定期维护检修工作。检修人员需依据作业指导书的规范标准，进行 120 型控制阀的分解和组装作业。通过实训教学，学生需完成以下任务：

　　① 120 型控制阀的分解和组装。

　　② 正确填写记录单的任务。

　　在整个作业过程中，应遵循现场工作管理规范。

【学习目标】

知识目标	1. 掌握 120 型控制阀的基本构造、工作原理、各部作用； 2. 掌握 120 型控制阀的分解和组装作业方法
能力目标	1. 会分解 120 型控制阀； 2. 会组装 120 型控制阀
素质目标	1. 自觉遵循现场工作管理规范； 2. 具有精益求精的工匠精神

【导　　入】

　　120 型控制阀由主阀、半自动缓解阀（以下简称缓解阀）、紧急阀和中间体 4 部分组成。

　　主阀　主要由作用部、减速部、局减阀、加速缓解阀、紧急二段阀 5 部分组成，控制着充气、缓解、制动、保压等作用。作用部采用 S 形橡胶膜板及滑阀结构，利用列车管与副风缸的空气压力差来产生充气、局减、制动、保压、缓解等作用。

　　缓解阀　是列车在运行中制动以后缓解时，让本车准备排入大气的制动缸压力空气作为压力信号使加速缓解阀产生动作，让本车加速缓解风缸的压力空气通过加速缓解阀中被顶开的夹芯阀充入列车管，使列车管产生局部增压。由于列车前后列车管的压力梯度增大，使列车管增压作用沿列车由前向后的传播速度加快，这就大大地提高了缓解波速，有利于减小列车低速缓解时的纵向冲动。

　　紧急阀　主要作用是在紧急制动时加快制动管的排气（紧急局减作用），使紧急制动的作用可靠，提高紧急制动灵敏度，从而提高紧急制动波速。

　　中间体　有四个垂直面，其中两个相邻的垂直面作为主阀和紧急阀的安装座，另两个垂直面作为配管的安装座。中间体作为安装座，它使制动管、加速缓解风缸、副风缸、制动缸分别与主阀、紧急阀对应的气路相连通。

　　在对 120 型控制阀进行检修时，由于配件比较多，要准备特制的装载配件容器，保证各配件不会丢失、遗漏。

【活　　动】

活动 3.5.1　准备工作

1. 安全准备
作业人员上岗前须佩戴相应的个人防护用品。

2. 工具、材料准备（见表 3-13、表 3-14）

表 3-13　工具的准备

序号	名称	规格	数量	备注
1	尖嘴钳		1 把	
2	镊子		1 把	
3	挑针		1 把	
4	活扳手	250 mm	1 把	
5	固定扳手		2 把	
6	专用工具		1 套	
7	弹性挡圈钳	7 N·m	1 把	
8	定扭矩电扳手	70 N·m / 40 N·m	各 1 把	
9	平口螺丝刀	19 N·m	1 把	
10	风扳机		1 个	
11	孔用弹性挡圈钳		1 把	
12	老虎钳		1 把	

表 3-14　材料的准备

序号	名称	规格	数量	备注
1	记录纸	A4	若干	
2	钢笔		1 支	
3	洁布		若干	
4	粉笔或蜡笔		若干	
5	120 型阀		1 个	
6	相关配件		1 套	

3. 设备设施准备
分解检修工作台 1 台、试验台 1 台。

活动 3.5.2　120 型控制阀的分解和组装作业程序与要求

120 型控制阀的分解和组装

120 型控制阀的分解和组装作业程序如表 3−15 所示。

表 3−15　120 型控制阀的分解和组装作业程序

序号	项目	作业内容	图示
1	作用部、减速部及紧急二段阀部的分解	（1）将半自动缓解阀从主阀上拆下，拆下主阀上盖和下盖	
		（2）用 M10 螺栓拧入主活塞杆顶部螺纹工艺孔，抽出主活塞组成	
		（3）取出减速弹簧座、减速弹簧、止回阀弹簧、$\phi38$ mm 夹芯阀等零部件	
		（4）取出紧急二段阀杆、紧急二段阀弹簧，取下 2 个 $\phi25$ mm 的 O 形密封圈。 **注意**：不得在阀体内分解主活塞组成	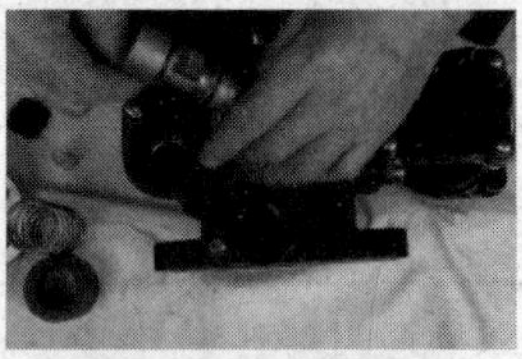
		（5）取出节制阀、滑阀销，将滑阀、节制阀、滑阀弹簧、节制阀弹簧从主活塞杆上取下	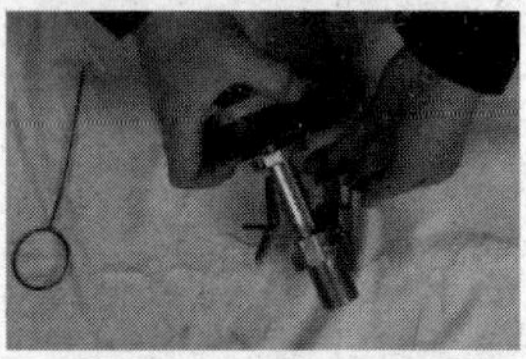
		（6）借助主活塞杆根部的工艺平面固定分解主活塞杆螺母，拧下主活塞上端螺母，卸下主阀上活塞、主膜板、$\phi25$ mm 的 O 形密封圈、主阀下活塞	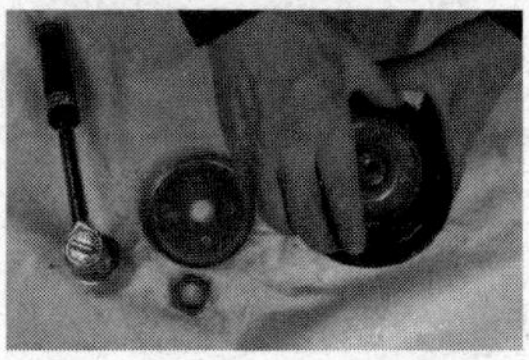

续表

序号	项目	作业内容	图示
1	作用部、减速部及紧急二段阀部的分解	（7）用弹性挡圈钳取出挡圈，取下稳定弹簧座、稳定弹簧、稳定杆	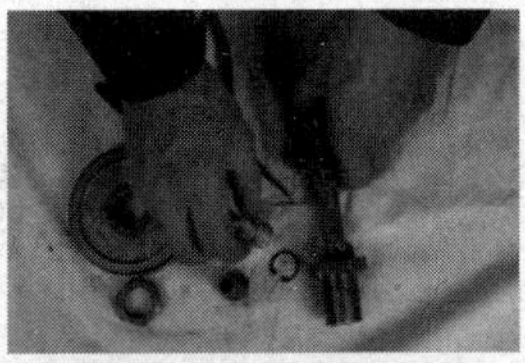
		（8）取下紧急二段阀杆内的ϕ2.4 mm 缩堵	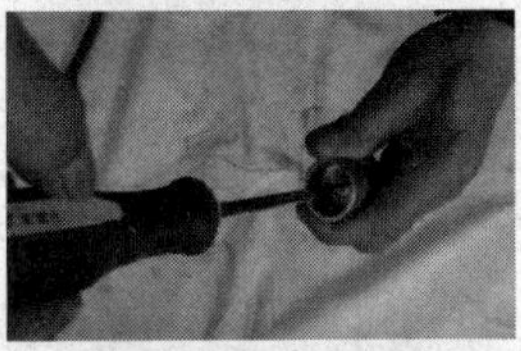
		（9）取下主阀安装面内ϕ1.8 mm 的列车管充气缩堵	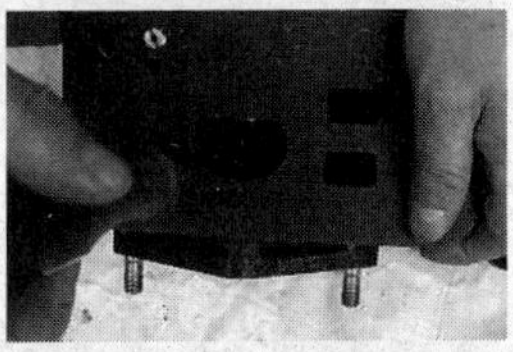
		（10）取下局减缩孔堵（ϕ0.8 mm）	
2	加速缓解部及局减部的分解	（1）拆下前盖	
		（2）取出加速活塞组成和局减阀组成，取出局减阀弹簧、压垫及毛毡	
		（3）从前盖上拧出ϕ2.9 mm 的排气缩堵	
		（4）拧下加速缓解活塞锁紧螺母，取下加速上活塞、加速缓解膜板、加速下活塞及活塞紧固螺钉	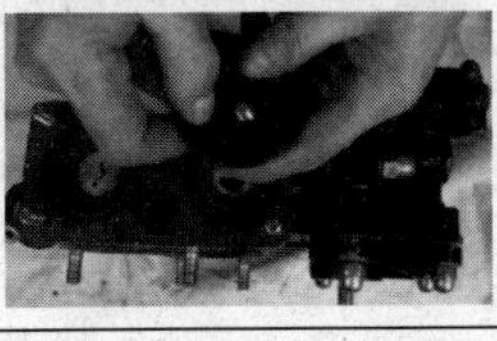

序号	项目	作业内容	图示
		（5）用孔用弹性挡圈钳取出主阀体上的挡圈，取出加速缓解阀套等组件。 **注意**：取出组件时，不得损伤 M3 螺纹	
2	加速缓解部及局减部的分解	（6）依次拔出顶杆，取下两个 $\phi25$ mm 的 O 形密封圈。用孔用弹性挡圈钳取出加速缓解阀套上的挡圈，取下加速缓解阀弹簧座、加速缓解弹簧、夹芯阀	
		（7）拧下局减活塞的 M8 螺母，取下局减活塞、局减阀膜板及两个 $\phi16$ mm 的 O 形密封圈	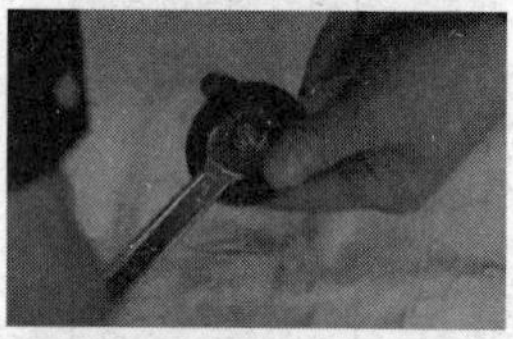
		（1）拆下缓解阀上盖，取出缓解阀弹簧，拧出上盖的滤尘缩堵组成（$\phi3.2$ mm），取下缓解阀体上的两个 $\phi22$ mm 的 O 形密封圈、两个止回阀弹簧及两个夹芯阀	
		（2）拧下缓解阀活塞上端的 M10 螺母，取下外齿形锁紧垫圈、缓解阀上活塞、缓解阀膜板、缓解阀下活塞和 $\phi14$ mm 的 O 形密封圈	
3	半自动缓解阀的分解	（3）取出开口销，拆下缓解阀手柄	
		（4）卸下缓解阀下盖	
		（5）取出 $\phi45$ mm 的 O 形密封圈、缓解阀手柄座，从缓解阀下盖中取出缓解阀放风阀座及 $\phi35$ mm 的 O 形密封圈	

序号	项目	作业内容	图示
3	半自动缓解阀的分解	（6）从缓解阀体内取出缓解阀顶杆座、缓解阀手柄弹簧和两个缓解阀顶杆	
		（7）从缓解阀体组成内推出缓解阀活塞杆等组件，取出销轴，拆下均衡阀组成和两个 $\phi16\,mm$ 的 O 形密封圈	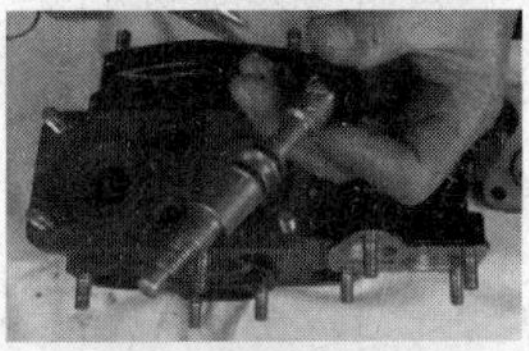
4	紧急阀的分解	（1）从安装面的列车管孔中取出滤尘网	
		（2）拆下紧急阀盖，取出紧急活塞组成及安定弹簧	
		（3）拧下紧急活塞杆上的 M16 螺母，取下外齿锁紧垫圈、紧急下活塞、O 形密封圈（$\phi20\,mm$）、紧急膜板、紧急上活塞。从紧急活塞杆中取出密封圈（$\phi16\,mm$）及滤尘套	
		（4）拆下放风阀盖组成，取出放风阀弹簧、紧急放风阀导向杆、弹簧座、先导阀弹簧、夹芯阀（$\phi16\,mm$）、O 形密封圈（$\phi28\,mm$）。从紧急阀体组成中拧下滤尘缩堵组成（$\phi1\,mm$）	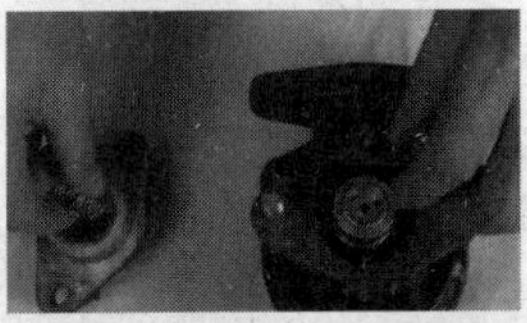
		（5）取出紧急放风阀组成，拔出顶杆	
		（6）取出 O 形密封圈（$\phi6\,mm$）	

序号	项目	作业内容	图示
5	局减阀的初组装	（1）将两个ϕ16 mm 的 O 形密封圈套在局减阀杆的环形槽内	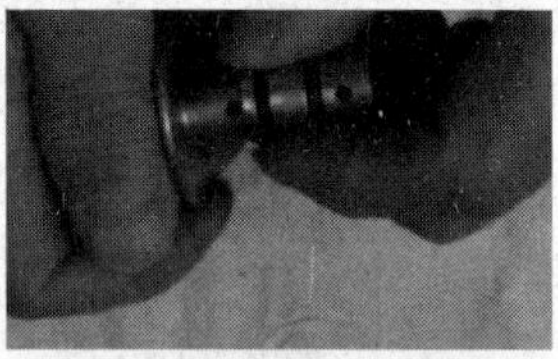
		（2）依次将ϕ59 mm 的膜板、局减阀活塞套在局减阀杆顶部凸台处，装上 M8 螺母	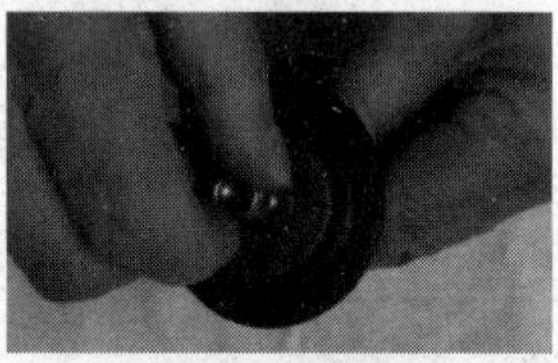
		（3）用定扭矩电扳手卡住，转动定扭矩电扳手至发出"咔哒"声响	
6	加速缓解阀的初组装	（1）依次将加速下活塞、ϕ59 mm 膜板、加速上活塞套在活塞紧固螺钉上，装上 M8 螺母	
		（2）用定扭矩电扳手卡住，转动定扭矩电扳手至发出"咔哒"声响	
		（3）将两个ϕ25 mm 的 O 形密封圈套入加速缓解阀套表面环形槽内	
		（4）依次将ϕ16 mm 夹芯阀、加速缓解阀弹簧、弹簧座放入加速缓解阀套内	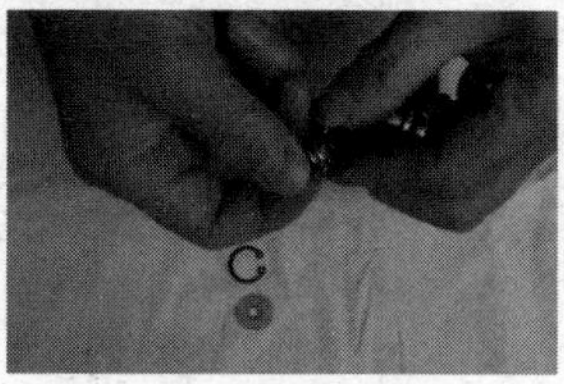

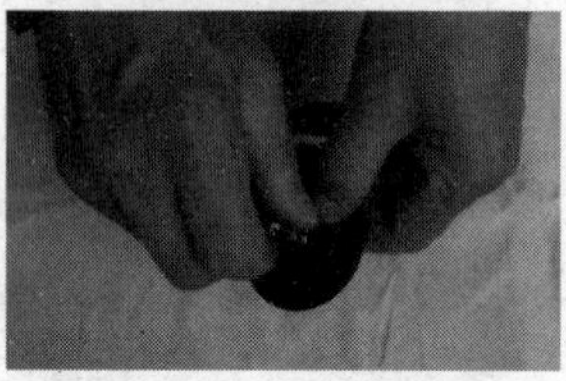

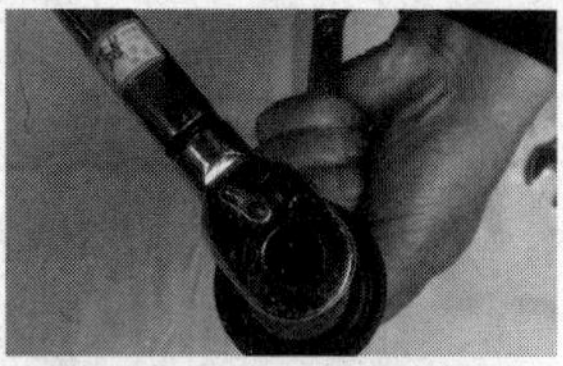

序号	项目	作业内容	图示
6	加速缓解阀的初组装	（5）将加速缓解阀弹簧座压入加速缓解阀套内。用孔用弹性挡圈钳把 ϕ18 mm 孔用弹性挡圈装入缓解阀套挡圈槽内，确保孔用弹簧挡圈完全入槽	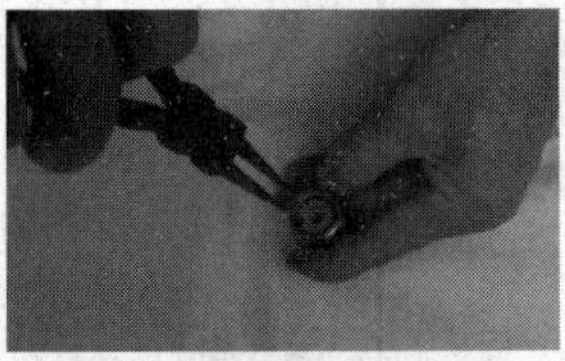
		（6）将 ϕ6 mm 的 O 形密封圈套入顶杆表面环形槽内。将顶杆 O 形密封圈处涂抹硅脂，装入加速缓解阀套顶部的顶杆孔中，上下往复按动顶杆，应活动灵活，手感无卡滞	
7	紧急二段阀的初组装	（1）用平口螺丝刀将 ϕ2.4 mm 缩孔堵拧入紧急二段阀杆内部螺纹孔	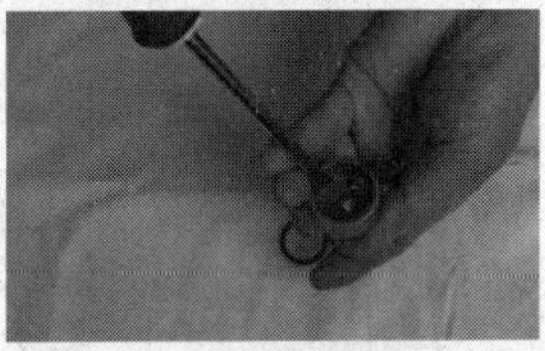
		（2）将两个 ϕ25 mm 的 O 形密封圈套入紧急二段阀杆表面的环形槽内	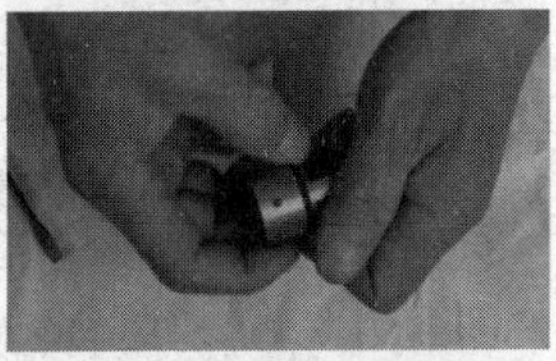
8	缓解阀的初组装	（1）将两个 ϕ16 mm 的 O 形密封圈套入缓解阀活塞杆的环形槽内	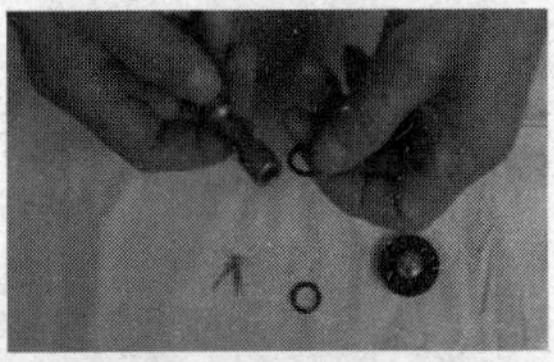
		（2）用 1.6 mm×8 mm 的销轴将均衡阀与缓解阀活塞杆装配在一起。用开口销将销轴固定，用尖嘴钳将开口销尾部卷起	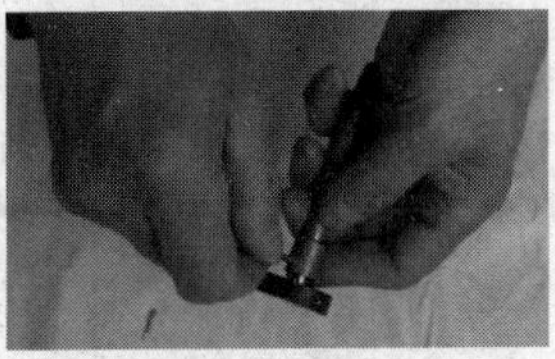
		（3）将 ϕ35 mm 的 O 形密封圈套在缓解放风阀座表面环形槽内	

序号	项目	作业内容	图示
8	缓解阀的初组装	（4）用平口螺丝刀将ϕ0.8 mm 锁孔堵拧入主阀安装面的局减室排气孔	
		（5）将ϕ1.8 mm 充气缩堵拧入列车管充气孔	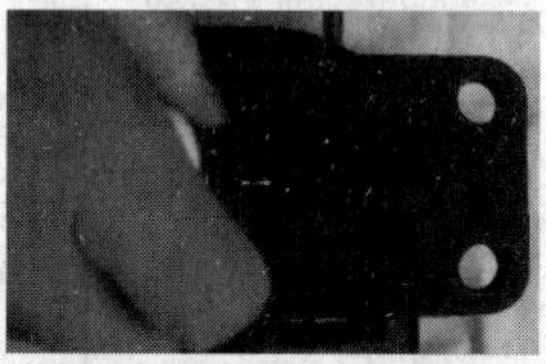
9	作用部的初组装	（1）依次将稳定杆、稳定弹簧、稳定弹簧座放入主活塞杆底部	
		（2）将稳定弹簧座压入主活塞杆底部。用孔用弹性挡圈钳把ϕ22 mm 孔用弹性挡圈装入挡圈槽内。用挡圈钳转动孔用弹簧挡圈，确保完全入槽	
		（3）依次将主阀下活塞、ϕ25 mm 的 O 形密封圈、ϕ126 mm 膜板、主阀上活塞套在主活塞杆顶部。装上 M22×1.5 的螺母，用 70 N·m 定扭矩电扳手将其卡住，转动定扭矩电扳手至发出"咔哒"声响	
10	紧急活塞组成的初组装	（1）将滤尘套、ϕ16 mm 橡胶密封圈套入紧急活塞杆顶部列车管通气孔内，并检查确认密封圈完全入槽	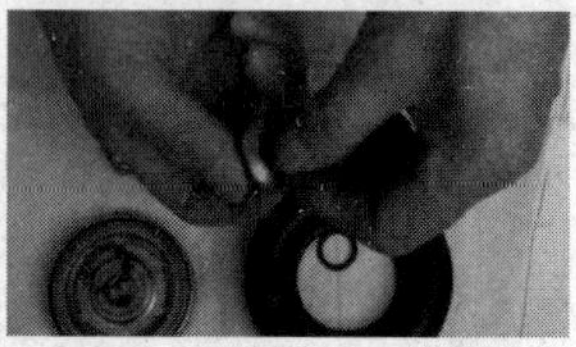
		（2）依次将紧急上活塞、ϕ20 mm 的 O 形橡胶密封圈、紧急活塞膜板、紧急下活塞、防松垫圈（防松垫圈凸起面朝向下活塞）装在紧急活塞杆顶部，用 M16×1.5 的螺母拧入 3～5 扣，并检查确认密封圈、膜板正位	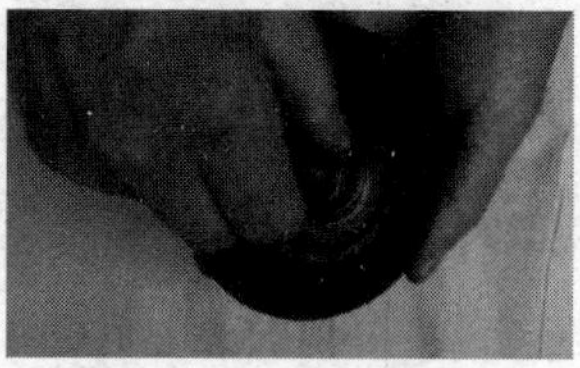

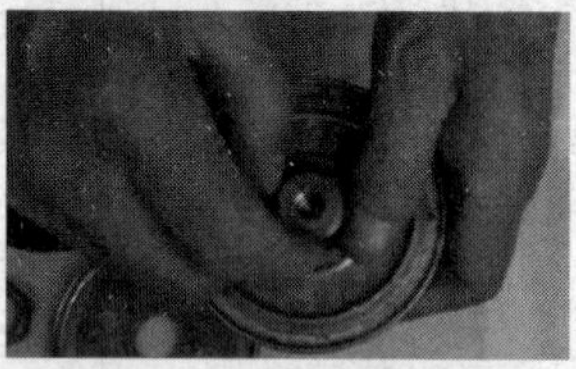

续表

序号	项目	作业内容	图示
10	紧急活塞组成的初组装	（3）将紧急活塞杆顶部的工艺平面卡在安装板上，用 40 N·m 定扭矩电扳手卡住 M16×1.5 螺母，转动定扭矩电扳手至发出"咔哒"声响	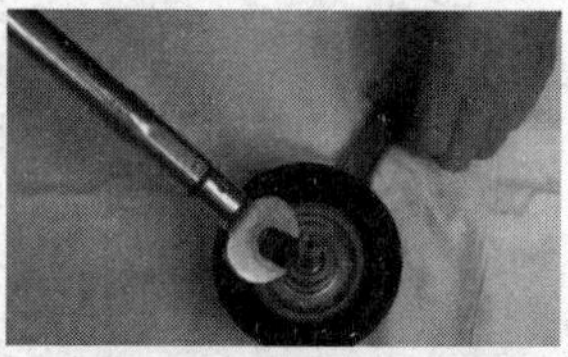
		（4）将 ϕ28 mm 的 O 形橡胶密封圈套在紧急放风阀导向杆表面的环形槽中，并检查确认橡胶密封圈完全入槽	
11	主阀总成的组装	（1）在滑阀背面滴注适量改性甲基硅油，将节制阀弹簧孔朝上放置在滑阀背面，用食指按动节制阀沿滑阀滑动面往复运动，动作需灵活，手感无卡滞	
		（2）将节制阀弹簧放入节制阀弹簧槽内	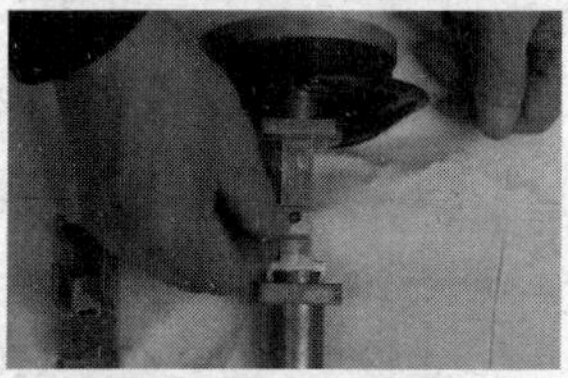
		（3）将滑阀、节制阀、节制阀弹簧装在主活塞杆上，用 3 mm×28 mm 滑阀销将滑阀弹簧、主活塞杆与滑阀组装在一起	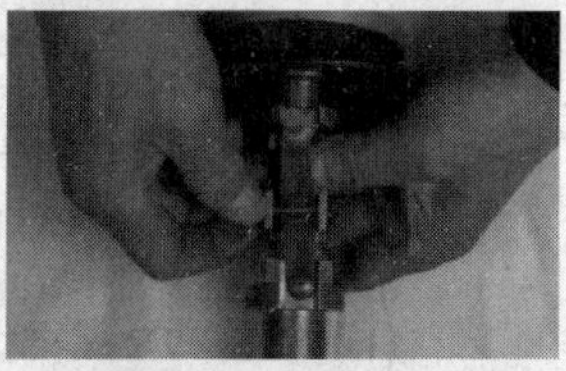
		（4）在作用部滑阀底面、滑阀座、滑阀弹簧顶部滴注适量改性甲基硅油。将作用部从主阀上盖处装入主阀体。用两手在阀体内拉动主活塞，动作需灵活，手感无卡滞，膜板完全入槽	
		（5）将 ϕ16 mm 的密封圈安装在主阀上盖安装面密封圈安装槽处。用力压下主阀上盖，使上盖与阀体贴合。然后拧盖形螺母预紧固，防止阀盖偏压，再用风扳机对角均匀拧紧盖形螺母	

序号	项目	作业内容	图示
11	主阀总成的组装	（6）将两个 $\phi 45$ mm 的 O 形密封圈、$\phi 35$ mm 的 O 形密封圈、$\phi 16$ mm 的密封圈分别装在紧急二段阀下腔孔、止回阀弹簧室、加速缓解通气孔、主阀排气孔密封圈安装槽处	
		（7）将紧急二段弹簧放入紧急二段阀下腔孔内。在紧急二段阀杆 O 形密封圈处涂抹适量硅脂，装入紧急二段阀腔内。上下往复按动紧急二段阀杆，确认紧急二段弹簧正位。动作需灵活，手感无卡滞	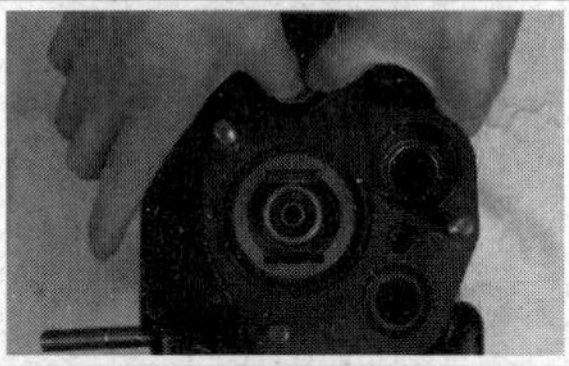
		（8）将 $\phi 38$ mm 夹芯阀放入止回阀弹簧室内，再将止回阀弹簧套在夹芯阀中心凸台处	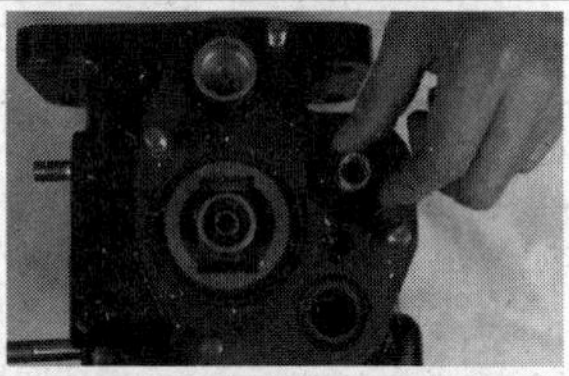
		（9）依次将减速弹簧、减速弹簧座、$\phi 75$ mm 的 O 形密封圈装入主阀下盖。用力压下主阀下盖，使下盖与阀体贴合。然后拧盖形螺母预紧固，防止阀盖偏压，再用风扳机对角均匀拧紧盖形螺母	
		（10）在局减杆 O 形密封圈处涂抹硅脂后，装入主阀前盖安装面局减部。应往复运动无卡滞，膜板完全入槽	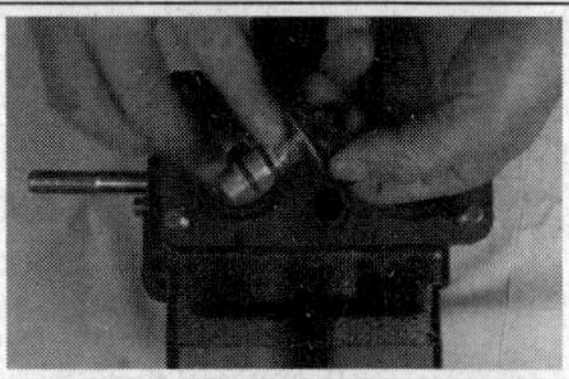
		（11）将加速缓解阀 O 形密封圈处涂抹硅脂后，装入主阀前盖安装面加速缓解部。用孔用挡圈钳把孔用弹性挡圈装入挡圈槽内，转动孔用弹性挡圈，确保完全入槽。将加速缓解活塞装在加速缓解阀顶部，应往复运动无卡滞，膜板完全入槽	
		（12）将两个 $\phi 25$ mm 的 O 形密封圈装在主阀前盖安装面密封圈安装槽处	
		（13）用平口螺丝刀将 $\phi 2.9$ mm 制动缸缓解限制缩堵拧入主阀前盖制动缸缓解通路孔。依次将新品 $\phi 20$ mm 毛毡、压垫、局减弹簧放入主阀前盖局减部。用手力压下主阀前盖，使前盖与阀体贴合，然后拧盖形螺母预紧固，防止阀盖偏压，再用风扳机对角均匀拧紧盖形螺母	

序号	项目	作业内容	图示
12	缓解阀的总成组装	（1）在缓解阀活塞杆 O 形密封圈处涂抹硅脂后，装入半自动缓解阀体活塞腔，应往复运动无卡滞	
		（2）依次将缓解阀下活塞、ϕ14 mm 的 O 形密封圈、ϕ84 mm 膜板、缓解阀上活塞、10 mm 的垫圈套在缓解阀活塞杆上。装上 M10 螺母，用定扭矩电扳手卡住，转动定扭矩电扳手至发出"咔哒"声响	
		（3）将两个 ϕ22 mm 的 O 形密封圈分别装在加速缓解风缸通路口、副风缸通路口密封圈安装槽处	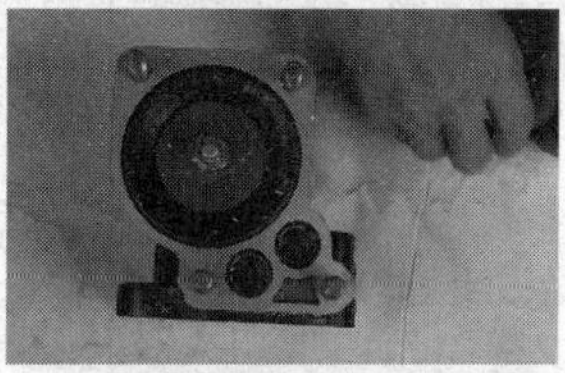
		（4）依次将两个 ϕ16 mm 的夹芯阀、止回阀弹簧装入加速缓解风缸通路孔、副风缸通路孔中，将缓解阀弹簧放在缓解阀活塞中心处	
		（5）用平口螺丝刀将 ϕ2.0 mm 滤尘缩堵拧入缓解阀上盖通气孔	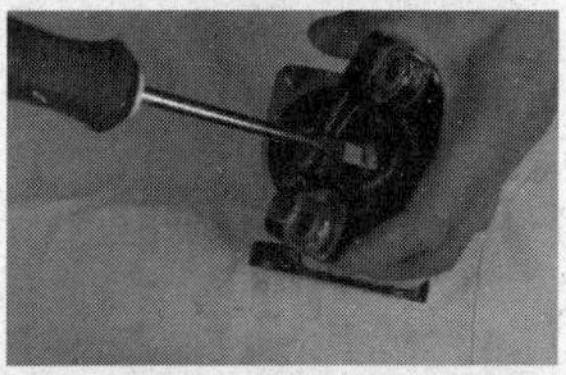
		（6）用力压下缓解阀上盖，使上盖与阀体贴合，然后拧盖形螺母预紧固，再用风扳机对角均匀拧紧盖形螺母	
		（7）分别将两个缓解阀顶杆放入副风缸通路口、加速缓解风缸通路口，上下往复按动顶杆，应运动灵活，手感无卡滞	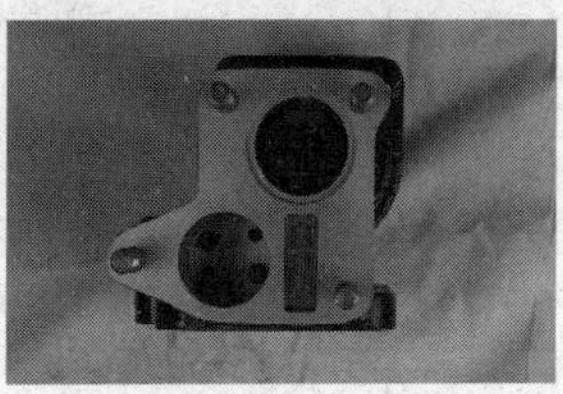

序号	项目	作业内容	图示
12	缓解阀的总成组装	（8）将缓解阀手柄弹簧放在顶座孔中部弹簧槽中，并将缓解阀顶座套在手柄座弹簧上	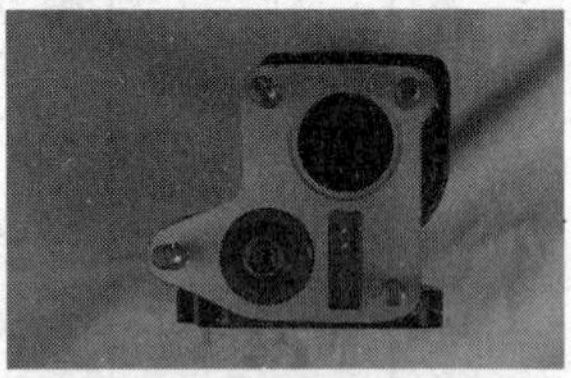
		（9）在缓解放风阀座表面密封圈处涂抹硅脂，并将其压入半自动缓解阀下盖缓解放风阀座腔内	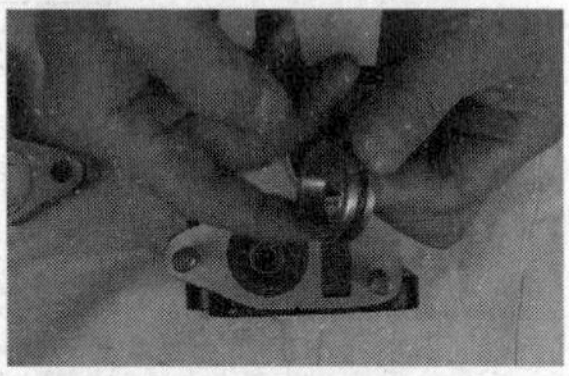
		（10）将ϕ45 mm 的 O 形密封圈、缓解阀手柄座套、缓解阀手柄座装入缓解阀下盖，用力压下缓解阀下盖，使缓解阀下盖与阀体贴合，然后手拧盖形螺母预紧固，再用风扳机对角均匀拧盖形螺母。用尖嘴钳组装排风罩垫，用 4 mm×50 mm 开口销将缓解阀手柄组装在缓解阀手柄座上。用老虎钳将开口销劈开 180°，要求 360°按压缓解阀手柄不得卡滞	
		（11）将缓解阀垫组装在主阀与缓解阀的安装面，并用风扳机将缓解阀组装在主阀体上。要求均匀拧紧，不得偏压	
13	紧急阀的总成组装	（1）用平口螺丝刀等专用工具将ϕ1.0 mm 滤尘缩堵拧入放风阀盖组成安装面列车管通气孔，并检查确认滤尘缩堵拧紧且低于安装面。将ϕ16 mm 橡胶密封圈装入列车管通气孔密封圈安装槽处，并检查确认密封圈完全入槽。在顶杆密封圈处涂抹硅脂后装入紧急放风阀组成的中心孔中。将紧急放风阀组成放入紧急阀下腔放风阀座上（凸面朝外）。依次将ϕ16 mm 的夹芯阀（凸台朝外）、先导阀弹簧、弹簧座装入紧急放风阀导向杆内，并检查确认夹芯阀、先导阀弹簧、弹簧座正位	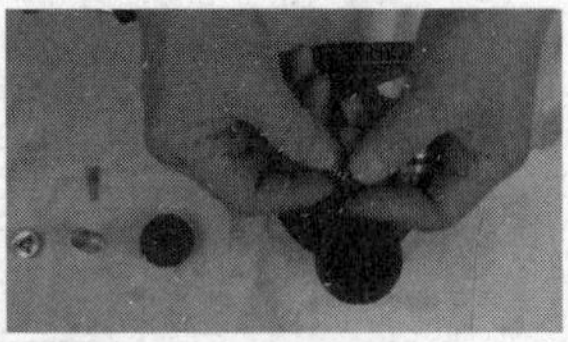
		（2）在紧急放风阀导向杆 O 形橡胶密封圈外表面均匀涂抹硅脂后，放在紧急放风阀组成中心处，并将放风阀弹簧放在弹簧座上，检查确认紧急放风阀导向杆与紧急放风阀组成配合良好。一手压紧放风阀盖组成，使放风阀盖组成与阀体贴合，然后手拧盖形螺母预紧固，防止阀盖偏压，再用风扳机逐个均匀拧紧盖形螺母。	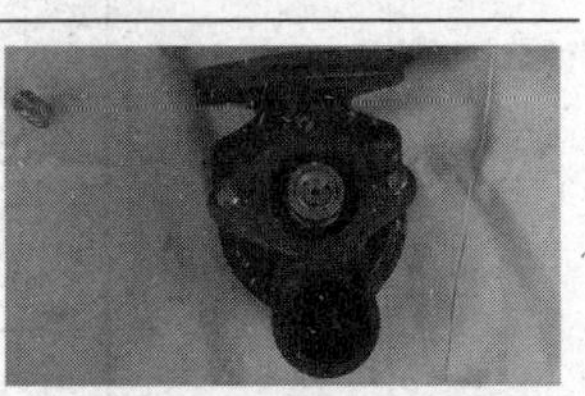
		（3）将ϕ16 mm 密封圈装在紧急阀盖安装面列车管通气孔处密封圈安装槽处，并检查确认密封圈完全入槽。依次将安定弹簧、紧急活塞装入紧急阀上腔，检查确认安定弹簧正位。均匀用力上下往复按动紧急活塞，按压时应能明显感觉到紧急放风阀被顶开，要求运动要灵活，手感无卡滞，膜板完全入槽	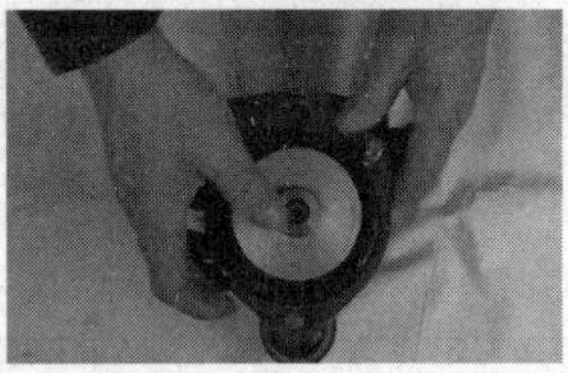

续表

序号	项目	作业内容	图示
13	紧急阀的总成组装	（4）一手压紧急阀盖，使紧急阀盖与阀体贴合，然后手拧盖形螺母预紧固，防止阀盖偏压，再用风扳机逐个均匀拧紧盖形螺母，用尖嘴钳将排风口罩垫组装在紧急排风口上，并检查确认排风罩垫完全入槽	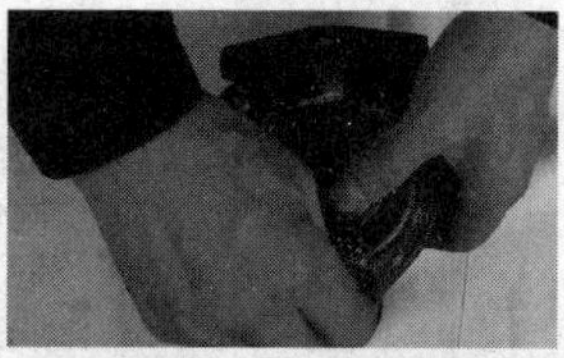
14	作业完毕	作业完毕后将检测器具、组装工具摆放整齐	

活动 3.5.3　思考练习

1. 简述 120 型控制阀的分解方法。
2. 简述 120 型控制阀的组装方法。

【考核评价】

1. 综合评价表（见表 3-16）

表 3-16　综合评价表

考核要求时间：_____

操作开始时间：_____　　　　　　　　　　操作结束时间：_____

序号	考核内容	考核要点	总分	评分标准	扣分	得分
1	作业时间	作业时间为 30 min	10	每超过 1 min 扣 2 分，不足 1 min 按 1 min 计算		
2	作业过程	（1）分解各个阀组件，要求将每一个零部件分解到不能分解为止（密封圈要更换新品），并进行检查或更换。 （2）按要求组装制动阀。 （3）性能试验。 （4）工具归位，擦拭工作台	30	（1）分解不彻底，每件扣 5 分。 （2）未检查（更换），每件扣 5 分。 （3）工具未归位，一件扣 2 分；未擦拭作业台，扣 2 分		
3	作业质量	（1）按要求分解、检查各零部件并发现故障。 （2）各弹簧按要求检查其技术状态。 （3）组装时不得漏装、错装零部件。 （4）组装后各紧固螺栓不得松动。 （5）按要求进行涂油。 （6）性能试验须良好。 设置故障：① ② ③ ④ ⑤	50	（1）故障每漏一项，扣 5 分。 （2）使用不符合要求的弹簧，每件扣 10 分。 （3）配件未涂油，每件扣 5 分。 （4）阀内紧固件松动，每件扣 10 分。 （5）阀体螺栓松动，一处扣 5 分		

序号	考核内容	考核要点	总分	评分标准	扣分	得分
4	安全及其他	（1）按规定穿戴个人防护用品。 （2）正确使用工具，工具、设备及零件无损坏、无丢失。 （3）作业完毕后，工、量具应放置到规定位置。 （4）不得出现任何不安全因素	10	（1）未按规定穿戴个人防护用品，扣5分。 （2）不能正确使用工具，每件扣2分。 （3）工具丢失或损坏，每件扣5分。 （4）作业完毕后，工、量具未放置到规定位置，每件扣2分。 （5）发生破皮流血事件，扣10分		
	合计		100			

否定项：若发生下列情况之一，则应及时终止实训，成绩记为零分。

① 未能完成全部操作。

② 操作时间超过 45 min。

③ 发现故障不足 2 处。

④ 错装配件及试验不合格。

⑤ 出现不安全因素或不能继续操作。

2. 教师评价建议

任务 3.6　120 型控制阀主阀性能试验作业

【任务描述】

　　主阀是货车制动机的核心部件，是实现铁路货车安全运行的重要保障。为保证主阀处于良好的技术状态，需做好主阀日常维修保养及定期维护检修工作。检修人员需依据作业指导书的规范标准，进行主阀性能试验作业。通过实训教学，学生需完成以下任务：

　　① 主阀性能试验。

　　② 正确填写记录单的任务。

　　在整个作业过程中，应遵循现场工作管理规范。

【学习目标】

知识目标	1. 掌握主阀构造及零部件检修运用标准； 2. 掌握主阀性能试验作业方法
能力目标	会进行主阀性能试验
素质目标	1. 自觉遵循现场工作管理规范； 2. 具有精益求精的工匠精神

【导　　入】

　　主阀是 120 型控制阀的心脏部分，主阀由作用部、减速部、局减部、加速缓解阀、紧急二段阀 5 部分组成。它根据制动管不同的压力变化，控制制动机实现充气、缓解、制动、保压等作用。主阀性能试验就是对主阀的性能做一个全面的试验，检查主阀性能是否符合要求。

【活　　动】

活动 3.6.1　准备工作

1. 安全准备

作业人员上岗前须穿戴相应的个人防护用品。

2. 工具、材料准备

作业前须确保各工具安全可靠方可开始作业。作业中须拿稳工具，主阀放置平稳，防止人身磕碰；作业后须关闭试验台的风源、电源。

3. 设备设施准备

120 型控制阀微控试验台。

活动 3.6.2　120 型控制阀主阀性能试验作业程序与要求

120 型控制阀主阀性能试验

120 型控制阀主阀性能试验作业程序如表 3–17 所示。

表 3–17　120 型控制阀主阀性能试验作业程序

序号	项目	作业内容	图示
1	试验准备	（1）开启一、二、三号塞门。 （2）确认总风源压力不低于 650 kPa。 （3）打开试验台所有电源开关，预热 15 min。 （4）调整调压阀，使储风缸压力为 590～610 kPa（试验台定压）。 （5）进行试验台机能检测，机能检测合格后方可进行 120 型控制阀性能试验。 （6）由微机控制进行自动试验（试验台置于自动位）时，各开关均由微机控制自动开闭。手动试验（试验台置于手动位）时，人工开闭各开关。 （7）开通夹紧开关 K1，将主阀卡紧在主阀安装座上。开通夹紧开关 K2，将紧急阀座盲板卡紧在紧急阀安装座上	
2	漏泄试验	**1）漏泄试验准备** （1）依次开通 10、1、2、3、5、9、A、16，待副风缸和加速缓解风缸压力均充至定压后，关断 9、16。 （2）关断 1，开通 7a，使主阀动作。待列车管管路压力空气排至零后，关断 7a。 （3）开通 1、9、16，副风缸和加速缓解风缸压力充至定压。关断 A、9、5，开通 D，当列车管压力降至 550 kPa 时，关断 D；待列车管压力稳定在 550 kPa 后，关断 16、1。开通 7a，列车管管路压力空气排至零后关断 7a，开通 5	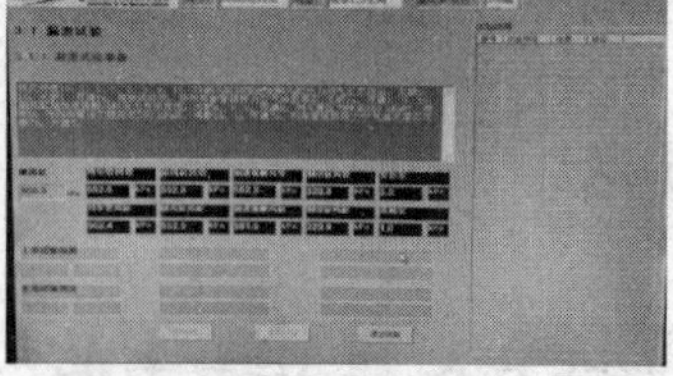
		2）制动位性能试验 （1）各接合面。 在各接合面处及缓解阀排气口、缓解阀手柄处涂刷防锈检漏剂（以下简称检漏剂）进行检查，不允许产生漏泄	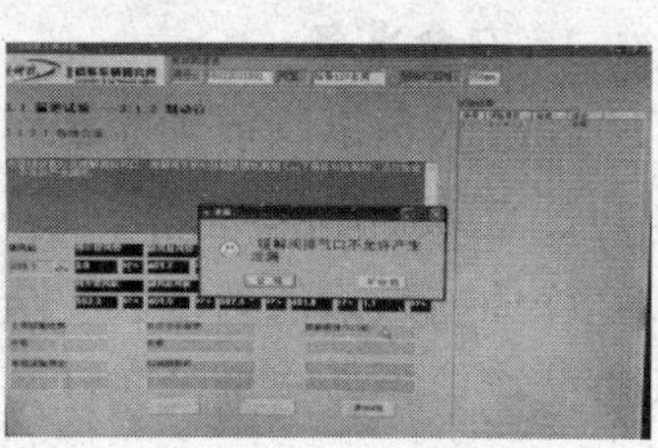

续表

序号	项目	作业内容	图示
		（2）局减阀膜板。 　在局减阀呼吸孔涂刷检漏剂进行检查，不允许产生漏泄	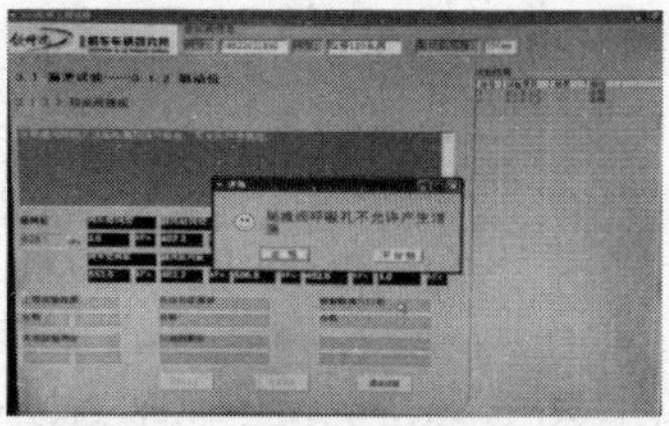
		（3）滑阀。 　① 开通 8、23，检查主阀排气口漏泄量，流量计显示值应不大于 80 mL/min，关断 8、23。 　② 开通 21、22，检查局减排气口的漏泄量，流量计显示值应不大于 80 mL/min，关断 21、22	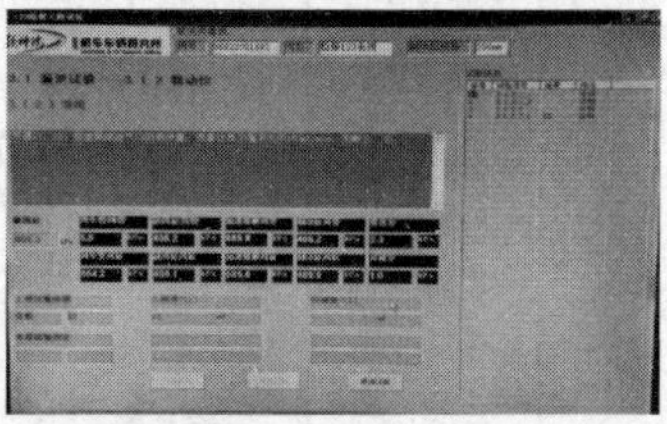
		（4）主活塞膜板及 O 形圈、局减阀杆 O 形圈、加速缓解夹芯阀及 O 形圈、紧急二段阀杆 O 形圈、缓解活塞杆 O 形圈及排风阀。 　关断 2、3、5，检查副风缸管路和加速缓解风缸管路压力，在 10 s 内压力下降不允许超过 5 kPa，开通 2、3、5	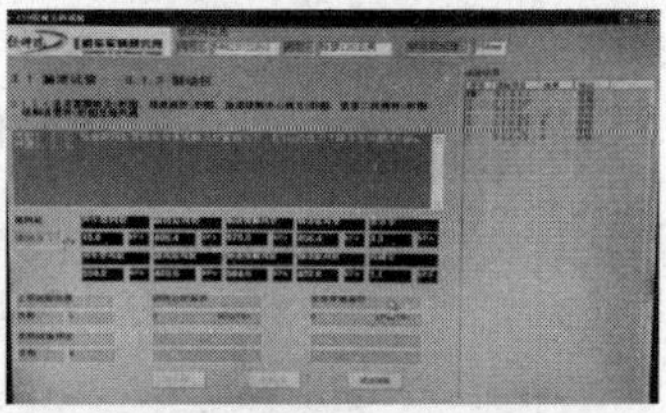
2	漏泄试验	（5）缓解阀膜板及 O 形圈。 　① 开通 24，将缓解阀手柄推至制动缸压力开始下降时，立即关断 24，制动缸压力空气排至零。 　② 在缓解阀上呼吸孔涂刷检漏剂进行检查，不允许产生漏泄	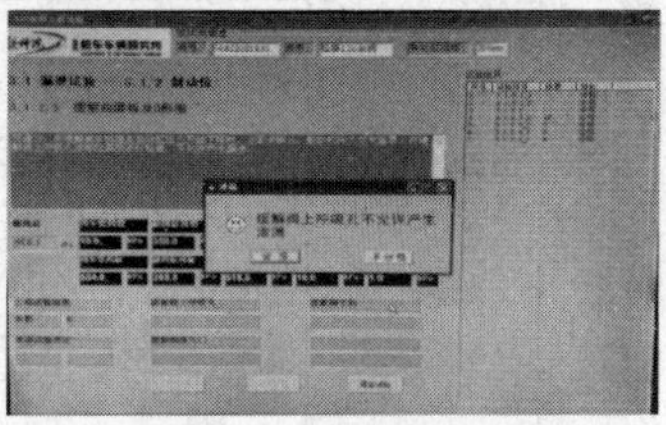
		（6）缓解阀内副风缸及加速缓解风缸气路、小止回阀、排风阀。 　① 开通 24，将缓解阀手柄推至全开位，使副风缸压力降至 100 kPa 后关断 24。在缓解阀手柄处涂刷检漏剂进行检查，不允许产生漏泄；在缓解阀排气口涂刷检漏剂进行检查，在 10 s 内产生的气泡高度应不大于 12 mm。 　③ 关断 3，开通 A、1、9 后，再开通 16，待副风缸和加速缓解风缸压力均充至定压后，关断 9、16	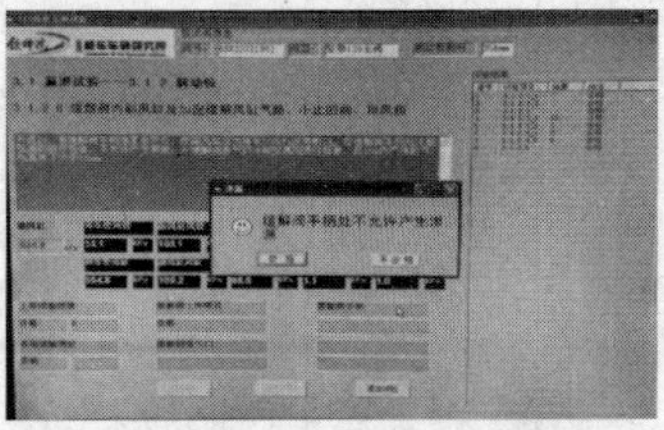
		3）缓解位性能试验 （1）确认 10、1、2、5、A 已开通，列车管、副风缸和加速缓解风缸压力均充至定压。 （2）除主阀前盖及缓解阀下盖外，在各结合面周围涂检漏剂进行检查，不允许漏泄	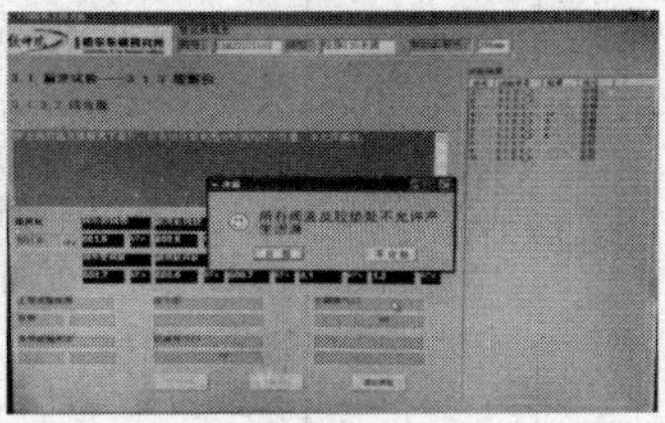

序号	项目	作业内容	图示
		（3）滑阀、加速缓解阀套 O 形圈和顶杆 O 形圈。 开通 8、23，检查主阀排气口漏泄量，流量计显示值应不大于 80 mL/min，关断 8、23	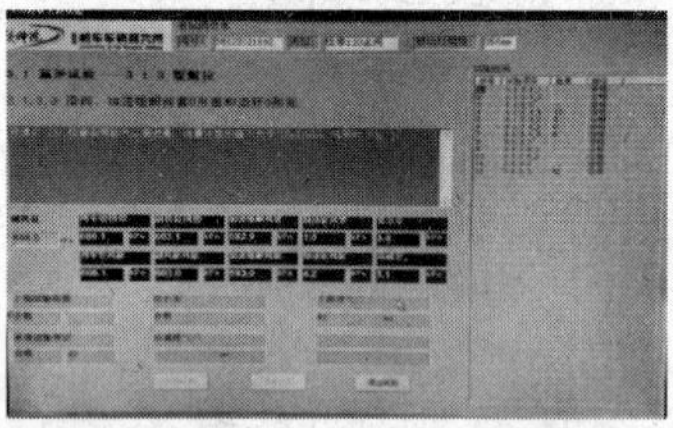
		（4）滑阀和节制阀。开通 21、22，检查局减排气口的漏泄量，流量计显示值应不大于 80 mL/min，关断 21、22，开通 3	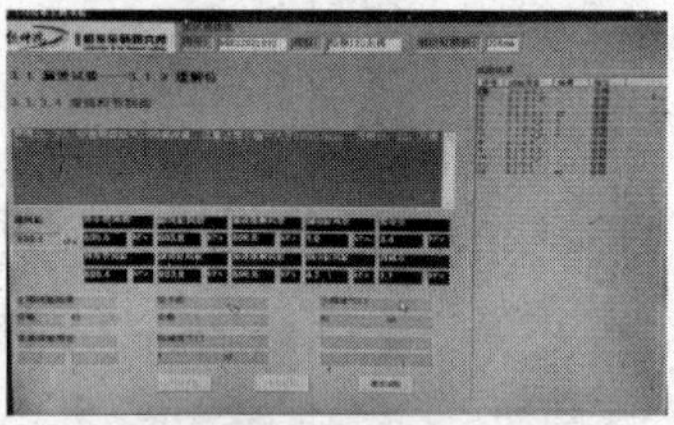
2	漏泄试验	**4）常用制动保压位性能试验** （1）确认 10、1、2、3、5、A 开通，列车管、副风缸和加速缓解风缸均充至定压。关断 A，开通 D，使列车管容量风缸压力减 70 kPa 后，关断 D	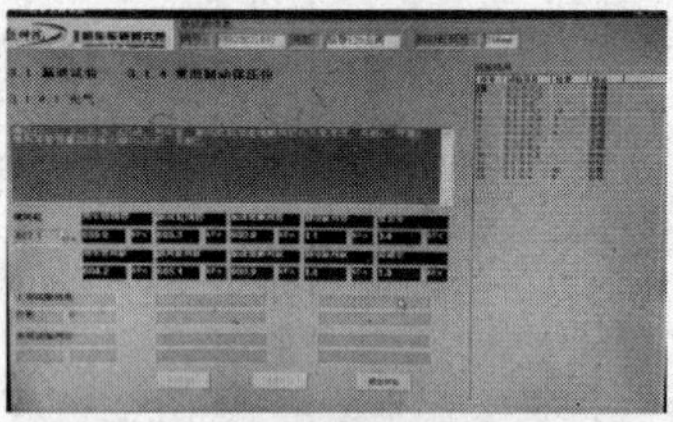
		（2）节制阀和滑阀、局减阀杆 O 形圈、φ38 夹芯阀、紧急二段阀杆 O 形圈。 ① 开通 8、23，检查主阀排气口的漏泄量，流量计显示值应不大于 80 mL/min，关断 8、23。 ② 开通 21、22，检查局减排气口的漏泄量，流量计显示值应不大于 80 mL/min，关断 21、22。	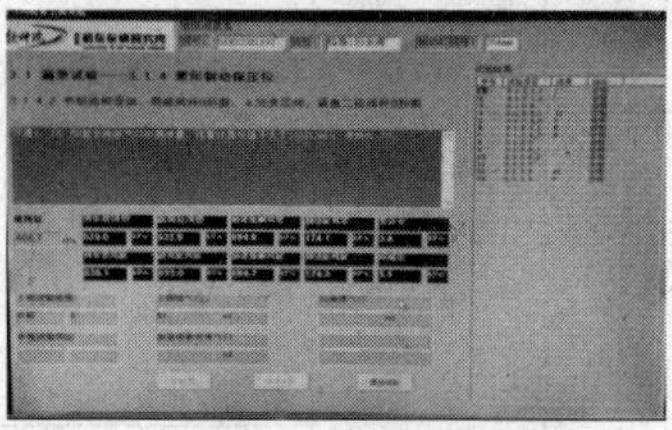
		③ 关断 5，开通 19，将加速缓解风缸管内压力排至零后，开 6、22。检查加速缓解管排气口的漏泄量，流量计显示值应不大于 120 mL/min，关断 6、22、19，开通 5	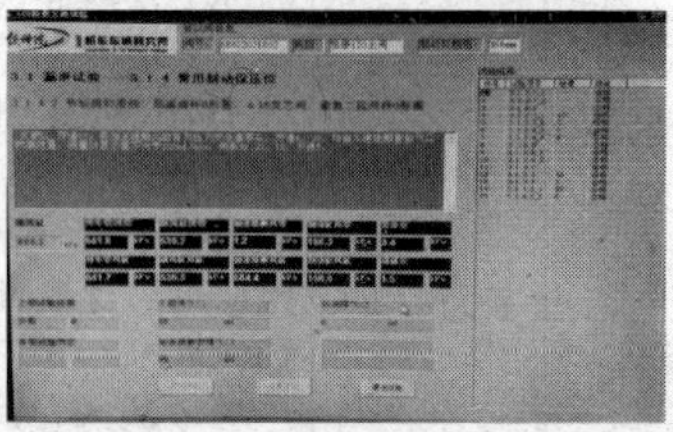
		（3）滑阀。 ① 开通 4，使制动缸容量风缸压力减至 100 kPa 时关断 4，在缓解阀排气口涂刷检漏剂进行检查，不允许漏泄。待压力稳定后关 3、5。制动缸管路压力在 10 s 内的变化不允许超过 7 kPa。加速缓解风缸管路压力在 10 s 内的下降不允许超过 5 kPa。 ② 开通 3、5、A、9 后，再开通 16，待副风缸和加速缓解风缸压力均充至定压后，关断 9、16、A	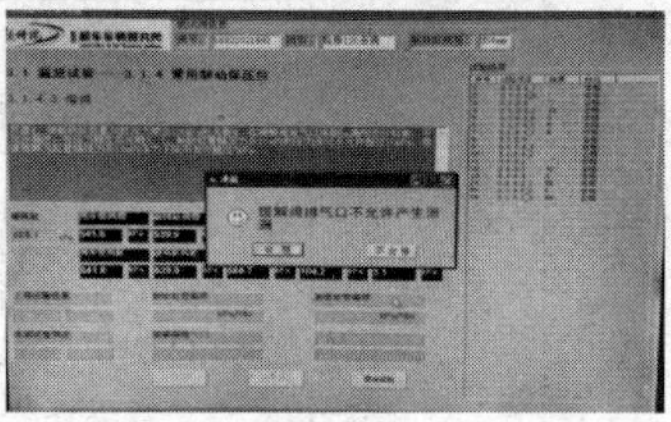

序号	项目	作业内容	图示
3	阀的作用和孔的流量试验	**1）试验准备** 确认 10、1、2、3、5 开通，列车管、副风缸和加速缓解风缸压力均充至定压	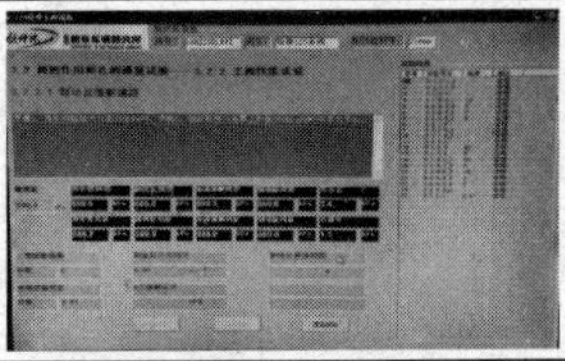
		2）主阀性能试验 （1）制动及缓解通路。 ① 开通 G，当制动缸压力升至 350 kPa 时，关断 G。制动缸压力由零上升到 350 kPa 的时间应不大于 4 s。 ② 开通 A，制动缸压力从 300 kPa 降至 150 kPa 的时间：配用 254 mm 直径制动缸为 4～7 s；配用 356 mm 直径制动缸为 3～5.5 s。 ③ 待制动缸压力降至低于 150 kPa 后，开通 9，再开通 16，待副风缸和加速缓解风缸压力均充至定压后，关断 9、5、A	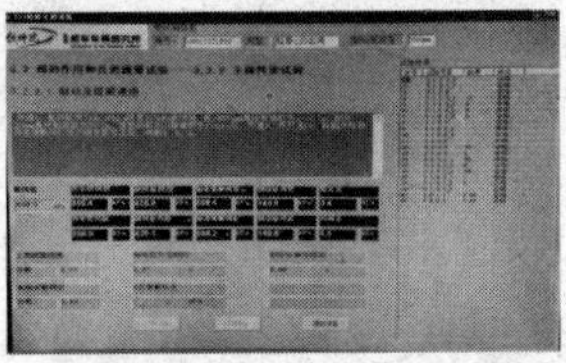
		（2）缓解阻力。 ① 开通 D，使列车管压力减至 550 kPa，关断 D。待列车管压力稳定后，关断 16。 ② 开通 D，使列车管减压 50 kPa，关断 D。待制动缸压力稳定后，开通 19、16，再开通 15，待压力稳定后，压差计清零。 ③ 关断 19、16，开通 B，待制动缸压力降至零后，关断 B、15。检查从开通 B 到制动缸压力降至零的过程中，列车管与副风缸的压差，最大值应为 6～16 kPa	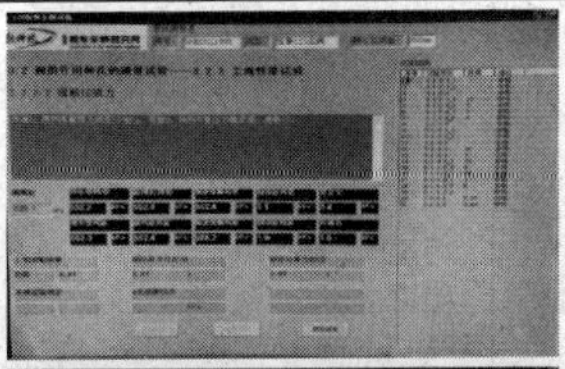 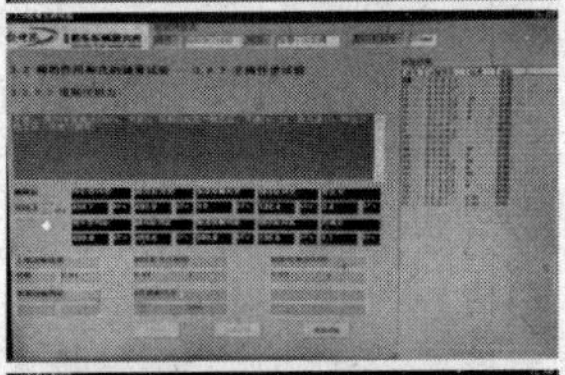 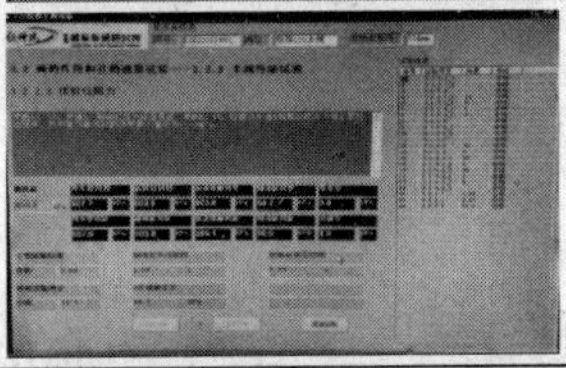
		（3）局减孔。 ① 开通 9、A 后，再开通 5、16，待副风缸和加速缓解风缸压力均充至定压后，关断 9、16、A。 ② 开通 C，产生局减作用时，关断 C。局减室压力从开始升压到降至 40 kPa 的时间：120 阀为 3～9 s；120-1 阀为 3～12 s。局减排气结束后列车管减压量：120 阀不允许大于 40 kPa；120-1 阀不允许大于 50 kPa	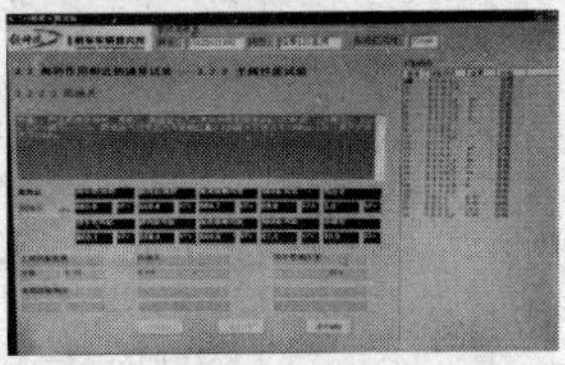
		（4）局减阀作用。 开通 16、4，当制动缸压力降至 20 kPa 时关断 4，制动缸管路压力由 30 kPa 上升到 50 kPa 的时间为 1.5～4 s，并在 50～70 kPa 时停止升压。再开通 4，当制动缸容量风缸压力降低 30 kPa 时，关断 4。制动缸管路压力应升到 50～70 kPa。关断 16，开通 9、A 后，再开通 16，待副风缸和加速缓解风缸充至定压后，关断 9、16、A	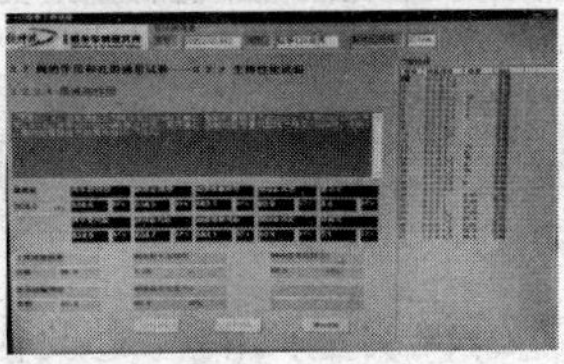

序号	项目	作业内容	图示
3	阀的作用和孔的流量试验	（5）保压稳定孔。 ① 开通 D，使列车管减压 80 kPa，关断 D。开通 16、D，将列车管压力减为 450 kPa 后，关断 D。 ② 开通 15、11，确认副风缸的漏泄量在流量计上的显示值为（245±5）mL/min。待列车管压力和流量计显示值稳定后，压差计清零。关断 2、16，检查稳定后的压差计数值，应为 1.5～6 kPa，并且此时主阀不允许缓解。 ③ 关断 15、11，开通 2、9、A 后，开通 16，待副风缸和加速缓解风缸压力均充至定压后，关断 9、16、A （6）加速缓解阀作用。 ① 开通 D，列车管压力减 70 kPa 后，关断 D。 ② 开通 4，制动缸容量风缸压力减至 100 kPa 时关断 4。 ③ 开通 16、D，使列车管压力降到比加速缓解风缸压力低 70 kPa 时，关断 D、16。待列车管压力稳定后，开通 18，当主阀开始缓解时，关断 18。列车管管路压力从开通 18 开始，4 s 内列车管最高压力值应比开通 18 前的列车管压力值上升 10 kPa 以上，然后再下降 （7）副风缸充气孔。 关断 1，开通 7a、18、19、4，待副风缸和加速缓解风缸压力降至零后，关断 18、19、5、4、7a。开通 A，待列车管容量风缸充至定压后开通 1。副风缸压力由 50 kPa 上升到 150 kPa 的时间：配用 254 mm 直径制动缸为 15.5～19 s；配用 356 mm 直径制动缸为 12.5～16 s （8）加速缓解风缸充气通路。 ① 开通 16，待副风缸充至定压后，开通 5，加速缓解风缸压力由 100 kPa 上升到 200 kPa 的时间应为 12～18 s。 ② 关断 A，开通 9，待加速缓解风缸压力至 550 kPa 后，开通 A。待副风缸和加速缓解风缸压力充至定压后，关断 9 （9）紧急二段阀作用。 ① 关断 A、5，开通 D，待列车管压力降至 550 kPa 时，关断 D，待列车管压力稳定在 550 kPa 后，关断 16、1，开通 7a。 ② 制动缸容量风缸压力由零快速上升到 110～170 kPa，然后缓慢上升至平衡压力，并检测由零上升到 350 kPa 的时间：配用 254 mm 直径制动缸为 6.5～9 s；配用 356 mm 直径制动缸为 4.5～6.5 s。 ③ 关断 7a，开通 5。检测加速缓解风缸压力从 550 kPa 降至 500 kPa 的时间，应为 1.5～6 s（仅对 120-1 型控制阀）	

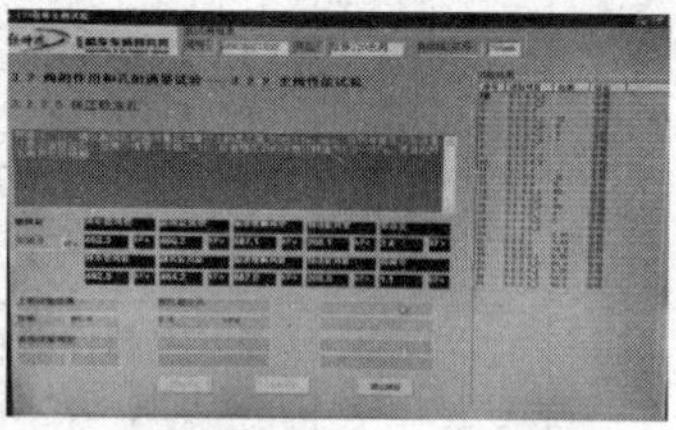

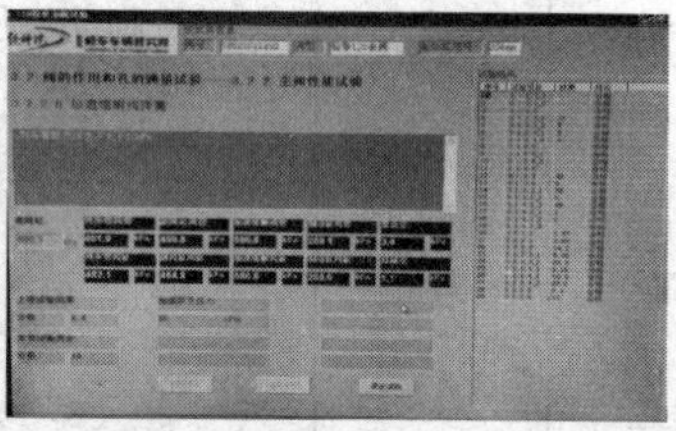

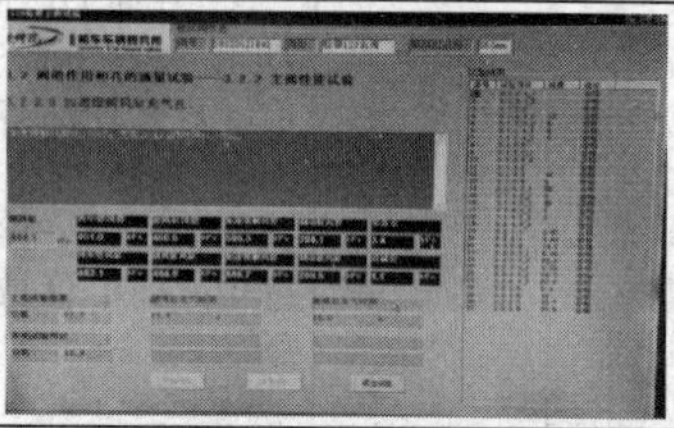

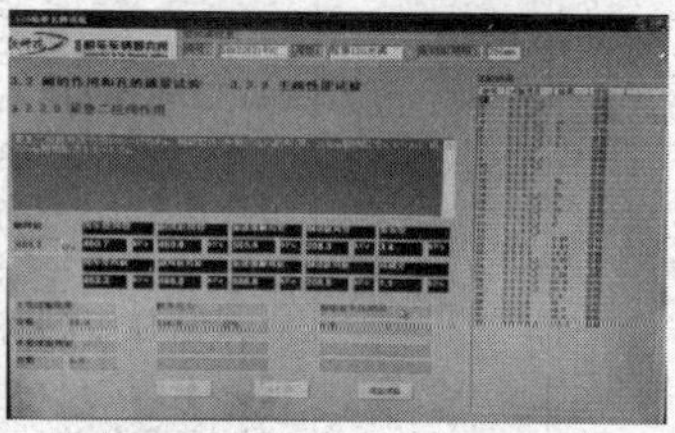

活动 3.6.3　思考练习

1. 说明主阀的构造及作用。
2. 写出主阀性能试验操作步骤。

【考核评价】

1. 综合评价表（见表 3-18）

表 3-18 综合评价表

考核要求时间：_____

操作开始时间：_____ 操作结束时间：_____

序号	考核内容	考核要点	总分	评分标准	扣分	得分
1	作业时间	作业时间为 15 min	10	每超过 15 s 扣 2 分，不足 15 s 按 15 s 计算		
2	作业过程	（1）漏泄试验准备。 （2）制动位性能试验。 （3）缓解位性能试验。 （4）常用制动保压位性能试验。 （5）阀的作用和孔的通量试验	50	（1）作业顺序错乱，每项扣 10 分。 （2）操作不当引起的制动不良或未按试验标准进行试验，每次扣 5 分。 （3）实训人员须口述试验项目和试验标准		
3	作业质量	（1）各个连接接口处、连接面作用良好，不泄漏。 （2）制动位性能符合要求。 （3）缓解位性能符合要求。 （4）常用制动保压位性能符合要求。 （5）各参数记录正确无误。 （6）性能试验须良好。	30	（1）泄漏处未检测出，每处扣 5 分。 （2）各作用位试验不符合要求，每处扣 5 分。 （3）参数记录不正确，每次扣 3 分。 （4）故障没发现，每件扣 5 分 故障：①②③④⑤		
4	安全及其他	（1）按规定穿戴个人防护用品。 （2）正确使用工具，工具、设备及零件无损坏、丢失。 （3）作业完毕后，工、量具应放置到规定位置。 （4）不得出现任何不安全因素	10	（1）未按规定穿戴个人防护用品，扣 5 分。 （2）不能正确使用工具，每件扣 2 分。 （3）工具丢失或损坏，每件扣 5 分。 （4）作业完毕后，工、量具未放置到规定位置，每件扣 2 分。 （5）发生破皮流血事故，扣 10 分		
	合计		100			

否定项：若发生下列情况之一，则应及时终止实训，成绩记为零分。
① 未能完成全部操作。
② 操作时间超过 25 min。
③ 发现故障不足 2 处。
④ 错装配件及试验不合格。
⑤ 发生不安全因素或不能继续操作。

2. 教师评价建议

_____

_____

_____

_____

_____

任务 3.7　货车单车制动性能试验作业

【任务描述】

货车制动机是实现铁路货车安全运行的重要保障。为保证货车制动机处于良好的技术状态，需做货车单车制动性能试验。检修人员需依据作业指导书的规范标准，进行货车单车制动性能试验作业。通过实训教学，学生需完成以下任务：

① 货车单车制动性能试验。

② 正确填写记录单。

在整个作业过程中，应遵循现场工作管理规范。

【学习目标】

知识目标	1. 掌握货车空气制动机的构造、工作原理、运用质量要求； 2. 掌握货车单车制动性能试验作业方法
能力目标	熟练掌握货车单车制动性能试验
素质目标	1. 自觉遵循现场工作管理规范； 2. 具有精益求精的工匠精神

【导　入】

货车单车制动性能试验，是对车辆的制动效能做一次全面的性能检查。通过制动机试验，可以发现制动机是否有故障及制动效能如何。单车制动性能试验主要包括以下内容：制动管泄漏试验、全车泄漏试验、制动/缓解感度试验、制动安定试验、紧急制动试验、加速缓解试验、半自动缓解阀试验、闸调器性能试验、空重车自动调整装置性能试验等。

【活　动】

活动 3.7.1　准备工作

1. 安全准备

作业人员上岗前须穿戴相应的个人防护用品。

2. 设备设施准备

货车 1 辆，单车制动性能试验器 1 台。

3. 工具准备（见表 3–19）

表 3–19　工具的准备

序号	名称	规格	数量	备注
1	防护信号旗		1 面	
2	秒表		3 只	
3	检车锤		1 把	
4	闸调器试验垫板	16 mm×60 mm×340 mm	1 块	
5	空重车试验垫板		2 块	
6	试验风表		1 只	
7	钢直尺	300 mm	1 根	
8	防尘堵、木锤		各 1 只	
9	肥皂水桶及刷子		1 副	
10	弧形钢垫板		8 块	
11	硬质轴承垫板		1 套	
12	压力传感器		1 个	
13	压力表		1 块	
14	网状传感器		1 个	

活动 3.7.2　货车单车制动性能试验作业程序与要求

货车单车制动性能试验作业程序与要求如表 3–20 所示。

表 3–20　货车单车制动性能试验作业程序与要求

序号	项目	作业内容与要求	图示
1	插设防护信号旗	插设防护信号旗，并确认安全	

序号	项目	作业内容与要求	图示
2	试验准备	（1）车辆应处于空车位。连接脱轨自动制动装置的球芯截断塞门须处于开放位；车辆上装设的其他风动装置应处于车辆运行工作状态，且不应影响制动机的正常作用。 （2）装用空重车自动调整装置的车辆，空重车试验垫板厚度须符合要求。 （3）安装货车空气制动阀、空重车阀之前，须用压力空气将制动管系吹扫干净，并将各风缸内水分及污垢吹净。 （4）准备符合规定的安装于制动软管连接器上的网状回收器。 （5）在制动缸后盖或测试接头处安装压力表或压力传感器。 （6）装用拉伸式闸调器的车辆应准备规格为 340 mm×60 mm×16 mm、$R420$ mm（适用$\phi840$ mm 车轮）或 340 mm×60 mm×15 mm、$R460$ mm（适用$\phi915$ mm 车轮）的弧形钢垫板。全部装用新闸瓦时，将闸调器的螺杆伸出长度（螺杆上刻线至护管端部的距离 L）调整至以下尺寸： ① ST1-600 型为 500～570 mm。 ② ST2-250 型为 200～240 mm。 ③ BAB 系列集成式制动装置为 9～33 mm。 ④ DAB 系列集成式制动装置为 0～28 mm（45 mm 厚闸瓦）或 0～20 mm（50 mm 厚闸瓦）。 （7）装用 YST-280 或 C-1100 型压缩式闸调器的 BAB 系列集成式制动装置，根据转向架型式和车轮平均直径范围调整推杆组成长度（β 型弹簧销孔到推杆头销孔中心距离 L_0）。 （8）装用 BAB 系列集成式制动装置的车辆，将 8 块硬质轴承垫板分别装在转向架轴承外圈与侧架外侧导框之间并固定好，防止轴承与侧架导框相对移动。垫板厚度可根据现车调整。 （9）确认单车制动性能试验器总风源压力不低于 600 kPa，制动管定压为 500 kPa。 （10）在风源与单车制动性能试验器连接前，应排除风源内积水、灰尘，保证风源洁净	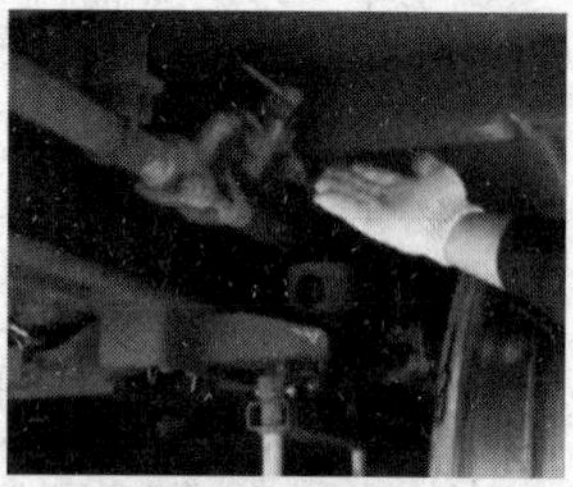     

续表

序号	项目	作业内容与要求	图示
3	制动管漏泄试验	（1）单车制动性能试验器与车辆一端制动软管连接器连接，关闭该端折角塞门，单车制动性能试验器置1位，制动管充至定压后，移置3位保压1 min，不得漏泄。 （2）车辆另一端制动软管连接器加软管堵，开放两端折角塞门，截断塞门置关闭位，单车制动性能试验器置1位，制动管充至定压后，移置3位保压1 min，用防锈检漏剂检查，管系各接头不得漏泄，制动管压力下降不得大于5 kPa。 （3）关闭车辆另一端折角塞门，卸下软管堵，保压1 min，制动管压力下降不大于5 kPa	 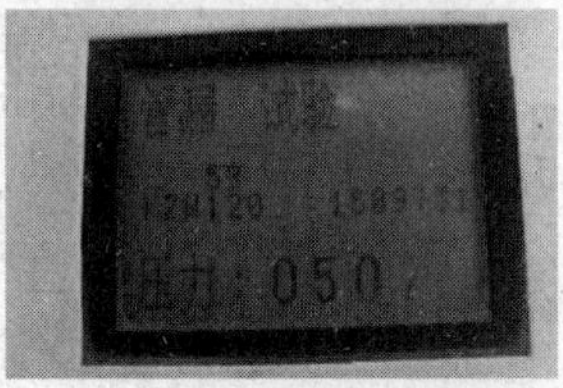 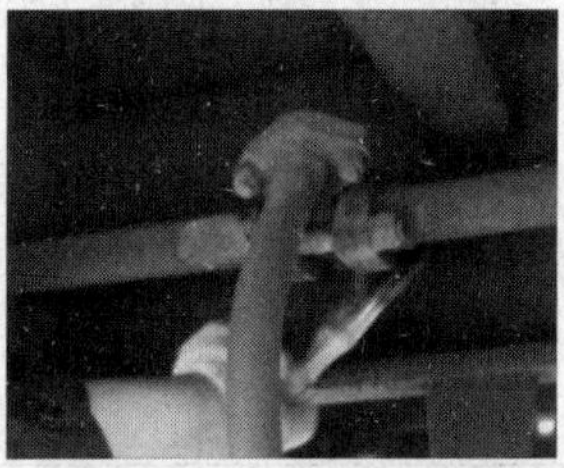
4	全车漏泄试验	（1）单车制动性能试验器与车辆一端制动软管连接器连接，打开该端折角塞门，单车制动性能试验器置1位，制动管充至定压后，移置3位保压1 min，不得漏泄。 （2）车辆另一端制动软管连接器加软管堵，开放两端折角（或直端）塞门，截断塞门置打开位，单车制动性能试验器置1位，制动管充至定压后，移置3位保压1 min，用防锈检漏剂检查，管系各接头不得漏泄，制动管压力下降不得大于5 kPa。 （3）关闭车辆另一端折角塞门，卸下软管堵，保压1 min，制动管压力下降不大于5 kPa	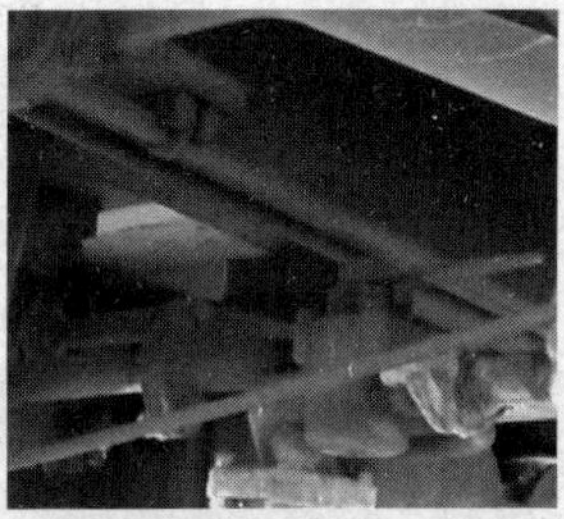 

序号	项目	作业内容与要求	图示
5	制动感度试验	单车制动性能试验器置 1 位充气，待副风缸充至定压后，将单车制动性能试验器移置 4 位。当制动管减压 40 kPa 时立即将单车制动性能试验器移置 3 位，制动机须在制动管减压 40 kPa 以前发生制动作用，120/120-1 型控制阀局部减压量不得大于 40 kPa。局部减压作用终止后，保压 1 min，制动机不得发生自然缓解	  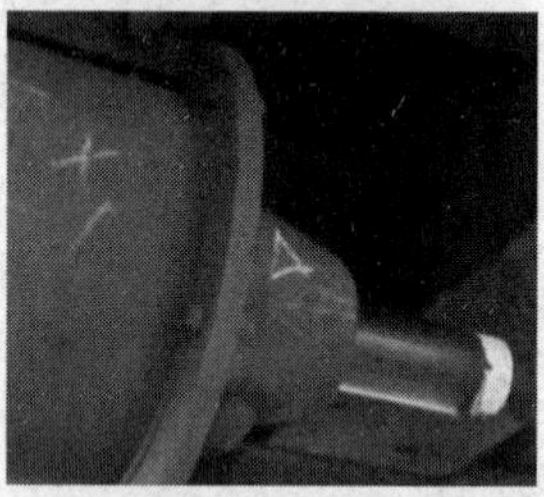
6	缓解感度试验	（1）当制动管长度小于 16 m 时，将单车制动性能试验器移置 2 位充气，制动缸应在 25 s 内开始缓解，制动缸压力 45 s 内应下降到 30 kPa 以下，60 s 内制动缸缓解完毕。 （2）当制动管长度为 16～24 m 时，在制动感度试验后，将单车制动性能试验器置 4 位，使制动管继续减压 30 kPa，然后移置 3 位，待压力稳定后，将单车制动性能试验器置 2 位充气，制动缸应在 25 s 内开始缓解，制动缸压力 45 s 内应下降到 30 kPa 以下，60 s 内制动缸缓解完毕。 （3）制动机缓解后，BAB 系列集成式制动装置的白色三角形行程指示器长竖直边应在缓解标志孔内；DAB 系列集成式制动装置的黄色行程指示器尾端应在伸缩杆上白色缓解标志环带（第一道凸环）内	 
7	制动安定试验	（1）单车制动性能试验器置 1 位充气，待副风缸充至定压后，置 3 位保压，开启专用安定试验位，在制动管减压 200 kPa 前，制动机不得发生紧急制动作用。关闭专用安定试验位，保压 1 min，制动缸压力下降不得大于 5 kPa，用防锈检漏剂检查制动缸及降压风缸管系接头，不得漏泄。 （2）保压时检查制动缸活塞行程，须符合规定	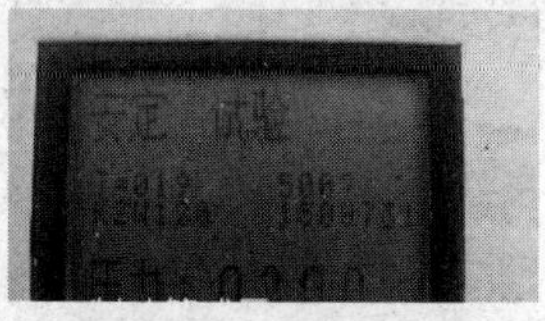 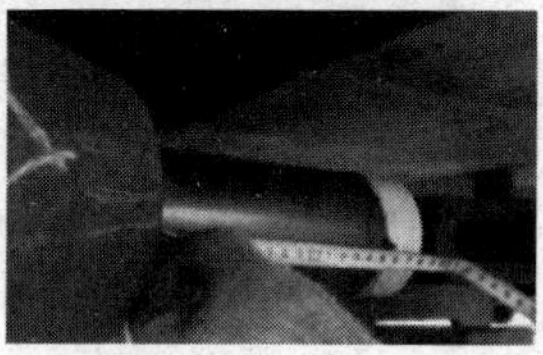

续表

序号	项目	作业内容与要求	图示
8	紧急制动试验	单车制动性能试验器置1位充气，待副风缸充至定压后，置3位保压，开启专用紧急试验位，在制动管减压100 kPa前，制动机须发生紧急制动作用。对于安装手动空重车调整装置的车辆，制动缸压力达到190 kPa前，安全阀须开始排风；制动缸压力降至160 kPa前，安全阀须停止排风	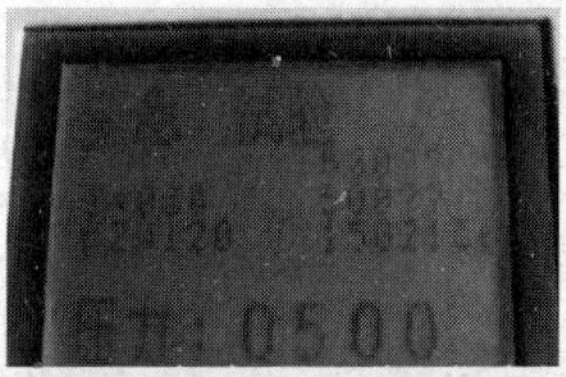 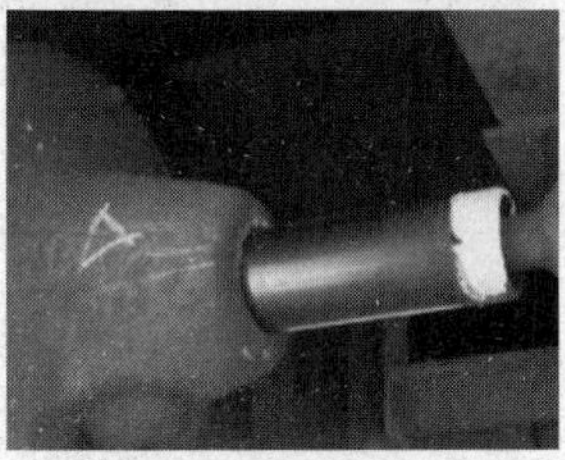
9	120/120−1型制动机加速缓解阀试验	单车制动性能试验器置1位充气，待副风缸充至定压后，单车制动性能试验器置4位减压100 kPa，然后置3位保压，待压力稳定后，单车制动性能试验器2位，当制动缸开始缓解时，制动管压力应有明显跃升	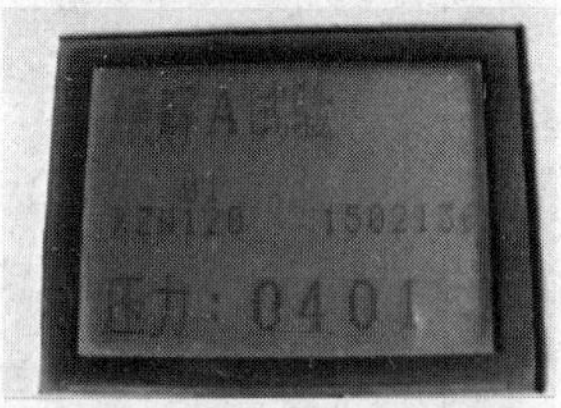
10	120/120−1型制动机半自动缓解阀试验	**1）主阀缓解试验** 单车制动性能试验器1位，待副风缸充至定压后，单车制动性能试验器置4位减压50 kPa，然后置3位保压，拉缓解阀手柄至全开位3～5 s后松开，待制动缸压力空气自动排完后，将单车制动性能试验器置5位，再减压约50 kPa，制动机须发生制动作用，然后单车制动性能试验器置1位。 **2）制动缸缓解试验** 待副风缸充至定压后，单车制动性能试验器置3位，开启专用紧急试验位，施行紧急制动，待制动管压力空气排尽后，拉缓解阀手柄至全开位3～5 s后松开，制动缸压力应能下降到零	 
11	闸调器性能试验	**1）闸瓦间隙减小试验** 单车制动性能试验器置1位，待制动机缓解完毕后，将垫板放入任一闸瓦与车轮之间（装用两套闸调器的车辆应在1、2位转向架上各放入1块垫板），待副风缸充至定压后，单车制动性能试验器置5位减压140 kPa，反复制动、缓解3次后，闸调器螺杆伸出长度变长（压缩式闸调器螺杆伸出长度须变短）。制动后制动缸活塞行程与初始行程（即未安装垫板时的行程）之差不大于10 mm（DAB型集成式制动装置的S值之差不大于1.5 mm）	

序号	项目	作业内容与要求	图示
11	闸调器性能试验	**2）闸瓦间隙增大试验** 制动机缓解后，撤去闸瓦与车轮之间的垫板，反复制动、缓解 3 次后，闸调器螺杆伸出长度须变短（压缩式闸调器螺杆伸出长度须变长）。制动后制动缸活塞行程与初始行程（即未安装垫板时的行程）之差不大于 10 mm（DAB 型集成式制动装置的 S 值之差不大于 1.5 mm）	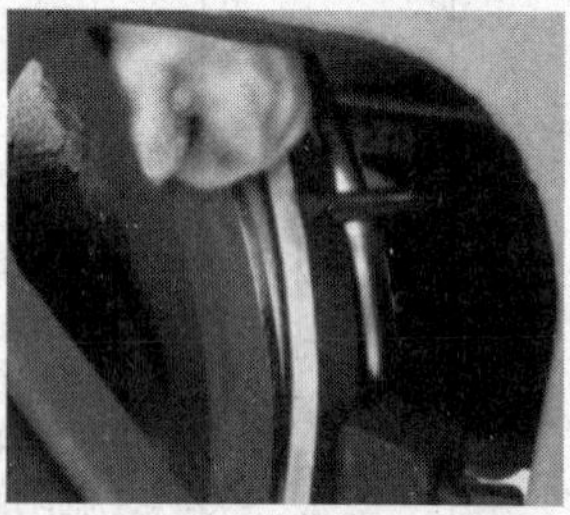
12	KZW 系列空重车自动调整装置性能试验	**1）试验准备** 制动机处于缓解状态时，KZW 系列空重车自动调整装置抑制盘下平面应坐落在支架导管的顶端，抑制盘触头与横跨梁触板的间隙应符合规定，触头与抑制盘螺杆须用开口销锁定	
		2）空车位试验 将单车制动性能试验器置 1 位充气，待副风缸充至定压后，置 5 位减压 160 kPa，置 3 位保压，制动缸压力应符合规定。压力稳定后，保压 1 min，制动缸压力下降不大于 5 kPa。此时空重车位显示牌不应翻起。置 1 位缓解，制动缸压力须降至零	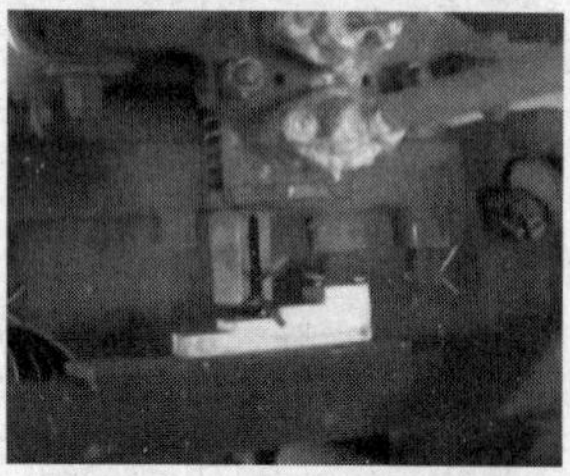
		3）半重车位试验 将抑制盘上移，在触头与触板之间插入规定的半重车位试验垫板。单车制动性能试验器置 1 位充气，待副风缸充至定压后，置 5 位减压 160 kPa，置 3 位保压，制动缸压力应符合规定。压力稳定后，保压 1 min，制动缸压力下降不大于 5 kPa。置 1 位缓解，制动缸压力须降至零	
		4）重车位试验 将抑制盘上移，在触头与触板间插入规定的重车位试验垫板。单车制动性能试验器置 1 位充气，待副风缸充至定压后，置 5 位减压 160 kPa，置 3 位保压，此时空重车位显示牌应翻起，制动缸压力应符合规定。压力稳定后，保压 1 min，制动缸压力下降不大于 5 kPa；置 1 位缓解，制动缸压力须降至零，显示牌落下	

续表

序号	项目	作业内容与要求	图示
13	试验结束	（1）单车制动性能试验结果须打印、保存。 （2）关闭单车制动性能试验器端折角塞门，排出制动软管连接器内的压力空气后，摘下单车制动性能试验器	
14	撤旗收设备	（1）撤除防护信号旗。 （2）收起工具、试验设备	

活动 3.7.3　思考练习

1. 说明缓解感度试验作业的步骤及要求。
2. 说明安定试验的作业步骤及要求。
3. 说明闸调器性能试验的步骤及要求。

【考核评价】

1. 综合评价表（见表 3-21）

表 3-21　综合评价表

考核要求时间：_____

操作开始时间：_____　　　　　　　　　　　　　　操作结束时间：_____

序号	考核内容	考核要点	总分	评分标准	扣分	得分
1	作业时间	作业时间 30 min	10	每超 30 s 扣 1 分，不足 30 s 按 30 s 计算		
2	作业过程	（1）插设防护信号旗。 （2）步骤：制动准备→制动管漏泄试验→全车漏泄试验→制动感度和缓解感度试验→制动安定试验→紧急制动试验→加速缓解阀试验→半自动缓解阀试验→闸调器性能试验→空重车自动调整装置性能试验→关风源撤单车，排尽车辆风压。 （3）撤除防护信号旗	30	（1）防护信号旗未展开，扣 2 分；防护信号旗落地未重插，扣 5 分。 （2）作业顺序颠倒，每次扣 3 分。 （3）未检查基础、空气制动各部配件，扣 10 分。 （4）软管堵未装，扣 2 分；未装试验风表，扣 5 分。 （5）闸调器试验未调整螺杆刻线，扣 5 分；调整距离不到，扣 2 分。 （6）作业完毕未排除车辆余风，扣 5 分；试验风表未撤除，扣 5 分。 （7）工具、材料未撤出钢轨外侧，每件扣 2 分；防护信号旗未撤除，扣 10 分		
3	作业质量	（1）每次试验应正确无误。 （2）制动缸活塞行程符合规定。 （3）能发现制动故障并处理制动故障	50	（1）未达到定压就开始试验，扣 10 分；保压时间不足，扣 5 分。 （2）减压量错误，扣 10 分；未确认制动机起作用，扣 5 分。 （3）回转阀手把错误，1 次扣 5 分。 （4）制动感度试验，未绕车一周检查闸瓦与车轮状况，扣 5 分。 （5）制动安定试验，未确认试验发生紧急制动，未测量活塞行程，各扣 10 分		

序号	考核内容	考核要点	总分	评分标准	扣分	得分
4	安全及其他	（1）认真做好工具、设备的使用与维护工作。 （2）按规定插、撤防护信号旗。 （3）按规定穿戴个人防护用品	10	（1）未按规定佩带工具及穿戴个人防护用品，每件扣5分。 （2）工具损坏，每件扣4分；工具未放回指定地点，每件扣2分。 （3）作业过程中碰伤出血，扣5分。 （4）试闸时未呼唤，每次扣2分		
		合计	100			

否定项：若发生下列情况之一，则应及时终止实训，成绩记为零分。

① 未插设防护信号旗即进行作业。

② 处理制动故障，未关门排风。

③ 受伤不能继续操作。

④ 空气制动故障不能排除。

⑤ 作业时间超过 35 min。

2. 教师评价建议

_____

_____

_____

_____

_____

_____

_____

_____

_____

_____

_____

_____

_____

_____

_____

_____

_____

_____

项目 4

货车车钩缓冲装置运用维修

【项目构架】

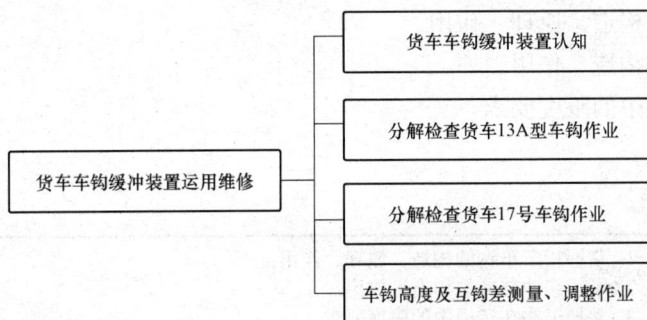

货车车钩缓冲装置运用维修
- 货车车钩缓冲装置认知
- 分解检查货车13A型车钩作业
- 分解检查货车17号车钩作业
- 车钩高度及互钩差测量、调整作业

【项目引导】

🔘 目的要求

1. 掌握货车车钩的种类、构造、工作原理、运用限度。
2. 掌握车钩检查、限度测量、故障判断技能。
3. 掌握货车车钩检修技能、尺寸限度调整技能。

🔘 重点与难点

重点：

1. 车钩检查、限度测量、故障判断。
2. 货车检修、尺寸限度调整。

难点：

1. 分解检修 13A 型、17 号车钩。
2. 测量、调整互钩差及钩提链松余量。

![项目内容]

任务 4.1 货车车钩缓冲装置认知

【任务描述】

车钩缓冲装置是车辆最基本的也是最重要的部件之一，它用来连接列车中各车辆，使彼此保持一定距离，并且传递和缓和列车在运行中或在调车时所产生的纵向力和冲击力。通过实训教学，学生需掌握以下内容：

① 货车车钩的构造、原理、作用。
② 缓冲装置的构造、作用。
③ 车钩在运用中的限度要求。

【学习目标】

知识目标	1. 掌握货车车钩的构造、原理、作用； 2. 了解缓冲装置的构造、作用； 3. 掌握车钩在运用中的限度要求
能力目标	1. 培养学生的动手能力； 2. 培养学生正确的检查技能； 3. 培养学生理论与实践相结合的动手能力
素质目标	1. 培养学生职业道德、创新意识； 2. 培养学生学习专业知识的能力

【导　入】

车钩由铸钢制成，可分为钩头、钩身、钩尾三个部分。在钩头内部装有钩舌、钩舌销、钩舌推铁、上锁销（或下锁销）等零件，这些零件处在不同的作用位置时，起着不同的作用，从而使车钩具有闭锁、开锁、全开三种作用，俗称车钩的三态作用。

【活　　动】

活动 4.1.1　车钩

1. 13 型系列车钩

13 型系列车钩是我国货车用主型车钩，根据解钩装置不同可分为 13 号、13A 型、13B 型上作用式车钩和 13 号、13A 型、13B 型下作用式车钩，其组成示意图如图 4-1 所示。

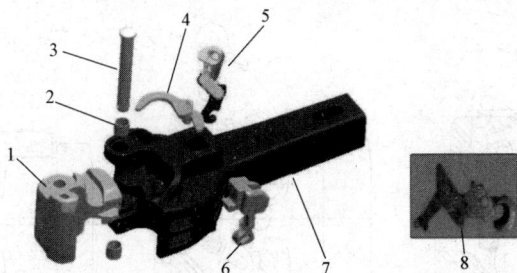

1—钩舌；2—衬套（上、下）；3—钩舌销；4—钩舌推铁；5—上锁销组成；6—钩锁铁；7—钩体；8—下锁销组成。

图 4-1　13 号、13A 型、13B 型车钩组成示意图

1）结构

13 号、13A 型、13B 型上作用车钩主要由下列 7 种零部件组成：钩体、钩舌、钩锁铁、钩舌推铁、上锁销组成、钩舌销和衬套。钩体分为钩头、钩身、钩尾 3 部分。

① 钩头部分：起车钩连挂作用。

② 钩身部分：在钩头和钩尾之间，主要作用是传递列车牵引力和冲击力。

③ 钩尾部分：是间接接触缓冲器的部件，其上带有扁孔，用钩尾销及钩尾销螺栓组装，连接车钩与钩尾框。

2）三态作用

车钩在正常使用中有三种工作状态，通常称为车钩的"三态作用"。

① 闭锁位置：机车与车辆或车辆与车辆之间，两车钩互相连接的位置。

② 开锁位置：车钩已处于开锁位置，只是开锁端钩舌因受对方钩舌阻碍，无法转动到最大开放位置。两车钩摘解时采用。

③ 全开位置：钩锁铁被充分提起，钩舌转动到最大开放位置。两车连挂时至少有一端车钩应在此位置。

下面以 13B 型车钩（上作用式）为例说明"三态作用"的位置。

（1）闭锁位置。

车钩在全开位时，将钩舌慢慢地向钩腔内推动，钩锁铁以自身重量落于钩舌尾部与钩腔内侧壁之间，此时钩锁铁处于最低位置，钩锁铁后侧的后坐锁面坐落在钩舌推铁坐锁面上，钩舌尾部受钩锁铁阻挡，而钩锁铁的另一侧受钩腔内壁阻挡，钩舌被锁住不得转动，使钩舌不能张开，车钩处于闭锁位置。闭锁位状态如图 4-2（a）所示。

（2）开锁位置。

在闭锁位时轻轻提起钩提杆，使锁销离开防脱（跳）位置，将钩锁铁提起，使钩锁铁脚支在钩舌推铁坐锁面上，放下钩提杆，钩锁铁仍未落下，钩舌也未移动，车钩处于开锁位置，此时将钩舌稍稍往外一拉，钩舌须能立即张开。开锁位状态如图 4-2（b）所示。

（3）全开位置。

用力提起钩提杆，则上锁销组成和钩锁铁被充分提起，使钩锁铁的前顶部突起与钩头内壁突起接触，并以此为支点而转动。此时，钩锁铁脚部向后踢动钩舌推铁的一端，致使钩舌推铁绕其突出的转轴旋转，另一端踢动钩舌后部，钩舌转开，处于全开位置。全开位状态如图 4-2（c）所示。

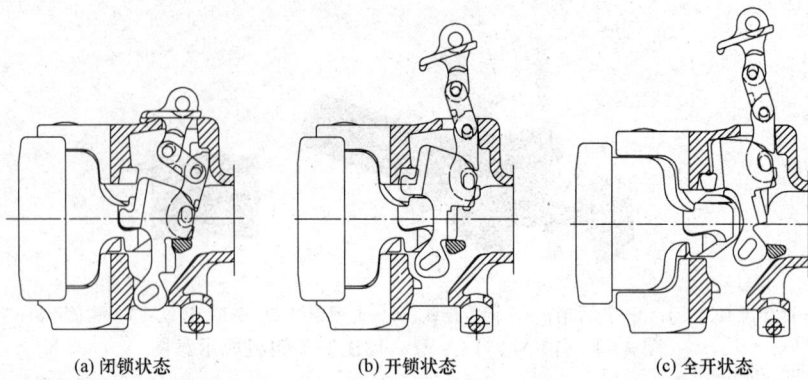

(a) 闭锁状态　　　　　　　(b) 开锁状态　　　　　　　(c) 全开状态

图 4-2　13B 型车钩三态作用

3）13 号系列车钩新型上锁销的组成结构及特点

新型上锁销组成由上锁提、上锁销和上锁销杆组成，其结构如图 4-3（a）所示。为减少磨耗对预制张角的影响及锈蚀后转动不灵活问题，2014 年对 13 号系列车钩三连杆式上锁销进行改进，重点对上锁销杆防跳台进行了改进，二者的对比如图 4-3（a）、（b）所示。

从图 4-3 可以看出，新型上锁销组成将原上锁销组成的两连杆机构更改为三连杆机构，并利用现用车钩使钩腔空间呈反 Z 形，较原上锁销组成增强了防跳性能，其主要特点是：提高了车钩的防分离可靠性，互换性好，适应性好，可靠性高。

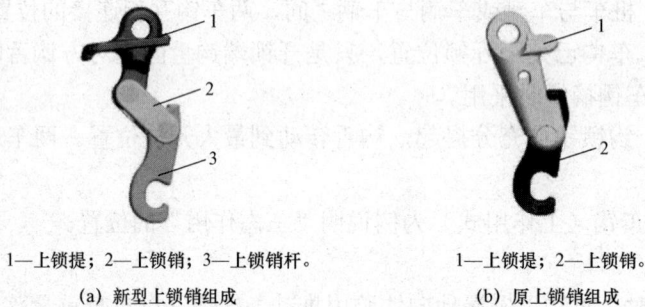

1—上锁提；2—上锁销；3—上锁销杆。　　　　　　1—上锁提；2—上锁销。

(a) 新型上锁销组成　　　　　　　　　　　(b) 原上锁销组成

图 4-3　新型上锁销组成与原上锁销组成对比

2. 16 号和 17 号车钩

在大秦线运煤专列上，16 号、17 号车钩分别装在车辆两端，一端为 16 号车钩（又称联锁式旋转车钩），另一端为 17 号车钩（又称联锁式固定车钩），在运煤单元列车上，每组连接的 2 个车钩必须是旋转式和固定式互相搭配。当三辆车设为一组时，车组中部车辆间的连接可以采用牵引杆装置。牵引杆一端为固定式结构，另一端为转动式结构，采用与安装车钩时相同的缓冲器及钩尾框，牵引杆长度与车钩的连接长度一致，以实现与车钩缓冲装置的互换。

16 号、17 号车钩缓冲装置具有以下特点：车钩防分离可靠性高、结构强度高、耐磨性能好、连挂间隙小、曲线通过性能好、连挂性能好、具有联锁功能、钩舌销不受力。16 号车钩的转动性良好。

1）16 号车钩缓冲装置

16 号车钩缓冲装置包括车钩组成、钩尾框、转动套、缓冲器、钩尾销、钩尾销托组成和车钩从板等零部件。16 号车钩缓冲装置的组成如图 4-4 所示。

（1）16 号车钩组成。

16 号车钩组成由钩体、钩舌、钩舌推铁、钩舌销、下锁销转轴、钩锁铁组成、下锁销杆、下锁销等零部件组成，如图 4-5 所示。

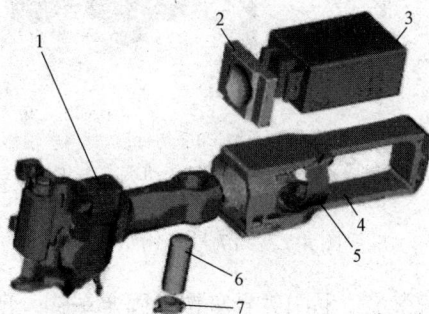

1—车钩组成；2—车钩从板；3—缓冲器；
4—钩尾框；5—转动套；
6—钩尾销；7—钩尾销托组成。

图 4-4　16 号车钩缓冲装置的组成

1—钩舌；2—钩舌销；3—钩舌推铁；4—钩体；
5—钩锁铁组成；6—锁铁止动块；7—轴；8—下锁销转轴；
9—垫圈；10—下锁销杆；11—铆钉；12—下锁销。

图 4-5　16 号车钩组成

16 号车钩钩体在钩头的钩腕一侧有联锁套头（带有上下调准平面），钩耳的外侧有联锁套口（带有上下调准平面），在钩头的下部有防脱安全托，以上结构使车钩连挂后具有联锁、自动对中及防脱的功能。为了使车辆在进行翻卸作业时转动灵活，16 号车钩的钩身为圆柱形，钩身下面的磨耗板为嵌入式磨耗板，减小了车钩转动时的阻力。钩尾与从板接触的部位为 $SR133.5$ mm 的球面。

16 号车钩的钩尾框、转动套、从板、钩尾销及钩尾销托组成，使车辆在上翻车机翻卸作业时，转动套与钩尾框的内圆柱面能相对转动，完成车辆的翻卸作业。

（2）解钩装置。

由于车钩不随车体转动，所以 16 号车钩的解钩装置与其他车钩的解钩装置不同。钩提杆不与车钩连接，而是装在解钩框上，钩提杆靠近手柄的一端装在 U 形的车钩提杆座中，另一端装在解钩框的滑道中。当提起钩提杆时，解钩框以圆销为轴开始转动，使解钩框的下框与下锁销杆接触，当继续向上提起钩提杆手柄时，解钩框的下框就推动下锁销杆绕下锁销转轴向上回转而托起钩锁铁到开锁位，完成开锁动作。

2）17 号车钩缓冲装置

17 号车钩缓冲装置包括 17 号车钩组成、17 号钩尾框、17 号钩尾销和 17 号车钩从板和缓冲器等零部件，其组成如图 4-6 所示。17 号车钩缓冲装置现已大量安装在 70 t 级通用货车上。

17 号车钩组成包括 17 号车钩钩体、钩舌、钩舌推铁、钩舌销、钩锁铁组成、下锁销转轴、下锁销杆、下锁销等零部件，如图 4-7 所示。其中钩舌、钩舌推铁、钩舌销和钩锁铁组成、下锁销均采用与 16 号车钩组成相同的零件。

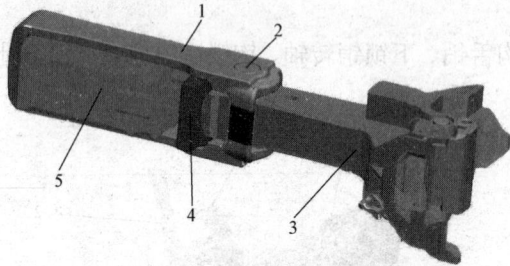

1—钩尾框；2—钩尾销；3—车钩组成；
4—车钩从板；5—缓冲器。

图 4-6 17 号车钩缓冲装置的组成

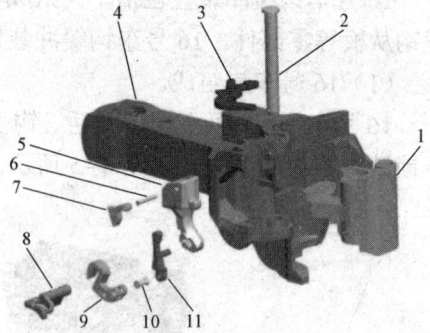

1—钩舌；2—钩舌销；3—钩舌推铁；4—钩体；
5—钩锁铁组成；6—轴；7—锁铁止动块；8—下锁销转轴；
9—下锁销杆；10—铆钉；11—下锁销。

图 4-7 17 号车钩组成

17 号车钩的钩头部分设有联锁套口、套头及防脱装置。因 17 号车钩是固定车钩，所以 17 号车钩的钩身形状与其他车钩相似，为箱形截面。钩尾端面（与从板接触的部位）为 $SR133.5\ mm$ 的球面，并在球形端面两侧有自动对中的凸肩。

17 号车钩缓冲装置组装于车体牵引梁内，并由车钩托梁、尾销托梁、尾框托梁和安全托板托起，具有提杆装置和防跳插销等零部件。其中，尾销托梁可防止钩尾销从钩尾框和车钩的尾销孔中脱出。

17 号车钩采用钥匙孔形车钩提杆座，设置钩提杆拉簧，安装防跳插销。

活动 4.1.2 缓冲器

1. MT-2 型、MT-3 型缓冲器

MT-2 型、MT-3 型缓冲器都是弹簧摩擦式缓冲器。MT-2 型与 MT-3 型缓冲器的结构和外形尺寸完全相同。MT-2 型缓冲器是根据我国铁路重载运输的需要，在总结国内外缓冲器研究、设计、制造、运用经验的基础上研制的全钢摩擦式缓冲器，用于大秦线的运煤专用敞车上，我国 70 t 级货车也采用了 MT-2 型缓冲器。MT-3 型缓冲器容量为 45 kJ，可装用于部分通用敞车、棚车、平车等。下面以 MT-2 型缓冲器为例说明其结构特点和作用原理。

1）MT-2 型缓冲器的结构特点

MT-2 型缓冲器由摩擦机构、主系弹簧和箱体三部分组成。两楔块带动板的摩擦机构和圆柱形螺旋弹簧组成减振系统，箱体不直接承受摩擦作用。因此具有性能稳定、阻抗低、容量大、使用寿命长、检修方便等特点。

MT-2 型缓冲器主要由下列 13 种零部件组成：1 个箱体、2 个角弹簧座、4 个角弹簧、1 个外圆弹簧、1 个内圆弹簧、1 个弹簧座、1 个复原弹簧、2 个动板、2 个外固定板、2 个固定斜板、2 个楔块、1 个中心楔块、2 个铜条，如图 4-8、图 4-9 所示。

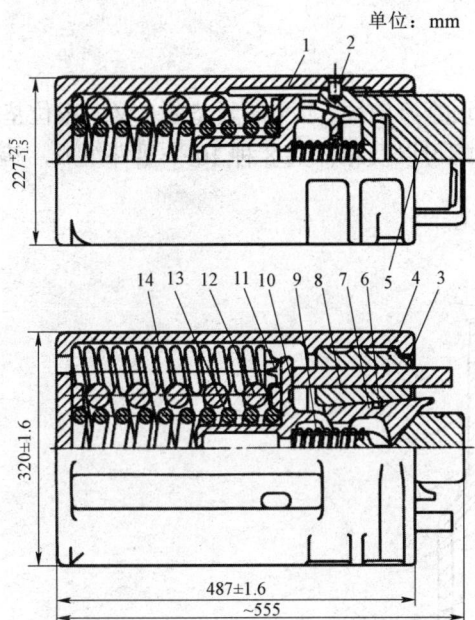

1—箱体；2—销子；3—外固定板；4—动板；5—中心楔块；
6—铜条；7—楔块；8—固定斜板；9—复原弹簧；
10—弹簧座；11—角弹簧座；12—外圆弹簧；
13—内圆弹簧；14—角弹簧。

图 4-8　MT-2 型缓冲器的结构

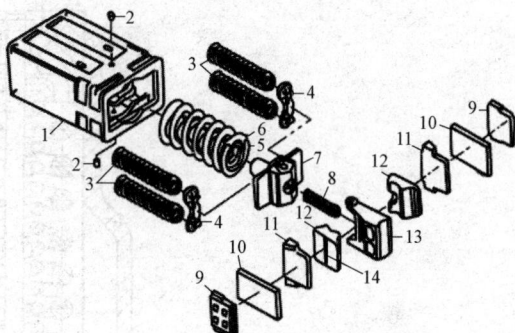

1—箱体；2—销子；3—角弹簧；4—角弹簧座；
5—内圆弹簧；6—外圆弹簧；7—弹簧座；8—复原弹簧；
9—外固定板；10—动板；11—固定斜板；12—楔块；
13—中心楔块；14—铜条。

图 4-9　MT-2 型缓冲器爆炸图

2）MT-2 型缓冲器的作用原理

MT-2 缓冲器的摩擦机构分为两组，第一组摩擦机构由两个形状相同并带有三个倾斜角的楔块、中心楔块、固定斜板和弹簧座组成。中心楔块承受来自从板的冲击力，楔块沿着固定斜板、中心楔块和弹簧座的斜面滑动，固定斜板置于箱体口部两个凸肩之间不动。另一组摩擦机构由动板、固定斜板、外固定板组成。外固定板也置于箱体口部两个凸肩之间不动。动板沿着固定斜板、外固定板的平面滑动。

主系弹簧由 1 个外圆弹簧、1 个内圆弹簧和 4 个角弹簧组成，主系弹簧有较大刚度。复原弹簧置于中心楔块和弹簧座之间，用来冲击后辅助中心楔块恢复原位，防止摩擦机构产生卡滞。楔块上压有铜条，起固体润滑作用，对防止摩擦机构产生卡滞起积极作用。在冲击过程中，冲击力所做功的一部分转化为缓冲器主系弹簧的弹簧能，另一部分转化为摩擦机构的摩擦功。冲击后，主系弹簧的弹簧能一部分消耗在摩擦机构复原过程中产生的摩擦功上，剩下的一部分传给从板，从而使缓冲器通过吸收冲击动能，起到降低作用在车辆上的冲击力的作用。

3）MT-2、MT-3 型缓冲器零部件的通用性和性能参数

零部件通用说明：箱体、外圆弹簧、内圆弹簧为专用件；其他零部件为 MT-2、MT-3 型缓冲器的通用件。

性能参数的区别：容量，MT-2 型为 54～65 kJ，MT-3 型不小于 45 kJ；最大阻抗力，MT-2 型为 2 000～2 300 kN，MT-3 型不大于 2 000 kN。

131

2. ST 型缓冲器

1）ST 型缓冲器的结构特点

ST 型缓冲器由 1 个压缩楔块（又叫推力锥）、3 块摩擦楔块、1 个压紧垫圈（又叫限位垫圈）、1 个外圆弹簧、1 个内圆弹簧、1 根拉紧螺栓、螺母以及箱体共 8 种 10 个零件组成，其结构如图 4-10 所示。

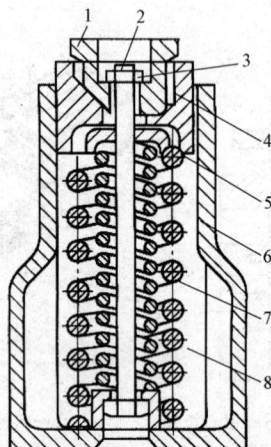

1—压缩楔块；2—拉紧螺栓；3—螺母；4—摩擦楔块；5—压紧垫圈；6—箱体；7—外圆弹簧；8—内圆弹簧。

图 4-10　ST 型缓冲器的结构

2）ST 型缓冲器的作用原理

当压缩楔块受到冲击时，3 块摩擦楔块沿着箱体口部的斜面向里移动，将一部分冲击动能转化为热能而消散。同时，压紧垫圈受到摩擦楔块的压缩而压缩内圆弹簧和外圆弹簧，将另一部分冲击动能转化为圆弹簧的势能储存下来。当冲击动能消除时，圆弹簧储存的势能又推动压缩楔块和摩擦楔块向外移动。这样就通过摩擦楔块与箱体口部斜面的摩擦，将圆弹簧的势能转化为热能而消散，从而达到缓和冲击的目的。

活动 4.1.3　思考练习

1. 13 号系列上作用式车钩由哪些配件组成？

2. 17 号车钩由哪些配件组成？

3. MT-2 型缓冲器有哪些结构特点？

【考核评价】

1. 综合评价表（见表 4-1）

表 4-1　综合评价表

序号	考核项目	总分	评分标准	自评分	互评分	教师评分	综合评分
1	课前知识查阅、调研完成情况	20	（1）调研货车使用的车钩型号。 （2）调研货车使用的缓冲器型号				
2	课中参与及协作沟通表现	20	（1）学生积极举手回答问题。 （2）学生普遍具有问题意识，敢于质疑问难，敢于发表不同见解。 （3）学生善于倾听、理解他人发言，并能及时抓住要点。 （4）合作学习适时有效，目标达成度高				
3	对货车车钩缓冲装置的结构、工作原理的掌握情况	50	（1）掌握 13 号、13A 型、13B 型、16 号、17 号车钩的结构。 （2）掌握车钩三态。 （3）掌握缓冲器的结构和工作原理				
4	思政方面	10	（1）理解"安全第一"的重大意义。 （2）提高安全意识，增强安全责任心。 （3）培养严谨的工作态度				

2. 教师评价建议

_____

_____

_____

_____

_____

_____

_____

_____

_____

_____

_____

_____

任务 4.2 分解检查货车 13A 型车钩作业

【任务描述】

货车连接装置目前主要使用 13 型系列车钩，它是车辆的重要部件，在机车与车辆、车辆与车辆之间起着连挂作用，并在列车运行中传递牵引力和缓解冲击力，在车辆运输中起着非常重要的作用。由于车辆运行中车钩承受复杂的冲击力，对车钩配件造成了很大的影响，所以车钩在运用过程中会出现各种故障。为了确保运行车辆的安全，检修人员需按照检修车钩的质量标准，依照规范的操作程序进行车钩缓冲装置检修作业。

通过实训教学，学生需完成以下任务：

① 整体检查 13A 型车钩装置，判断其工作状态是否正常。

② 分部件检查 13A 型车钩缓冲装置，判断其工作状态是否正常。

③ 正确填写记录单。

在整个作业过程中，应遵循现场工作管理规范。

【学习目标】

知识目标	1. 掌握 13A 型车钩故障的检查方法； 2. 掌握车钩故障的处理方法； 3. 掌握运用货车车钩的技术要求及尺寸限度
能力目标	1. 培养学生的动手能力； 2. 培养学生正确的检查技能； 3. 培养学生理论与实践相结合的运用能力
素质目标	培养学生提高安全意识及吃苦耐劳的素质

【导 入】

13A 型车钩钩头配件的作用如下。

1. 钩舌

在钩舌销孔处铸有护销突缘，尾部上下铸有牵引突缘和上下冲击突肩，在闭锁位置时，与钩锁腔内相应突缘配合，使牵引力或冲击力直接由钩舌传给钩体。尾部上面设一圆弧，方便从全开位置到闭锁位置过程中便于钩锁顺利下滑成闭锁位。在钩舌尾部侧面有一台阶，称为钩锁承台，在闭锁位置时供钩锁坐落之用。

2. 钩锁铁

钩锁铁背部有上锁销杆作用槽及上锁销杆转轴，供连挂钩锁铁之用。钩舌侧面有侧坐锁面，前面有前坐锁面，后面有后坐锁面，闭锁位置分别与钩舌尾部顶面、钩舌的钩锁承台、钩舌推铁的锁座相配合。钩锁铁前部有全开回转支点。钩锁铁腿部有一个开锁坐锁面和一个椭圆下锁销轴孔。

3. 钩舌推铁

横放在钩锁腔内，有回转支轴插入钩舌推铁孔内，起到转轴作用。钩舌推铁的作用是推动钩舌张开并达到全开位置。

4. 上锁销组成

13A 型车钩的上锁销组成包括上锁提、上锁销和上锁销杆。上锁提上部有定位突檐，可控制上锁销下落位置，并防止杂物进入。

13A 型车钩的上锁销组成将原上锁销组成的两连杆机构更改为三连杆机构，并利用车钩钩腔空间，呈反 Z 形，较原上锁销组成增强了防跳性能。

【活 动】

活动 4.2.1 准备工作

1. 安全准备

穿戴好个人防护用品，准备好安全防护号志（脱轨器、红灯或防护信号旗）。

2. 工具、材料准备（见表 4-2、表 4-3）

表 4-2 工具的准备

序号	名称	规格	数量	备注
1	防护信号旗		1 面	
2	手锤	1 kg	1 把	
3	检测样板		1 套	
4	小撬棍		1 根	
5	秒表		3 只	
6	毛刷		1 支	

表 4-3 材料的准备

序号	名称	规格	数量	备注
1	圆开口销	$\phi 4$ mm	1 个	
2	圆开口销	$\phi 8$ mm	1 个	
3	钩锁铁	13A 型	1 个	
4	钩锁销	13A 型	1 个	
5	钩舌	13A 型	1 个	
6	润滑油		1 桶	

3. 技术准备

要求学生掌握 13A 型车钩的结构、工作原理、运用规章、限度要求。

活动 4.2.2　分解检查货车 13A 型车钩作业过程与要求

分解检查货车 13A 型车钩作业过程与要求如表 4-4 所示。

表 4-4　分解检查货车 13A 型车钩作业过程与要求

序号	工步	作业内容与要求	图示
1	作业准备	（1）发现车钩配件故障需更换。 （2）准备工具、材料、配件时，须检查确认其状态良好。 （3）取送工具、材料、配件横过线路和道口时，注意瞭望机车、车辆，执行"一站、二看、三确认、四通过"制度。 （4）插设安全防护号志，并确认安全	
2	分解车钩配件	（1）提动钩提杆，使车钩呈开锁位	
		（2）拆除开口销，拔出钩舌销	
		（3）卸下钩舌，放于地面	
		（4）依次卸下钩锁铁、上锁销组成、钩舌推铁。 **注意**：在分解车钩配件的过程中，配件不能自由落地，避免砸伤，注意人身安全	

序号	工步	作业内容与要求	图示
3	清扫、检查、涂抹二硫化钼耐磨剂	（1）对钩腔及车钩配件进行清扫	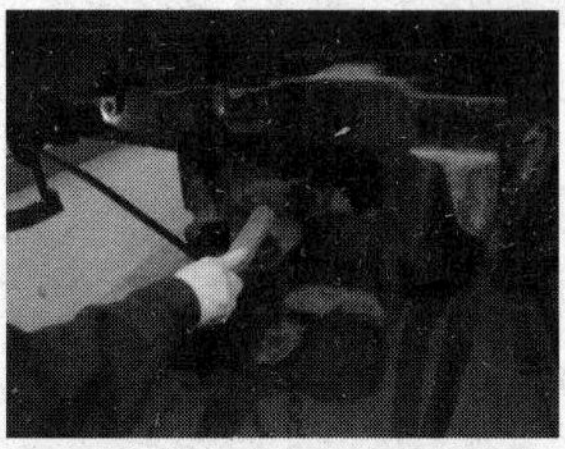 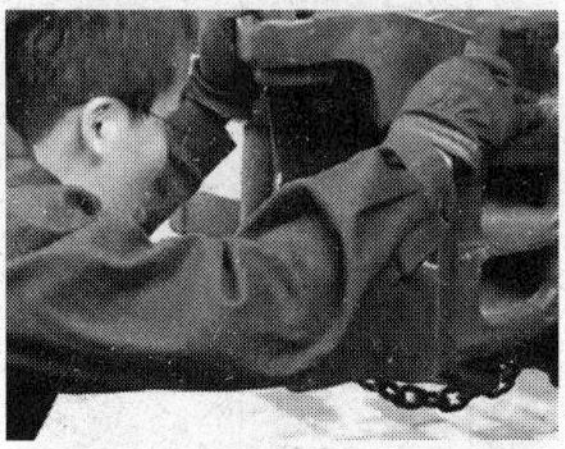 
		（2）对钩腔及车钩配件进行检查，确认各部状态良好	
		（3）在钩舌尾部及钩锁铁组成的工作面、钩腔内部涂抹二硫化钼耐磨剂	

续表

序号	工步	作业内容与要求	图示
4	组装车钩配件	（1）依次装入钩舌推铁、上锁销组成、钩锁铁、钩舌、钩舌销、开口销。 （2）开口销双向劈开角度为 $60°\sim70°$。 注意：组装车钩配件的过程中，配件不能自由落地，防止砸伤，注意人身安全	  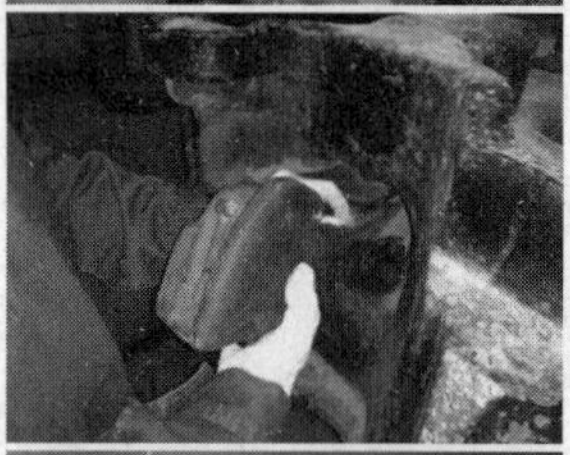    

续表

序号	工步	作业内容与要求	图示
5	试验三态作用	（1）车钩组装完毕后，试验车钩三态作用，开锁位量、闭锁位量、全开位置均应良好。 （2）测量闭锁位、全开位距离：闭锁位不大于 132 mm，全开位不大于 247 mm	
6	质量检查和确认	（1）各配件不得漏装，车钩三态作用良好。 （2）钩舌与钩碗内侧距离闭锁位不大于 135 mm，全开位不大于 250 mm。 （3）钩提链松余量 45～55 mm。 （4）圆销开口销两边劈开夹角为 60°～70°	
7	清理现场场地	故障处理完毕后，将工具、材料、配件及时收回，放在定置存放处	

活动 4.2.3　思考练习

1. 说明 13A 型车钩的构造及三态作用。
2. 简述 13A 型车钩的分解检查作业过程。

【考核评价】

1. 综合评价表（见表 4-5）

表 4-5　综合评价表

考核要求时间：_____

操作开始时间：_____　　　　　　　　　操作结束时间：_____

序号	考核内容	考核要点	总分	评分标准	扣分	得分
1	作业时间	作业时间 3 min	10	每超 2 s 扣 1 分，不足 2 s 按 2 s 计算		
2	作业过程	（1）插设防护信号旗。 （2）提钩开锁。 （3）依次分解圆开口销，取出钩舌销、钩舌、钩锁铁、上锁销组成、钩舌推铁。 （4）所有配件落地检查（锤击为准）。 （5）清扫钩腔，转动部位涂二硫化钼，依次安装各部配件。 （6）落成检查，测量闭锁位、开锁位距离，试三态。 （7）撤除防护信号旗	30	（1）防护信号旗未展开，扣 2 分；落地未重插，扣 5 分。 （2）作业顺序颠倒，每次扣 3 分。 （3）配件未落地，每件扣 2 分；配件未用锤检查，扣 5 分。 （4）钩腔内部未清扫（口述），扣 2 分；转动部位未涂二硫化钼，每处扣 2 分。 （5）漏装配件，每件扣 10 分。 （6）闭锁位、全开位测量未做，各扣 5 分；测量错误，扣 3 分。 （7）三态少试一态，扣 5 分；试验方法错误，每态扣 2 分。 （8）未做落成检查，扣 5 分。 （9）工具未撤出钢轨外侧，每件扣 2 分；防护信号旗未撤除，扣 10 分		

续表

序号	考核内容	考核要点	总分	评分标准	扣分	得分
3	作业质量	（1）三态试验作用良好。 （2）闭锁位、全开位限度符合要求。 （3）开口销角度符合要求（60°～70°）。 （4）钩提杆松余量符合要求	50	（1）钩提杆松余量不符合要求，扣5分。 （2）闭锁位、全开位距离超限，各扣10分。 （3）开口销角度不标准，扣5分。 （4）上锁销开口销未包卷，扣2分		
4	安全及其他	（1）认真做好工具、设备的使用与维护工作。 （2）按规定插、撤安全防护号志。 （3）按规定穿戴个人防护用品	10	（1）未按规定佩带工具及穿戴个人防护用品，每件扣5分。 （2）工具损坏，每件扣4分；工具未放回指定地点，每件扣2分。 （3）作业过程中碰伤出血，扣5分。 （4）抛扔钩舌，扣10分		
	合计		100			

否定项：若发生下列情况之一，则应及时终止实训，成绩记为零分。

① 未插设防护信号旗即进行作业。

② 受伤不能继续操作。

③ 作业时间超过 4 min。

④ 车钩三态作用不良。

2. 教师评价建议

任务 4.3　分解检查货车 17 号车钩作业

【任务描述】

目前，C$_{70}$、C$_{80}$ 车型的货车连接装置主要用 17 号车钩。因车钩在运用过程中会出现故障，所以检修人员需依据作业指导书的规范标准，进行中间车钩缓冲装置检查作业。通过实训教学，学生需完成以下任务：

① 整体检查 17 号车钩缓冲装置，判断其工作状态是否正常。

② 分部件检查 17 号车钩缓冲装置，判断其工作状态是否正常。

③ 正确填写记录单。

在整个作业过程中，应遵循现场工作管理规范。

【学习目标】

知识目标	1. 掌握车钩故障的检查方法； 2. 掌握处理车钩故障的方法； 3. 掌握运用货车车钩的技术要求及运用限度
能力目标	1. 培养学生的动手能力； 2. 培养学生正确的检查技能； 3. 培养学生理论与实践相结合的运用能力
素质目标	培养学生提高安全意识及吃苦耐劳的素质

【导　入】

17 号车钩是重型车辆的主型车钩，其特点是：连挂间隙小，改善了列车纵向动力学性能；车钩具有连锁和防脱功能，提高了连挂安全性能；采用了 E 级铸钢制造，结构强度高，有良好的耐磨性；钩锁铁上装有止动块，可防止翻车机在作业时车钩自动解锁。

检修 17 号车钩时，有下列情况之一的，需要更换、维修相应的配件：

① 钩头、钩舌有裂纹的；

② 破损或者零件丢失的；

③ 具有过度锈蚀、磨耗超限影响车钩性能的；

④ 目视可见配件扭曲或弯曲的；

⑤ 开口销丢失的；

⑥ 三态作用性能检查作用不良的。

【活　动】

活动 4.3.1　准备工作

1. 安全准备

穿戴好个人防护用品，准备好安全防护号志（脱轨器、红灯或防护信号旗）。

2. 工具、材料准备（见表 4-6、表 4-7）

表 4-6　工具的准备

序号	名称	规格	数量	备注
1	防护信号旗		1 面	
2	手锤	1.5 镑	1 把	
3	检测样板		1 套	
4	小撬棍		1 根	
5	秒表		3 只	
6	毛刷		1 支	

表 4-7　材料的准备

序号	名称	规格	数量	备注
1	圆开口销	$\phi 4$ mm	1 个	
2	圆开口销	$\phi 8$ mm	1 个	
3	钩锁铁	17 号	1 个	
4	钩锁销	17 号	1 个	
5	钩舌	17 号	1 个	
6	润滑剂	二硫化钼	1 桶	

3. 技术准备

要求学生掌握 17 号车钩的结构、工作原理、运用规章、限度要求。

活动 4.3.2　分解检查货车 17 号车钩作业过程与要求

分解、组装 17 号车钩钩头配件

分解检查货车 17 号车钩作业过程与要求如表 4-8 所示。

表 4-8　分解检查货车 17 号车钩作业过程与要求

序号	工步	作业内容与要求	图示
1	作业准备	（1）发现车钩配件故障需更换。 （2）准备工具、材料、配件时，须检查确认其状态良好。 （3）取送工具、材料、配件横过线路和道口时，注意瞭望机车、车辆，执行"一站、二看、三确认、四通过"制度。 （4）插设安全防护号志，并确认安全	
2	分解车钩配件	（1）拔出车钩防跳插销，卸下开口销，提动钩提杆，使车钩呈开锁位	
		（2）拔出钩舌销	
		（3）卸下钩舌，放于地面	
		（4）依次将钩锁铁组成、钩舌推铁、下锁销组成、下锁销转轴分别卸下。卸下锁销转轴时，向上转动钩提杆，当下锁销转轴凸起部与下锁销转轴孔成一平面时，迅速将下锁销转轴拽出，轻放于地面。 **注意**：在分解车钩配件的过程中，配件不能自由落地，避免砸伤，注意人身安全	
3	清扫、检查、涂二硫化钼耐磨剂	（1）对钩腔及车钩配件进行清扫	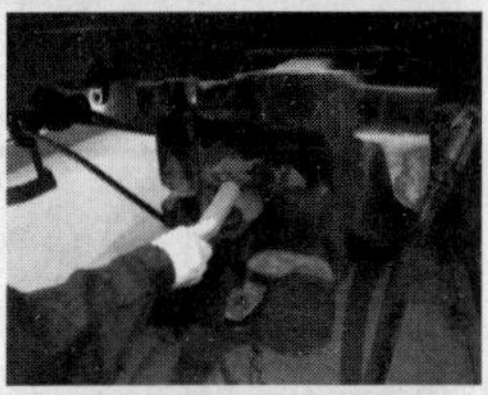 

143

续表

序号	工步	作业内容与要求	图示
3	清扫、检查、涂二硫化钼耐磨剂	（2）对钩腔及车钩配件进行检查，确认各部状态良好。 （3）在钩舌尾部及钩锁铁组成的工作面，涂抹二硫化钼耐磨剂	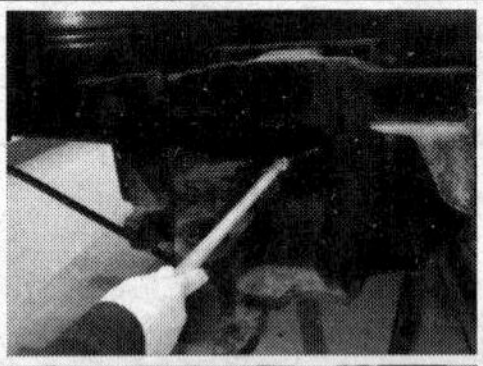 
4	组装车钩配件	（1）依次装入下锁销转轴、下锁销组成、钩舌推铁、钩锁铁组成、钩舌、钩舌销、开口销。 （2）开口销双向劈开角度为60°～70°。 **注意**：在组装车钩配件的过程中，配件不能自由落地，防止砸伤，注意人身安全	 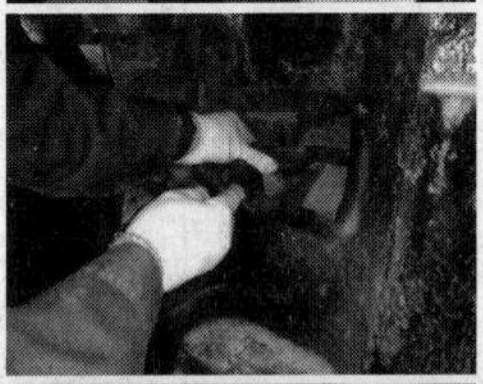 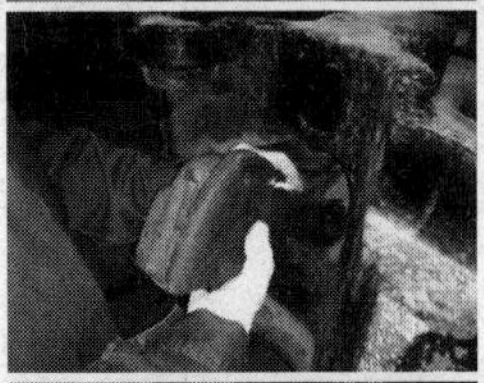 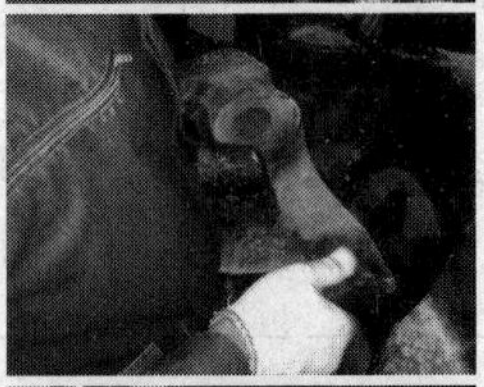  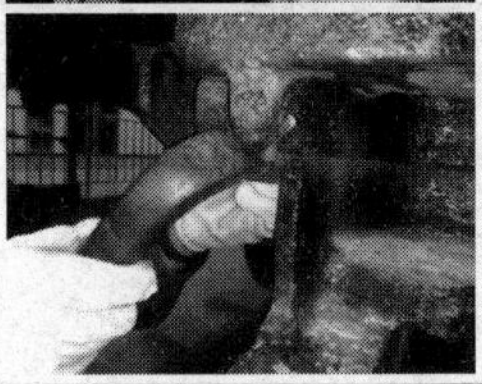

续表

序号	工步	作业内容与要求	图示
5	试验三态作用	（1）车钩组装完毕后，试验车钩三态作用：开锁位置、闭锁位置、全开位置均良好。 （2）测量闭锁位、全开位距离：闭锁位≤100 mm、全开位≥219 mm	
6	插设防跳插销	三态作用试验完毕后，将防跳插销插入防跳插销孔内	
7	质量检查和确认	值班主任或工长现场组织指挥，负责指导及质量检查和确认	
8	清理现场场地	故障处理完毕后，将工具、材料、配件及时收回，放在定置存放处	

活动 4.3.3　思考练习

1. 写出 17 号车钩的组成及作用。
2. 简述分解 17 号车钩的作业过程。
3. 17 号车钩在运用中有哪些限度要求？

【考核评价】

1. 综合评价表（见表 4-9）

表 4-9　综合评价表

考核要求时间：_____

操作开始时间：_____　　　　　　操作结束时间：_____

序号	考核内容	考核要点	总分	评分标准	扣分	得分
1	作业时间	作业时间 4 min	10	每超 4 s 扣 1 分，不足 4 s 按 4 s 计算		
2	作业过程	（1）插设防护信号旗。 （2）提钩开锁。 （3）依次卸下开口销，拔出钩舌销，取出钩舌、锁铁组成、钩舌推铁、下锁销组成、下锁销转轴。 （4）所有配件落地检查（以锤击为准）。 （5）清扫钩腔，转动部位涂二硫化钼，依次安装各部配件。 （6）落成检查，测量闭锁位、全开位距离，试三态。 （7）撤除防护信号旗	30	（1）防护信号旗未展开，扣 2 分；防护信号旗落地后未重插，扣 5 分。 （2）作业顺序颠倒，每次扣 3 分。 （3）配件未落地，每件扣 2 分；配件用锤检查，扣 5 分。 （4）钩腔内部未清扫（口述），扣 2 分；转动部位未涂二硫化钼，每处扣 2 分。 （5）漏装配件，每件扣 10 分。 （6）闭锁位、开锁位未测量，各扣 5 分；测量错误，扣 3 分。 （7）三态作用试验每少试一态，扣 5 分；试验方法错误，每态扣 2 分。 （8）未做落成检查，扣 5 分。 （9）工具未撤出钢轨外侧，每件扣 2 分；防护信号旗未撤除，扣 10 分		

145

续表

序号	考核内容	考核要点	总分	评分标准	扣分	得分
3	作业质量	（1）三态作用试验良好。 （2）闭锁位、全开位限度符合要求。 （3）开口销角度符合标准（60°～70°）	50	（1）下锁销装置安装不良，扣10分。 （2）闭锁位、全开位距离超限，各扣10分。 （3）钩舌开口销角度不标准，扣5分。 （4）各摩擦部位未涂二硫化钼，缺少一处每处扣5分		
4	安全及其他	（1）认真做好工具、设备的使用与维护工作。 （2）按规定插、撤安全防护号志。 （3）按规定穿戴个人防护用品	10	（1）未按规定佩带工具及穿戴个人防护用品，每件扣5分。 （2）工具损坏，每件扣4分；工具未放回指定地点，每件扣2分。 （3）作业过程中碰伤出血，扣5分。 （4）抛扔钩舌，扣10分		
	合计		100			

否定项：若发生下列情况之一，则应及时终止实训，成绩记为零分。
① 未插设防护信号旗即进行作业。
② 受伤不能继续操作。
③ 作业时间超过 5 min。
④ 车钩三态作用不良。

2. 教师评价建议

任务 4.4　车钩高度及互钩差测量、调整作业

【任务描述】

《铁路货车运用检修规程》规定：车钩中心线距轨面高度最高不得大于 890 mm；最低空车不小于 835 mm，重车不小于 815 mm。车列中相互连接的车钩互钩差（如图 4-11 所示）不得超过 75 mm，超过时就可能使车钩在列车运行中出现垂直方向脱钩，造成车钩自动分离事故，影响行车安全。车辆运行中车钩承受复杂的冲击力，对车钩配件造成了很大的影响，导致车钩在运用过程中易出现故障。为了确保运行车辆的安全，检修人员需依据检修车钩质量标准，按照规范的操作程序进行车钩高度及互钩差的测量、调整作业。通过实训教学，学生需掌握以下内容：

① 货车车钩构造、作用及车钩运用质量要求。

② 调整车钩互钩差检修作业质量要求和限度要求。

图 4-11　车钩互钩差

在整个作业过程中，应遵循现场工作管理规范。

【学习目标】

知识目标	1. 掌握车钩高度测量、互钩差检查方法； 2. 掌握处理互钩差故障的方法； 3. 掌握运用货车车钩的技术要求及运用限度
能力目标	1. 培养学生的动手能力； 2. 培养学生正确的检查技能； 3. 培养学生理论与实践相结合的运用能力
素质目标	培养学生提高安全意识及吃苦耐劳的素质

【导　入】

调整货车车辆互钩差，首先就要测量两个车钩的中心高度，要求每一侧车钩的高度须符合车钩中心高度限界要求，如果有一侧车钩高度不符合限界要求，则首先调整不符合要求的

车钩高度。超高车钩则拆车钩支承座尼龙垫板；超低车钩则增加车钩支承座尼龙垫板，直至两个车钩的互钩差符合要求为止。

【活　动】

活动 4.4.1　准备工作

1. 安全准备

穿戴好个人防护用品，准备好安全防护号志（脱轨器、红灯或防护信号旗）。

2. 工具、材料准备（见表 4-10）

表 4-10　工具、材料的准备

序号	名称	规格	数量	备注
1	防护信号旗		1 面	
2	车钩高度检查尺		1 把	
3	直尺	300 mm	1 把	
4	记录纸、笔		若干	
5	液压镐	20 t	1 套	
6	顶镐垫板		1 块	
7	顶筒		1 只	
8	尼龙垫板	各种型号	各一块	
9	撬棍		1 根	
10	防滑垫		2 块	

3. 技术准备

要求学生掌握 17 号车钩的结构、运用规章、限度要求。

活动 4.4.2　车钩高度及互钩差测量、调整作业过程与要求

货车车钩高度及互钩差测量

车钩高度及互钩差测量、调整作业过程与要求如表 4-11 所示。

表 4-11　车钩高度及互钩差测量、调整作业过程与要求

序号	工步	作业内容与要求	图示
1	设置安全防护号志	插防护信号旗，设置安全防护号志	
2	故障判断	现场发现车钩互钩差超限时，要根据具体故障情况进行判断和处理	
		（1）17 号车钩支撑弹簧压死故障。 　　检车员检查发现 13A 型与 17 号车钩连接互钩差超限情况，如果是由于 17 号车钩支承座弹簧压死未复位、钩头下垂造成的，检车员需用撬棍对车钩支承座上支撑弹簧检查孔进行撬别，做复位处理	 
		（2）17 号车钩高度（尼龙垫板）故障。 　　当 17 号车钩支承座为尼龙垫板时，可更换不同厚度车钩支承座尼龙垫板进行车钩高度调整	
		（3）17 号车钩高度（钢制垫板）故障。 　　当 17 号车钩支承座为钢制垫板时，需扣车做站修处理	
3	作业准备	（1）接到检修通知后，一号故障专修人员到工具室取调整钩高专修工具及车钩高度检查尺，二号故障专修人员到材料库领取车钩尼龙垫板。 （2）在待检室门前集合整队出发，到达作业地点。途中横过线路和道口时，注意瞭望机车、车辆，执行"一站、二看、三确认、四通过"制度。 （3）作业前确认车列两端设有防护信号旗，无防护信号旗时禁止作业	

序号	工步	作业内容与要求	图示
4	测量车钩高度或互钩差	一号故障专修人员使用车钩高度检查尺测量车钩高度，根据现车高度计算需加装或撤除尼龙垫板的厚度	
5	安装工具	（1）一号故障专修人员将顶镐进行组装，二号专修人员在车轮处安止轮器。 一号故障专修人员在冲击座与钩肩之间的钩身下部架设顶镐，架设时镐垫要平稳，镐顶部应加装防滑垫。 （2）二号故障专修人员扳转手柄，起镐将车钩抬高。 注意：架设顶镐时不得歪斜，应安设镐垫，防止蹦镐伤人	
6	更换车钩支承座尼龙垫板	一号故障专修人员待车钩达到所需高度后，更换不同厚度的车钩支承座尼龙垫板，调整车钩高度。 注意：严禁将手伸入钩身与摇动座之间	
7	撤除工具	一号故障专修人员撤除液压镐及防滑垫，并测量车钩高度，互钩差应符合规定	
8	质量检查和确认	（1）工长通知值班室联系车站进行车辆连接，复查维修质量，检查互钩差，不得大于 75 mm；目视车钩，钩身上部距冲击座间距不得小于 10 mm。 （2）进行车钩三态作用试验，须符合要求，测量钩提链量为 45～55 mm	
9	工具、配件回收	一号故障专修人员清点工具并装箱，收起车钩高度检查尺，二号故障专修人员携带更换后的车钩支承座尼龙垫板，列队归所，分别将工具和更换后的车钩支承座尼龙垫板送至工具室和材料库	
10	撤除安全防护号志	撤掉防护信号旗	

活动 4.4.3　思考练习

1. 简述 13A 型车钩和 17 号车钩的构造、运用限度要求。
2. 简述分解 13A 型车钩的操作步骤。
3. 说明分解 17 号车钩的操作步骤。
4. 如何调整货车车钩互钩差？

【考核评价】

1. 综合评价表（见表 4-12）

表 4-12 综合评价表

考核要求时间：_____

操作开始时间：_____   操作结束时间：_____

序号	考核内容	考核要点	总分	评分标准	扣分	得分
1	作业时间	作业时间 20 min	10	每超 20 s 扣 1 分，不足 20 s 按 20 s 计算		
2	作业过程	（1）插设防护信号旗。 （2）确定两端钩舌中心线；测量两端车钩高度。 （3）提出两种以上处理意见。 （4）根据钩高进行实际处理。 （5）复测钩高，测量松余量。 （6）撤除防护信号旗	30	（1）防护信号旗未展开，扣 2 分；防护信号旗落地未重插，扣 5 分。 （2）作业顺序颠倒，每次扣 3 分。 （3）不知处理方法（口述），扣 10 分。 （4）工具未撤出钢轨外侧，每件扣 2 分。 （5）防护信号旗未撤除，扣 10 分。 （6）虽调整正确，但未进行复测，扣 20 分。 （7）钩提杆松余量未测量，各扣 5 分		
3	作业质量	（1）车钩两端高度符合技术要求。 （2）车钩三态作用良好	50	（1）两端互钩差超限，每差 2 mm 扣 5 分。 （2）车钩三态未试验，每态扣 5 分。 （3）松余量不足未发现，扣 20 分。 （4）车钩两端高度不符合技术要求，扣 20 分		
4	安全及其他	（1）认真做好工具、设备的使用与维护工作。 （2）按规定插、撤安全防护号志。 （3）按规定穿戴个人防护用品	10	（1）未按规定佩带工具及穿戴个人防护用品，每件扣 5 分。 （2）工具损坏，每件扣 4 分；工具未放回指定地点，每件扣 2 分。 （3）作业过程中碰伤出血，扣 5 分。 （4）镐底安放不平，扣 10 分。 （5）顶镐未装防滑垫，扣 5 分		
	合计		100			

否定项：若发生下列情况之一，则应及时终止实训，成绩记为零分。

① 未插设防护信号旗即进行作业。

② 未打止轮器。

③ 作业时间超过 25 min。

④ 受伤不能继续操作。

⑤ 车钩高度检查尺不会使用。

2. 教师评价建议

_____

_____

_____

_____

_____

项目 5

货车单车检查综合技能训练

【项目构架】

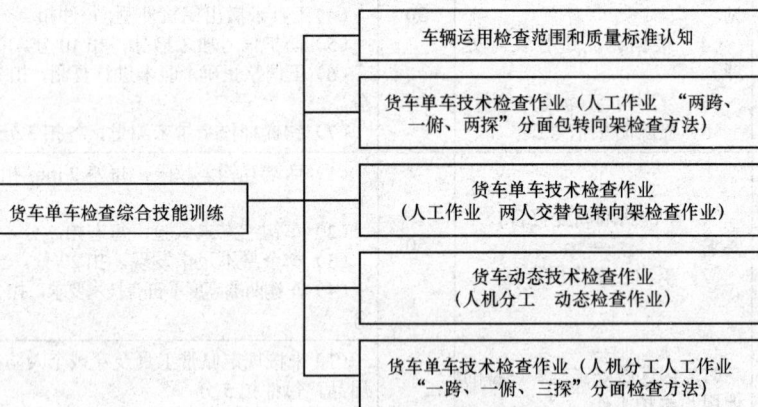

货车单车检查综合技能训练

- 车辆运用检查范围和质量标准认知
- 货车单车技术检查作业（人工作业 "两跨、一俯、两探"分面包转向架检查方法）
- 货车单车技术检查作业（人工作业 两人交替包转向架检查作业）
- 货车动态技术检查作业（人机分工 动态检查作业）
- 货车单车技术检查作业（人机分工人工作业 "一跨、一俯、三探"分面检查方法）

【项目引导】

目的要求

1. 掌握货车车辆运用检查范围和质量标准，掌握车辆运用各种限度。
2. 掌握单车技术检查人工检查方法技能。
3. 掌握货车动态技术检查操作技能。

重点与难点

重点：

1. 货车车辆运用检查范围和质量标准。
2. 货车车辆各部分的运用限度。
3. 单车技术检查人工检查方法技能。

难点：

1. 货车车辆运用检查范围和质量标准。
2. 单车技术检查人工检查作业技能。

【项目内容】

任务 5.1　车辆运用检查范围和质量标准认知

【任务描述】

对照技术规定要求，按照规定的步法、姿势、顺序进行实际检车，并明确时间规定、口述的范围及技术要求限度尺寸，为单车技术检查打下基础，为今后工作服务。通过实训教学，学生需掌握以下内容：

① 列车技术检查的作业范围和质量标准。

② 运用货车的运用限度要求。

【学习目标】

知识目标	1. 掌握列车技术检查的作业范围和质量标准； 2. 掌握货车的运用限度要求
素质目标	注重专业基础素质教育，激发学生的学习兴趣，提高学生的学习能力，增强学生理论联系实际的能力，培养学生的创新精神

【导　入】

列检作业场按货物列车的作业性质分为到达作业、始发作业、中转作业、通过作业。

① 到达作业：指对列检作业场所在车站到达列车进行的作业，实行人机分工检查方式，对铁路货车执行"人机分工 TFDS 动态检查范围和质量标准"和"到达列车人机分工人工检查范围和质量标准"。列检作业场接入列车进路无 TFDS 的，实行人工检查方式，对铁路货车按"人机分工 TFDS 动态检查范围和质量标准"和"到达列车人机分工人工检查范围和质量标准"范围执行。

② 始发作业：指对列检作业场所在车站始发列车进行的作业，实行人工检查方式，对铁路货车执行"始发列车检查范围和质量标准"。

③ 中转作业：指对列检作业场所在车站且处在列检作业安全保证距离位置上的中转列车进行的作业，实行人机分工检查方式，对铁路货车执行"人机分工 TFDS 动态检查范围和质量标准"和"中转列车人机分工人工检查范围和质量标准"。列检作业场接入列车进路无 TFDS 的，实行人工检查方式，对铁路货车执行"始发列车检查范围和质量标准"；对加挂的铁路货车，实行人工检查方式，执行"始发列车检查范围和质量标准"。

④ 通过作业：指对上述情况以外的货物列车利用 TFDS 进行的作业，实行动态检查方式，对铁路货车执行"通过作业 TFDS 动态检查范围和质量标准"。

【活　动】

活动 5.1.1　始发列车检查范围和质量标准

① 车轮轮缘垂直磨耗、内侧缺损不超限，踏面无碾堆，踏面擦伤、剥离、局部凹下、缺损、圆周磨耗不超限，轮缘厚度、轮辋厚度不超限；辐板孔边缘径向无裂纹，周向裂纹不超限；轮辋无破损。

② 滚动轴承无甩油，外圈、轴箱无破损，轴端螺栓无松动、脱出、丢失，前盖无丢失；承载鞍无破损、错位，转 K2 型转向架承载鞍顶面无金属碾出；侧架导框、副构架导框纵向与滚动轴承外圈无接触；轴箱橡胶垫无错位，轴箱橡胶垫中间橡胶与上下层板无错位；轴箱橡胶弹簧、轴箱纵向弹性垫无错位；轴承挡键无丢失，螺母无松动、丢失。

③ 摇枕、侧架、一体式构架、副构架无折断；副构架与连接杆连接用螺母及开口销无丢失；上心盘铆钉无折断，下心盘螺栓无折断，螺母、开口销无丢失，心盘无脱出；侧架立柱磨耗板、斜楔及主摩擦板无破损、窜出、丢失，侧架立柱磨耗板折头螺栓、铆钉无折断、丢失，摇枕斜楔摩擦面磨耗板无窜出；摇枕斜面磨耗板折头螺栓无丢失；旁承体无破损、丢失，双作用弹性旁承上旁承与下旁承尼龙磨耗板无间隙。旁承滚子或旁承尼龙支承板与上旁承磨耗板不得接触，旁承间隙不超限；交叉支撑装置盖板及交叉杆体无折断、变形，扣板螺栓、铆钉无丢失，安全索无丢失，交叉杆端部螺栓无松动、脱出、丢失；轴箱、摇枕及减振弹簧无折断、窜出、丢失；转向架弹簧托板、折头螺栓无折断，螺母及开口销无丢失。

④ 钩体无破损，牵引杆、钩尾框无折断；钩舌销及开口销无折断、丢失；钩锁锁腿无折断，下锁销组成配件无丢失、脱落；钩提杆座无裂损，螺母无丢失；钩提杆及复位弹簧无折断、丢失，钩提杆链松余量符合规定；两连接车钩中心水平线高度之差（以下简称互钩差）不超限，车列首尾端部车钩钩舌 S 面无裂损、三态作用试验良好；从板无折断、丢失，从板座、缓冲器、冲击座无破损，从板座及冲击座铆钉无折断、丢失；安全托板、钩尾框托板、钩尾销托梁螺母、开口销无丢失；钩尾销插托无错位，螺母无松动、丢失；钩尾销及安全吊螺母无松动、丢失，13 号、13A 型钩尾框安全吊螺栓开口销无丢失，13B 型钩尾框钩尾销螺栓开口销无丢失；车钩托梁无折断，螺栓、螺母无丢失；钩体支撑座、钩尾框托板、钩尾销托梁、从板、缓冲器箱体含油尼龙磨耗板无窜出；钩体支撑座止挡铁及螺母、铆钉无丢失；车钩防跳插销及吊链无丢失，插设良好。

⑤ 制动缸活塞制动、缓解作用良好，集成式制动装置制动缸活塞行程指示器显示制动、缓解位置正确；制动缸、副风缸、加速缓解风缸、容积风缸、降压风缸缸体无裂损、脱落、丢失，吊架无折断、脱落，吊架螺母无丢失；集成式制动装置制动缸连接软管无破损、脱落、丢失，制动缸安装座拉铆销套环无丢失，制动缸推杆及 β 型插销无丢失，制动缸活塞行程指示器、标志牌无丢失；制动阀中间体吊架螺母无丢失，制动阀防盗罩无脱落；制动主管、支管、连接管无折断，卡子及螺母、法兰螺母无丢失；空重车自动调整装置限压阀、调整阀、传感阀无破损、丢失，横跨梁无折断，螺母及开口销无丢失；制动软管、远心集尘器及组合式集尘器、缓解阀无破损、丢失，制动软管连接状态良好，制动软管吊链无丢失、挂钩与制

动软管无脱出，制动软管堵及吊链无丢失；缓解阀拉杆、空重车调整杆无折断、脱落、丢失，吊架无裂损、脱落，手动空重车位调整正确；缓解阀拉杆开口销无折断、丢失；折角塞门、直端塞门手把无关闭（列尾端未挂列尾装置的除外），折角塞门、直端塞门、截断塞门无破损，塞门手把无丢失，折角塞门、直端塞门卡子无丢失；闸瓦间隙自动调整器（以下简称闸调器）无破损，闸调器螺杆连接螺母防松垫圈及开口销无丢失，集成式制动装置闸调器控制杆螺母及锁紧螺母无松动、丢失；脱轨自动制动装置调节杆无折断，拉环无脱落，拉环与车轴无接触，拉环圆销无丢失，拉环无丢失，塞门手把无关闭（始发、中转作业故障时现场可不处理）。

⑥ 制动梁梁体、支柱无折断，支柱夹扣螺母无丢失，闸瓦托铆钉无丢失；制动梁吊无裂损，圆销及开口销无折断、丢失，转 K3 型转向架制动梁端头与闸瓦托组装开口销无折断、丢失；制动梁安全链无脱落；制动梁安装位置正确、无脱落；闸瓦及闸瓦插销无折断、丢失，闸瓦磨耗不超限、无碾出金属镶嵌物，闸瓦插销安装位置正确，闸瓦插销环无丢失；基础制动装置的各拉杆、杠杆、圆销及开口销无折断、丢失，固定杠杆支点座、固定杠杆支点、固定杠杆支点链蹄环、制动缸后杠杆支点及圆销、开口销无折断、丢失，拉铆销套环无丢失，拉杆、杠杆吊架无折断、脱落，制动缸后杠杆支点组装螺母无丢失；固定杠杆支点座拉铆钉无丢失；下拉杆安全吊或索无脱落、丢失，下拉杆下垂不超限。

⑦ 手制动机拉杆、拉杆链、轴链无折断、脱落，吊架无脱落，螺母无丢失，导向杆无卡滞，拉铆销套无丢失，附加杠杆、拉杆及圆销、开口销无丢失，附加杠杆座无脱落、丢失，轴链拉杆与车轴无接触；折叠式手制动机轴折页无折断，圆销及开口销无丢失，托架无折断；集成式制动装置手制动杠杆及销轴无丢失。

⑧ 中梁、侧梁、端梁、枕梁、横梁及牵引梁无折断，侧梁下垂、车体倾斜或外胀不超限；铁路货车车号自动识别标签无丢失。

⑨ 防火板无脱落、丢失；侧柱、角柱无裂损，敞车上端梁、上侧梁无折断；车门、端板、渡板折页及座无折断，圆销无丢失；底开门转轴开口销无折断、丢失；车门滑动轨道无折断，车门滑轮无脱出轨道，车门、车窗无脱落、丢失；墙板、门板、地板、浴盆板破损或腐蚀穿孔不超限；车门锁闭装置配件无破损、丢失；绳栓无折断，柱插无破损；脚蹬、车梯扶手、集装箱锁头、门挡及车端护栏无破损、折断、丢失，脚蹬、车梯扶手弯曲不超出车辆限界；罐车卡带无折断，紧固螺母及锁紧螺母无松动，圆销及开口销无丢失；罐体及阀无漏泄，人孔盖及安全阀无丢失，下卸式排油管、加热管及盖无脱落，罐体上部走板、防护栏无脱落、窜出。

⑩ 空车定检不过期（回送检修车除外）。

活动 5.1.2　人机分工 TFDS 动态检查范围和质量标准

① 车轮踏面、轮辋无缺损。

② 滚动轴承无甩油，外圈、轴箱无破损，前盖、轴端螺栓无丢失；承载鞍无错位，挡边无折断；轴箱橡胶垫中间橡胶与上下层板无错位；轴箱橡胶弹簧、轴箱纵向弹性垫无错位；轴承挡键无丢失，螺母无松动、丢失。

③ 摇枕、侧架、一体式构架、副构架无折断；下心盘螺栓无折断，螺母及开口销无丢失；心盘无脱出；交叉支撑装置盖板及交叉杆体无折断、明显变形，扣板螺栓、铆钉无丢失，安全索无丢失，交叉杆端部螺栓无丢失；轴箱、摇枕弹簧无折断、窜出、丢失；转向架弹簧托板、折头螺栓无折断，螺母及开口销无丢失。

④ 钩体、牵引杆、钩尾框无折断；钩舌销无折断、丢失，钩舌销开口销无丢失；钩锁锁腿无折断，下锁销组成配件无丢失、脱落；钩提杆及复位弹簧无折断、丢失；从板无折断、丢失，从板座、缓冲器无破损；安全托板、钩尾框托板、钩尾销托梁螺母、开口销无丢失；钩尾销插托无错位，螺母无松动、丢失；钩尾销及安全吊螺母无松动、丢失，13 号、13A 型钩尾框安全吊螺栓开口销无丢失，13B 型钩尾框钩尾销螺栓开口销无丢失；车钩托梁无折断，螺栓、螺母无丢失；钩体支撑座、钩尾框托板、钩尾销托梁、从板、缓冲器箱体含油尼龙磨耗板无窜出；钩体支撑座止挡铁及螺母或铆钉无丢失；车钩防跳插销及吊链无丢失，车钩防跳插销插设良好（到达作业故障时现场可不处理）。

⑤ 制动缸、副风缸、加速缓解风缸、容积风缸、降压风缸无脱落、丢失，吊架无脱落；制动阀防盗罩无脱落；制动主管、支管、连接管无折断，卡子及螺母、法兰螺母无丢失；空重车自动调整装置限压阀、调整阀无丢失，横跨梁无折断，螺母及开口销无丢失；制动软管、远心集尘器及组合式集尘器、缓解阀无丢失，制动软管连接状态良好，制动软管吊链无丢失、挂钩与制动软管无脱出，制动软管堵及吊链无丢失；缓解阀拉杆、空重车调整杆无折断、脱落、丢失；缓解阀拉杆开口销无折断、丢失，吊架无脱落；折角塞门、直端塞门手把无关闭（列尾端未挂列尾装置的除外），截断塞门手把无关闭，折角塞门、直端塞门手把及卡子无丢失；闸调器无破损，闸调器螺杆连接螺母防松垫圈及开口销无丢失；脱轨自动制动装置拉环无脱落、丢失，塞门手把无关闭（中转作业故障时现场可不处理）；集成式制动装置闸调器控制杆螺母及锁紧螺母无丢失，制动缸连接软管无脱落，制动缸安装拉铆销套环无丢失。

⑥ 制动梁梁体、支柱无折断，支柱夹扣螺母无丢失，闸瓦托下铆钉无丢失，制动梁、制动梁安全链无脱落；闸瓦无折断、丢失，磨耗不超限，闸瓦插销安装位置正确，闸瓦插销环无丢失；基础制动装置的各拉杆、杠杆、圆销及开口销无折断、丢失，固定杠杆支点座、固定杠杆支点、固定杠杆支点链蹄环、制动缸后杠杆支点及圆销、开口销无折断、丢失，拉铆销套无丢失，拉杆、杠杆吊架无折断、脱落，制动缸后杠杆支点组装螺母无丢失；固定杠杆支点座拉铆钉无丢失；下拉杆安全吊或索无脱落、丢失。

⑦ 手制动机拉杆、拉杆链、轴链无折断、脱落，吊架无脱落，导向杆无卡滞，拉铆销套无丢失，附加杠杆、拉杆及圆销、开口销无丢失，轴链拉杆与车轴无接触，折叠式手制动机轴无脱落；集成式制动装置手制动杠杆及销轴无丢失。

⑧ 横梁无折断；铁路货车车号自动识别标签无丢失。

⑨ 防火板无脱落、丢失；端板或渡板无脱落、丢失；地板、浴盆板无破损，罐车下卸式排油管、加热管及盖无脱落。

提示： TFDS 具备车体检查功能时还应检查：车门滑动轨道无折断，车门滑轮无脱出轨道；车门及车窗无脱落、丢失；车门折页及座无折断，圆销无丢失；车门锁闭装置配件无破损、丢失；墙板、门板无破损；罐车卡带无折断；脚蹬、车梯扶手及车端护栏无折断、丢失。

活动 5.1.3　中转列车人机分工人工检查范围和质量标准

① 车轮轮缘垂直磨耗、内侧缺损不超限；踏面无碾堆，踏面擦伤、剥离、局部凹下、缺损、圆周磨耗不超限；轮缘厚度、轮辋厚度不超限；辐板孔边缘径向无裂纹，周向裂纹不超限；轮辋无破损。

② 滚动轴承外圈、承载鞍无破损，轴端螺栓无松动、脱出，转 K2 型转向架承载鞍顶面无金属碾出；侧架导框、副构架导框纵向与滚动轴承外圈无接触，交叉杆端部螺栓无松动、脱出。

③ 装有弹簧托板的转向架摇枕、上心盘铆钉无折断；副构架与连接杆连接用螺母及开口销无丢失；侧架立柱磨耗板、斜楔及主摩擦板无破损、窜出、丢失，侧架立柱磨耗板折头螺栓、铆钉无折断、丢失，摇枕斜楔摩擦面磨耗板无窜出；摇枕斜面磨耗板折头螺栓无丢失；旁承体无破损、丢失，双作用弹性旁承上旁承与下旁承尼龙磨耗板无间隙，旁承滚子或旁承尼龙支承板与上旁承磨耗板不得接触，旁承间隙不超限；装有弹簧托板的转向架内侧摇枕弹簧、减振弹簧无折断、窜出、丢失。

④ 钩体无破损；钩提杆座无裂损，螺母无丢失，钩提杆链松余量符合规定；互钩差不超限；冲击座无破损，从板座及冲击座铆钉无折断、丢失；车列首尾端部车钩钩舌 S 面无裂损；三态作用试验良好。

⑤ 制动缸活塞制动、缓解作用良好；集成式制动装置制动缸活塞行程指示器显示制动、缓解位置正确；副风缸、加速缓解风缸、容积风缸、降压风缸缸体无裂损，吊架无折断，螺母无丢失；制动缸吊架无折断，螺母无丢失；集成式制动装置制动缸连接软管无破损，制动缸推杆及 β 型插销无丢失，制动缸活塞行程指示器、标志牌无丢失；制动阀中间体吊架螺母无丢失；制动主管卡子及螺母、法兰螺母无丢失；空重车自动调整装置限压阀、调整阀、传感阀无破损；制动软管、远心集尘器及组合式集尘器、缓解阀无破损，缓解阀拉杆、空重车调整杆吊架无裂损，手动空重车位调整正确；折角塞门、直端塞门、截断塞门无破损；脱轨自动制动装置调节杆无折断，拉环与车轴无接触，拉环圆销无丢失。

⑥ 制动梁闸瓦托铆钉无丢失；制动梁吊无裂损，圆销及开口销无折断、丢失，转 K3 型转向架制动梁端头与闸瓦托组装开口销无折断、丢失；制动梁安装位置正确；闸瓦上部无折断，闸瓦插销无折断、丢失，闸瓦磨耗不超限、无碾出金属镶嵌物；基础制动装置的固定杠杆支点座、固定杠杆支点、固定杠杆支点链蹄环、上拉杆、制动缸后杠杆支点及圆销、开口销无折断、丢失，拉铆销套环无丢失。

⑦ 手制动机附加杠杆座及圆销、开口销无丢失；折叠式手制动机轴折页无折断，圆销及开口销无丢失，托架无折断。

⑧ 中梁、侧梁、端梁、枕梁及牵引梁无折断；侧梁下垂、车体倾斜或外胀不超限。

⑨ 侧柱、角柱无裂损，敞车上端梁、上侧梁无折断；端板、渡板折页及座无折断，圆销无丢失；底开门转轴开口销无折断、丢失；墙板、门板破损或腐蚀穿孔不超限；绳栓无折断，柱插无破损；脚蹬、车梯扶手、集装箱锁头、门挡及车端护栏无破损、折断、丢失，脚蹬、车梯扶手弯曲不超出车辆限界；罐车卡带紧固螺母及锁紧螺母无松动，圆销及开口销无

丢失；罐体及阀无漏泄，人孔盖及安全阀无丢失，罐体上部走板、防护栏无脱落、窜出。

> **提示：** TFDS 不具备车体检查功能时还应检查：车门滑动轨道无折断，车门滑轮无脱出轨道；车门及车窗无脱落、丢失；车门折页及座无折断，圆销无丢失；车门锁闭装置配件无破损、丢失，罐车卡带无折断。

⑩ 空车定检不过期（回送检修车除外）。

⑪ 对铁路货车运行安全监控系统预报的故障进行确认和处置。

活动 5.1.4　到达列车人机分工人工检查范围和质量标准

① 车轮轮缘垂直磨耗、内侧缺损不超限；踏面无碾堆，踏面擦伤、剥离、局部凹下、缺损、圆周磨耗不超限；轮缘厚度、轮辋厚度不超限；辐板孔边缘径向无裂纹，周向裂纹不超限；轮辋无破损。

② 钩提杆座无裂损；侧柱、角柱无裂损，敞车上端梁、上侧梁无折断；端板、渡板折页及座无折断，圆销无丢失；底开门转轴开口销无折断、丢失；墙板、门板破损或腐蚀穿孔不超限；绳栓无折断，柱插无破损；脚蹬、车梯扶手、集装箱锁头、门挡及车端护栏无破损、折断、丢失，脚蹬、车梯扶手弯曲不超出车辆限界；罐车卡带无折断，紧固螺母及锁紧螺母无松动，圆销及开口销无丢失；罐体及阀无漏泄，人孔盖及安全阀无丢失，罐体上部走板、防护栏无脱落、窜出；车门滑动轨道无折断，车门滑轮无脱出轨道；车门及车窗无脱落、丢失；车门折页及座无折断，圆销无丢失；车门锁闭装置配件无破损、丢失。

③ 空车定检不过期（回送检修车除外）。

④ 对铁路货车运行安全监控系统预报的故障进行确认和处置。

活动 5.1.5　通过作业 TFDS 动态检查范围和质量标准

① 滚动轴承轴箱无破损；轴承前盖、轴端螺栓无丢失；承载鞍无错位。

② 摇枕、侧架、一体式构架、副构架无折断；心盘无脱出；交叉支撑装置盖板及交叉杆体无折断，交叉杆端部螺栓无丢失；轴箱、摇枕弹簧无丢失。

③ 钩尾框无折断；钩提杆无脱落；钩尾销插托无错位，螺母无丢失；钩尾销安全吊螺栓、螺母无丢失；车钩托梁无折断；安全托板、钩尾框托板、钩尾销托梁无脱落。

④ 折角塞门、直端塞门手把无关闭（列尾端未挂列尾装置的除外）。

⑤ 制动缸、副风缸、加速缓解风缸、容积风缸、降压风缸、缓解阀拉杆、脱轨自动制动装置拉环无脱落。

⑥ 制动梁、上拉杆、下拉杆无折断、脱落；制动梁支柱圆销、开口销、拉铆销套环无丢失；下拉杆圆销、开口销无丢失。

⑦ 手制动机轴链、折叠式手制动机轴无脱落。

⑧ 车门、端板、渡板无脱落；重车地板、浴盆板破损故障不影响行车安全。

活动 5.1.6　铁路货车运用限度

① 铁路货车车体部分的运用限度须符合表 5–1 的规定。

表 5–1　车体运用限度表　　　　　单位：mm

序号	名称		限度	备注
1	侧梁下垂	空车	≤40	在两枕梁之间测量
		重车	≤80	
2	敞车车体外胀	空车	≤80	
		重车	≤150	
3	车体倾斜		≤75	
4	端墙板、侧墙板、地板、门板、浴盆板破损或腐蚀穿孔		≤50×50	
5	棚车、平车非金属地板破损		≤100×100	

② 铁路货车转向架部分的运用限度须符合表 5–2 的规定。

表 5–2　转向架运用限度表　　　　　单位：mm

序号	名称		限度	备注
1	旁承同一转向架左右旁承间隙之和		2～20	铁路货车任何一侧旁承间隙须大于 0，载重 280 t 及以上铁路长大货物车须大于 2 mm
	双作用弹性上下旁承间隙		0	
2	双作用弹性旁承滚子或旁承尼龙支承板与上旁承间隙		>0	
3	各垂下品与轨面水平线垂直距离	钢轨内侧	≥60	钢轨上部垂下品不得小于 25 mm
		钢轨外侧	≥80	

③ 铁路货车轮轴部分的运用限度须符合表 5–3 的规定。

表 5–3　轮轴运用限度表

序号	名称		限度	备注
1	车轮轮辋厚度	无辐板孔	≥23 mm	
		有辐板孔	≥24 mm	
2	车轮轮缘厚度	棚车、集装箱平车、平车–集装箱共用车、小汽车运输专用车及 120 km/h 货物列车中的铁路货车	≥25 mm	
		其他	≥23 mm	3 轴及多轴转向架的中间轮对轮缘厚度列检可不掌握

续表

序号	名称		限度	备注
3	车轮轮缘垂直磨耗（接触位置）高度		≤15 mm	
4	车轮轮缘内侧缺损	长度	≤30 mm	
		宽度	≤10 mm	
5	车轮踏面圆周磨耗深度		≤8 mm	
6	车轮踏面擦伤及局部凹下深度		≤1 mm	
7	车轮踏面剥离长度	一处	≤50 mm	沿圆周方向测量，测量时规定如下： （1）两端宽度不足 10 mm 的，不计算在内。 （2）长条状剥离其最宽处不足 20 mm 的，不计算在内。 （3）两块剥离边缘相距小于 75 mm 时，每处长度不得超过 35 mm；多处长度小于 35 mm 的剥离，其连续剥离总长度不得超过 350 mm。 （4）剥离前期未脱落部分，可不计算在内
		两处（每一处均）	≤40 mm	
8	车轮踏面缺损	相对轮缘外侧至缺损部位边缘之距离	≥1 508 mm	从缺损部内侧边缘起测量
		缺损部位之长度	≤150 mm	沿车轮踏面圆周方向测量
9	车轮辐板孔边缘周向裂纹		≤30 mm	
10	滚动轴承温升		≤55 ℃	

④ 铁路货车制动部分的运用限度须符合表 5-4 的规定。

表 5-4　制动运用限度表　　　　　　　　　　　　　　　　单位：mm

序号	名称				限度	备注	
1	制动缸活塞行程	装有闸调器的单式闸瓦	356×254 制动缸	空车位	115～135	未装闸调器	85～135
				重车位	125～160		110～160
			305×254 制动缸	空车位	145～165		
				重车位	145～195		
			254×254 制动缸	空车位	145～165		
				重车位	145～195		
			203×254 制动缸	空车位	115～145		
				重车位	125～160		

续表

序号	名称				限度	备注
1	制动缸活塞行程	装有闸调器的复式闸瓦	B$_{21}$、B$_{22-1}$ 型车	空车位	120～130	
				重车位	150～160	
			B$_{19}$、B$_{22-2}$、B$_{23}$ 型车		130～150	
		集成式制动装置	BAB 系列		行程指示器在制动标志孔内	
			DAB 系列		行程指示器在行程标志环带内	
2	高、低摩合成闸瓦磨耗剩余厚度				≥20	
3	C$_{100}$ 型敞车二、三位转向架闸瓦磨耗剩余厚度				≥25	
4	同一制动梁两端闸瓦厚度差				≤20	更换闸瓦后确认
5	C$_{100}$ 型敞车二、三位转向架同一制动梁两端闸瓦厚度差				≤10	

⑤ 铁路货车车钩部分的运用限度须符合表 5-5 的规定。

表 5-5　车钩运用限度表　　　　　　单位：mm

序号	名称			限度	备注
1	13 号钩舌与钩腕内侧距离	闭锁位置		≤135	
		全开位置		≤250	
2	13A、13B 型钩舌与钩腕内侧距离	闭锁位置		≤132	
		全开位置		≤247	
3	16、17 号钩舌与钩腕内侧距离	闭锁位置		≤100	
		全开位置		≥219	
4	钩提杆链松余量			40～55	
5	两连接车钩中心水平线高度之差			≤75	
6	车钩中心高度	最高		≤890	
		最低	空车	≥835	
			重车	≥815	

活动 5.1.7　　思考练习

1. 到达列车技术检查应该执行哪些作业标准？
2. 说明始发列车人工检查技术作业范围和质量标准。
3. 说明人机分工 TFDS 动态检查范围和质量标准。
4. 简述铁路货车轮轴部分的运用限度有哪些技术要求。

【考核评价】

1. 综合评价表（见表 5-6）

表 5-6　综合评价表

序号	考核项目	总分	评分标准	自评分	互评分	教师评分	综合评分
1	课前知识查阅、调研完成情况	20	（1）调研货车人工检车方法。 （2）调研货车 TFDS 动态检查范围				
2	课中参与及协作沟通表现	20	（1）学生积极举手回答问题。 （2）学生普遍具有问题意识，敢于质疑问难，敢于发表不同见解。 （3）学生善于倾听、理解他人发言，并能及时抓住要点。 （4）合作学习适时有效，目标达成度高				
3	对货车车辆检查范围和质量标准的掌握情况	50	（1）掌握始发列车检查范围和质量标准。 （2）掌握人机分工 TFDS 动态检查范围和质量标准。 （3）掌握中转列车人机分工人工检查范围和质量标准。 （4）掌握到达列车人机分工人工检查范围和质量标准。 （5）掌握通过作业 TFDS 动态检查范围和质量标准。 （6）掌握铁路货车运用限度				
4	思政方面	10	（1）学习精益求精的大国工匠精神。 （2）提高安全意识，增强安全责任心。 （3）培养严谨的工作态度				

2. 教师评价建议

_____

_____

_____

_____

任务 5.2　货车单车技术检查作业
（人工作业　"两跨、一俯、两探"分面包转向架检查方法）

【任务描述】

本检查作业法适用于执行始发、中转作业人工检查的一辆车技术检查作业，下面介绍的一辆车技术检查作业内容适用于铁路货车通用敞车 C_{70E} 系列，其他通用货车（平车、棚车、罐车）比照执行。

始发、到达作业人工检查作业过程，要求两人平行作业，双边检车员作业前后不得超过一个转向架。

1. 检查方向

根据车辆方向、位置不同，敞车一辆始发、中转作业人工检查分正位检查和反位检查两种。

① 正位检查：列车一辆车正向技术检查作业过程，是指检车员由车辆的一位侧 2 位端向 1 位端或由二位侧 1 位端向 2 位端进行车辆技术检查时的技术检查作业过程。

② 反位检查：与正位检查方向相反，对照现车进行反向技术检查。

实际作业时，根据车辆位置、方向不同，执行相应位置的一辆车检查作业。

2. 检查方法

检查方法采取"两跨、一俯、两探"分面包转向架检查方法，如图 5-1 所示。

① 两跨：制动软管所在侧端的转向架外、内端跨轨检查。

② 一俯：底架中部车下悬挂配件俯身顺车检查。

③ 两探：另一转向架内、外端探身检查。

"两跨、一俯、两探"分面包转向架检查步伐图如图 5-2 所示。

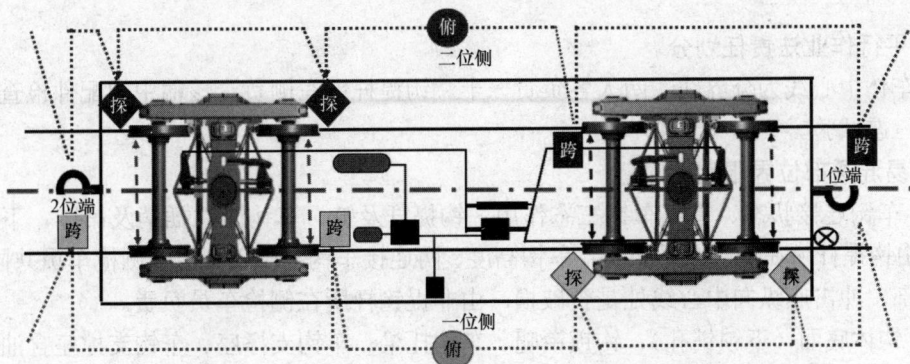

图 5-1　"两跨、一俯、两探"分面包转向架检查方法

○ —— 右脚
△ —— 左脚

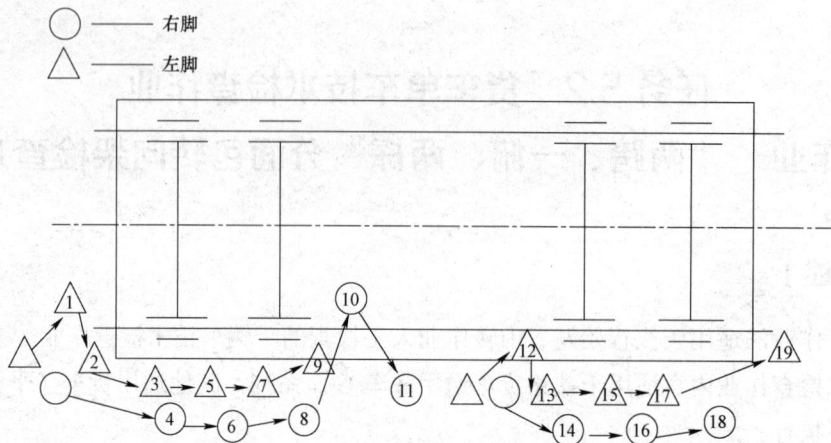

图 5-2 "两跨、一俯、两探"分面包转向架检查步伐图

通过实训教学，学生需掌握以下内容：

① 运用货车的运用限度要求。

② 人工检查列车的作业方法。

在整个作业过程中，应遵循现场工作管理规范。

【学习目标】

知识目标	1. 掌握列车技术检查作业范围和质量标准； 2. 掌握运用货车的运用限度要求； 3. 掌握人工检查列车技术检查作业方法
能力目标	1. 培养学生动手的操作能力； 2. 培养学生专业能力，使学生掌握处理问题的方法； 3. 通过多人作业培养团体协作能力
素质目标	1. 培育学生求真务实、实践创新、精益求精的精神； 2. 培养学生踏实严谨、吃苦耐劳、追求卓越的优秀品质，使学生成长为心系社会并有时代担当的技术技能人才

【导　　入】

1. 平行作业法责任划分

以车体中心线为分界线，两人各负责一半。钩提杆所在侧负责该端中间配件检查，并负责车钩三态试验。

2. 易混淆部位界限划分

① 车钩连接状态、首尾车钩三态作用、钩提杆及链、车钩防跳插销及吊链、下锁销组成，均由钩提杆所在侧检车员负责；车钩高度、两连接车钩高度差，由两侧检车员共同负责；车钩上部、冲击座纵向中心线处是否破损，由非提钩杆所在侧检车员负责。

② 钩体底面（下锁销孔）、钩锁锁腿、车钩托梁、车钩支撑座、车钩支撑座含油尼龙磨耗板、钩尾销及安全吊架螺栓、制动软管吊链，均由跨轨检查的检车员负责。

③ 转向架旁承、心盘、摇枕、内侧枕簧（不含减振弹簧）、制动梁体及支柱夹扣螺栓、交叉杆、横跨梁及安全链（索）、空重车调整阀，均由跨轨检查的检车员负责。

④ 转向架内外侧以轮缘顶点划分。

⑤ 制动缸连通管是否漏泄由负责制动机试验的检车员负责。

⑥ 转向架内外端固定及游动杠杆、上拉杆、固定杠杆支点及座、固定杠杆支点链蹄环及圆销、开口销（拉铆销套），均由所在侧检车员负责。

【活　　动】

活动 5.2.1　准备工作

1. 安全准备

穿好具有反光条的工作服，戴好工作帽，插设安全防护号志。

2. 工具、材料准备（见表 5-7）

表 5-7　工具、材料的准备

序号	名称	规格	数量	备注
1	防护信号旗		1 面	
2	小撬棍		1 根	
3	检车锤		1 把	
4	活扳手	300 mm	1 把	
5	检车灯		1 只	

3. 技术准备

① 掌握全面检、全面修单车技术检查范围及质量标准，掌握车辆故障发现方法。

② 掌握货车全面检、全面修质量标准及各项运用限度。

活动 5.2.2　货车单车技术检查作业（人工作业 "两跨、一俯、两探" 分面包转向架检查方法）程序与要求

货车单车技术检查作业（人工作业 "两跨、一俯、两探" 分面包转向架检查方法）

货车单车技术检查作业（人工作业 "两跨、一俯、两探" 分面包转向架检查方法）程序与要求如表 5-8 所示。

表 5-8　货车单车技术检查作业（人工作业 "两跨、一俯、两探"
分面包转向架检查方法）程序与要求

序号	工步	作业内容与要求	图示
0	准备工作：插设防护信号旗	工作途中防护信号旗不得落地	
1	第一步：左脚迈进钢轨内侧，目视、锤敲（先站立、后蹲身）	钩体、车钩钩舌 S 面、牵引梁、钩颈、冲击座、端梁、端柱、端板、渡板折页及座、折角塞门、直端塞门、制动软管、制动软管吊链、钩锁锁腿、车钩托梁及磨耗板、钩体支撑座及支撑弹簧、钩体支撑座止挡铁及螺栓（螺母或铆钉、开口销、补助管及卡子、钩身、钩尾框、钩尾销螺栓及螺母、开口销、钩尾销托板螺栓及螺母、开口销、13B 型钩尾销插托螺栓及螺母、开口销、从板、从板座、缓冲器、安全托板螺栓及螺母、开口销、钩尾框托板螺栓及螺母、开口销、中梁牵引部、枕梁、地板、主管三通、脱轨自动制动装置调节杆、拉环、拉环圆销、塞门手把、支管三通、各制动管卡子及螺母、双作用常接触式旁承、闸瓦托内侧、安全链、制动梁、内枕簧、摇枕、上下心盘及螺母、上拉杆及圆销开口销、制动梁支柱及圆销开口销、中拉杆及圆销开口销、下拉杆及圆销开口销、下拉杆安全吊、安全锁、交叉杆、中间夹板、盖板、弹簧托板、安全吊链、安全锁。 检查要求：参见本项目活动 5.1.1 始发列车检查范围和质量标准及活动 5.1.6 铁路货车运用限度	 
2	第二步：左脚跨出钢轨（面对角柱先站立、后蹲身）	角柱、车体、侧梁、防火板、轮缘、踏面、车轮外侧、轴承后挡、密封罩、轴承外圈、承载鞍、侧架导框。 检查要求：参见本项目活动 5.1.1 始发列车检查范围和质量标准及活动 5.1.6 铁路货车运用限度	 
3	第三步：左脚迈出车体	空步	
4	第四步：右脚跨出一步，转身	定检标记、色票插、墙板、侧柱、侧梁、车门折页及座、车门锁闭装置（搭铁、搭扣）、门板、绳栓、侧架、承载鞍、轴箱橡胶垫、滚动轴承轴端螺栓、前盖、标志板、施封锁、防松垫止耳、密封罩、轴承外圈、轴承挡键及螺栓、开口销。 检查要求：参见本项目活动 5.1.1 始发列车检查范围和质量标准及活动 5.1.6 铁路货车运用限度	

序号	工步	作业内容与要求	图示
5	第五步：左脚向前迈出一步	侧架（侧架三角孔）、侧架立柱磨耗板折头螺栓、铆钉、闸瓦托外侧、闸瓦及闸瓦插销上部、轮缘、踏面、轮辋、交叉杆支撑座、端部螺栓、防松垫止耳、闸瓦及闸瓦插销下部、环。 检查要求：参见本项目活动 5.1.1 始发列车检查范围和质量标准及活动 5.1.6 铁路货车运用限度	
6	第六步：右脚向前跨出一步	侧柱、侧梁、车门、车窗、车门折页及座、车门锁闭装置、绳栓、柱插、墙板、门板、集装箱锁头、罐车卡带、紧固螺母及锁紧螺母、圆销、开口销、侧架、摇枕端部、侧架立柱磨耗板、斜楔、外枕簧、弹簧托板、折头螺栓、侧架底部。 检查要求：参见本项目活动 5.1.1 始发列车检查范围和质量标准及活动 5.1.6 铁路货车运用限度	
7	第七步：左脚跨出一步	侧架（侧架三角孔）、侧架立柱磨耗板折头螺栓、铆钉、闸瓦托外侧、闸瓦及闸瓦插销上部、轮缘、踏面、轮辋、交叉杆支撑座、端部螺栓、防松垫止耳、闸瓦及闸瓦插销下部、环。 检查要求：参见本项目活动 5.1.1 始发列车检查范围和质量标准及活动 5.1.6 铁路货车运用限度	
8	第八步：右脚向前跨进一步	墙板、侧柱、侧梁、车门、车窗、车门折页及座、车门锁闭装置、门板、绳栓、柱插、集装箱锁头、侧架、承载鞍、轴箱橡胶垫、滚动轴承密封罩、滚动轴承轴端螺栓、前盖、标志板、施封锁、防松垫止耳、密封罩、轴承外圈、轴承挡键及螺栓、开口销。 检查要求：参见本项目活动 5.1.1 始发列车检查范围和质量标准及活动 5.1.6 铁路货车运用限度	
9	第九步：左脚跨出一步，右脚跟进	空步	
10	第十步：右脚跟进跨入钢轨，目视、锤敲	侧架导框、承载鞍、滚动轴承外圈、密封罩、轴承后挡、车轮外侧面、踏面、轮缘、防火板、枕梁、地板、中梁、横跨梁托及座、横跨梁螺栓、螺母及开口销、横跨梁、传感阀、抑制盘、支架、固定支点座及圆销开口销、固定支点及圆销开口销、固定杠杆及圆销开口销、中拉杆及圆销开口销、固定杠杆支点链蹄环及圆销开口销、主管、主管三通、脱轨自动制动装置调整杆杆、拉环、拉环圆销、塞门手把、支管三通、各制动管卡子及螺母、法兰螺栓及螺母、车轮内侧、侧架内侧、双作用常接触式旁承、闸瓦托内侧、安全链、制动梁、内枕簧、摇枕、上下心盘螺栓及螺母、上拉杆及圆销开口销、制动梁支柱及圆销开口销、中拉杆及圆销开口销、下拉杆及圆销开口销、下拉杆安全吊、交叉杆、中间夹板、盖板、安全吊链、安全锁、弹簧托板、车号自动识别标签。 检查要求：参见本项目活动 5.1.1 始发列车检查范围和质量标准及活动 5.1.6 铁路货车运用限度	

续表

序号	工步	作业内容与要求	图示
11	第十一步：右脚跨出钢轨	空步	
12	自由步	侧柱、侧梁、车门、墙板、门板、车门折页及座、车门锁闭装置、绳栓、缓解阀拉杆及吊架、各杠杆、拉杆及圆销开口销、闸调器、制动管系、远心集尘器、缓解阀、制动阀、空重车自动调整装置限压阀、调整阀、制动缸、副风缸、加速缓解风缸、容积风缸、降压风缸、手制动机拉杆、制动缸链、地板、中梁各部。 检查要求：参见本项目活动 5.1.1 始发列车检查范围和质量标准及活动 5.1.6 铁路货车运用限度	 
13	第十二步：左脚贴近钢轨，探身检查	侧架导框、承载鞍、滚动轴承外圈、密封罩、后挡、车轮外侧面、踏面、轮缘、防火板、枕梁、地板、中梁、横跨梁及座、横跨梁螺栓/螺母及开口销、横跨梁、传感阀、抑制盘、支架、固定支点链蹄环及圆销开口销、固定支点及圆销开口销、固定杠杆及中拉杆及圆销开口销、固定杠杆支点链蹄环及圆销开口销、主管、主管三通、脱轨自动制动装置调节杆、拉环、拉环圆销、塞门手把、支管三通、各制动管卡子及螺母、法兰螺栓及螺母、车轮内侧、侧架内侧、一体式构架、闸瓦托内侧、上拉杆及圆销开口销、制动梁支柱及圆销开口销、中拉杆及圆销开口销、下拉杆及圆销开口销、下拉杆安全吊、安全锁、弹簧托板。 检查要求：参见本项目活动 5.1.1 始发列车检查范围和质量标准及活动 5.1.6 铁路货车运用限度	
14	第十三步：左脚迈出车体	空步	
15	第十四步：右脚跨出一步，转身	墙板、侧柱、侧梁、车门、车窗、车门折页及座、车门锁闭装置、门板、绳栓、柱插、集装箱锁头、侧架、承载鞍、轴箱橡胶垫、滚动轴承密封罩、滚动轴承轴端螺栓、前盖、标志板、施封锁、防松垫止耳、密封罩、轴承外圈、轴承挡键及螺栓、开口销。 检查要求：参见本项目活动 5.1.1 始发列车检查范围和质量标准及活动 5.1.6 铁路货车运用限度	

序号	工步	作业内容与要求	图示
16	第十五步：左脚跨出一步	侧架（侧架三角孔）、侧架立柱磨耗板折头螺栓、铆钉、闸瓦托外侧、闸瓦及闸瓦插销上部、转 K3 型转向架制动梁端头与闸瓦托组装开口销、轮缘、踏面、轮辋、交叉杆支撑座、端部螺栓、防松垫止耳、闸瓦及闸瓦插销下部、环。 检查要求：参见本项目活动 5.1.1 始发列车检查范围和质量标准及活动 5.1.6 铁路货车运用限度	
17	第十六步：右脚跨出一步	侧柱、侧梁、车门、车窗、车门折页及座、车门锁闭装置、绳栓、柱插、墙板、门板、集装箱锁头、罐车卡带、紧固螺母及锁紧螺母、圆销、开口销、侧架、摇枕端部、侧架立柱磨耗板、斜楔、外枕簧、弹簧托板、折头螺栓、侧架底部。 检查要求：参见本项目活动 5.1.1 始发列车检查范围和质量标准及活动 5.1.6 铁路货车运用限度	
18	第十七步：左脚跨出一步	侧架、侧架立柱磨耗板折头螺栓、铆钉、闸瓦托外侧、闸瓦及闸瓦插销、转 K3 型转向架制动梁端头与闸瓦托组装开口销、轮缘、踏面、轮辋、交叉杆支撑座、端部螺栓、防松垫止耳、闸瓦及闸瓦插销下部、环。 检查要求：参见本项目活动 5.1.1 始发列车检查范围和质量标准及活动 5.1.6 铁路货车运用限度	
19	第十八步：右脚跨出一步	墙板、侧柱、侧梁、车门、车窗、车门折页及座、车门锁闭装置、门板、绳栓、柱插、集装箱锁头、车梯扶手、脚蹬、侧架、副构架导框、承载鞍、轴箱橡胶垫、滚动轴承密封罩、前盖、标志板、施封锁、防松垫止耳、密封罩、轴承外圈、轴承挡键及螺栓、开口销。 检查要求：参见本项目活动 5.1.1 始发列车检查范围和质量标准及活动 5.1.6 铁路货车运用限度	
20	第十九步：左脚跨出一步转身，右脚跟进贴近钢轨，探身检查	角柱、端梁、端板、渡板折页及座、圆销、门挡及车端护栏、钩提杆座、提钩杆及链、提钩杆复位弹簧、下锁销转轴、车钩防跳插销及链、制动软管吊链、冲击座、钩体支撑弹簧鞍止挡块和螺栓及螺母、钩颈、钩体、钩舌、钩舌销及开口销、手制动机拉杆、拉杆链、轴链、吊架、导向杆、侧梁、侧架导框、承载鞍、滚动轴承外圈、密封罩、轴承后挡、车轮外侧面、踏面、轮缘、防火板、钩身、钩尾框、缓冲器、安全托板螺栓及螺母、钩尾销托板螺栓及螺母、从板、从板座、钩尾框托板和螺栓及螺母、中梁牵引部、枕梁、地板、车轮内侧、侧架内侧、一体式构架、闸瓦托内侧、上拉杆及圆销开口销、制动梁支柱及圆销开口销、中拉杆及圆销开口销、下拉杆及圆销开口销、下拉杆安全吊、弹簧托板。 检查要求：参见本项目活动 5.1.1 始发列车检查范围和质量标准及活动 5.1.6 铁路货车运用限度	
21	试验三态作用	进行三态作用试验，须三态作用良好	
22	撤除安全防护号志	撤除防护信号旗	

活动 5.2.3　思考练习

1. 写出货车单车技术检查作业（人工作业 "两跨、一俯、两探" 分面包转向架检查方法）的检查范围及质量标准。

2. 说明铁路货车轮轴部分的运用限度。

3. 说明制动部分运用限度。

【考核评价】

1. 综合评价表（见表 5-9）

表 5-9　综合评价表

考核要求时间：_____

操作开始时间：_____　　　　　　　　　　　　　操作结束时间：_____

序号	考核内容	考核要点	总分	评分标准	扣分	得分
1	作业时间	作业时间 6 min	10	每超 6 s 扣 1 分，不足 6 s 按 6 s 计算		
2	作业过程	（1）插设防护信号旗。 （2）按单车检查作业过程，对全车进行技术检查。 （3）正确发现车辆故障。 （4）严格按要求对车辆各部配件进行详细检查。 （5）试验车钩三态作业。 （6）撤除防护信号旗	30	（1）防护信号旗未展开，扣 2 分；防护信号旗落地未重插，扣 5 分。 （2）作业顺序颠倒，每次扣 3 分。 （3）风管水压、定检未报，每次扣 2 分。 （4）漏检故障，每个扣 3 分。 （5）作业不到位，每次扣 5 分。 （6）该敲打配件未敲，不该敲的配件乱敲，每次扣 2 分。 （7）工具未撤出钢轨外侧，每件扣 2 分；防护信号旗未撤扣 10 分。		
3	作业质量	（1）正确发现车辆故障。 （2）三态试验正确。 （3）车辆各部状态符合技术要求	50	（1）故障漏检，每个扣 5 分。 （2）车钩三态试验不会做，每态扣 5 分；做得不标准，每态扣 2 分。 （3）发现故障却不知名称不算发现故障。回头故障不算（以脚向前移为准） 设置故障：①②③④⑤⑥⑦⑧⑨⑩		
4	安全及其他	（1）认真做好工具、设备的使用与维护工作。 （2）按规定插、撤防护信号旗。 （3）按规定穿戴个人防护用品	10	（1）未按规定佩带工具及穿戴个人防护用品，每件扣 5 分。 （2）工具损坏，每件扣 4 分；工具未放回指定地点，每件扣 2 分。 （3）作业过程中碰伤出血，扣 10 分		
	合计		100			

否定项：若发生下列情况之一，则应及时终止实训，成绩记为零分。

① 未插设防护信号旗即进行作业。

② 受伤不能继续操作。

③ 作业时间超过 8 min。

④ 发现故障不足 60%。

2. 教师评价建议

_____

_____

_____

任务 5.3　货车单车技术检查作业
（人工作业　两人交替包转向架检查作业）

【任务描述】

人工检查作业法中，两人交替包转向架检查作业法是一种传统的检查作业法，主要用于 C_{60}、C_{62} 等系列车型，适用于转 8、转 8A 型转向架。

1. 车辆检查界限及责任划分

① 车钩缓冲装置、转向架、枕梁与端梁间底架部分检查方法实行包转向架负责制，车钩缓冲装置端梁以外车钩部分以纵向中心线为界，由所在侧检车员负责。

② 转向架部分以相对轮缘顶点为界，内侧由包转向架侧检车员负责（包括两侧架间内侧可视部分）。

③ 车体、两枕梁间的中梁、两转向架间的制动装置等零部件，以车体纵向中心线为界，由所在侧检车员负责。

④ 车号自动识别标签以车体横向中心线为界，由所在侧包转向架检车员负责。

2. 检查方法

两人交替包转向架检查作业法采取"两钻、一俯、两探"分面包转向架检查方法，如图 5-3 所示。

① 两钻：包转向架的外、内端钻车底部进行检查。

② 一俯：底架中部车下悬挂配件俯身顺车检查。

③ 两探：另一转向架外端探身检查。

"两钻、一俯、两探"分面包转向架检查步伐图如图 5-4 所示。

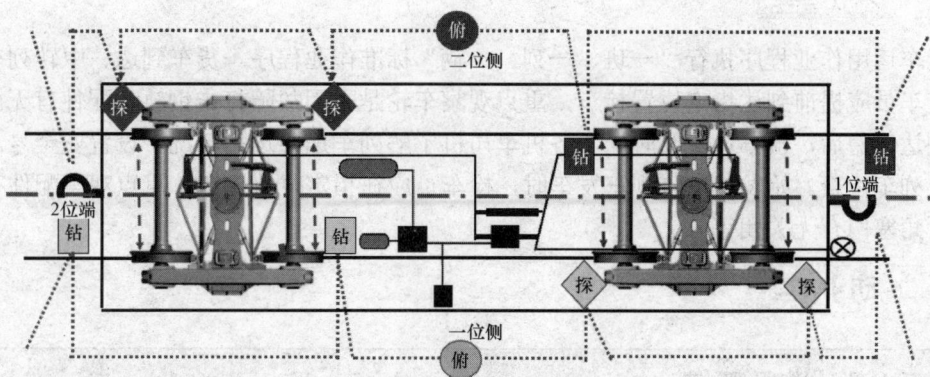

图 5-3　"两钻、一俯、两探"分面包转向架检查方法

○ —— 右脚
△ —— 左脚

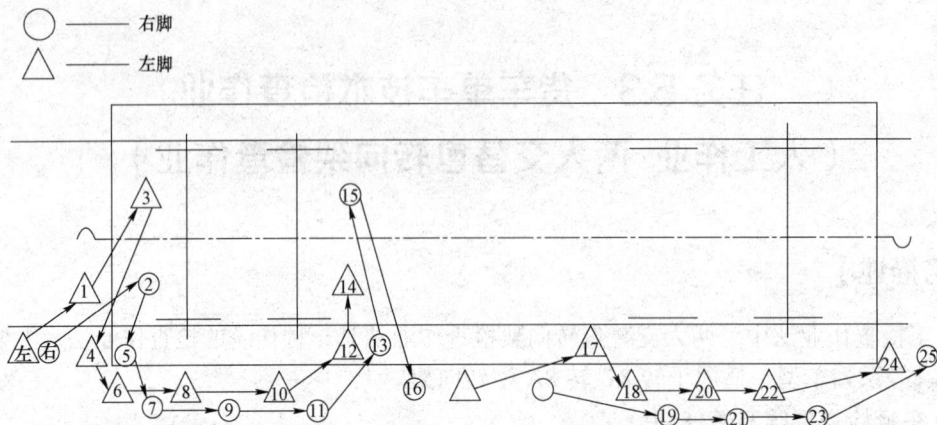

图 5-4 "两钻、一俯、两探"分面包转向架检查步伐图

通过实训教学，学生应掌握以下内容：

① 运用货车的运用限度要求。

② 人工检查列车的作业方法。

在整个作业过程中，应遵循现场工作管理规范。

【学习目标】

知识目标	1. 掌握列车技术检查作业范围和质量标准； 2. 掌握运用货车的运用限度要求； 3. 掌握人工检查列车技术检查作业方法
能力目标	1. 培养学生动手的操作的能力； 2. 培养学生专业能力，使学生掌握处理问题的能力； 3. 通过多人作业培养团体协作能力
素质目标	1. 培育学生求真务实、实践创新、精益求精的精神； 2. 培养学生踏实严谨、吃苦耐劳、追求卓越的优秀品质，使学生成长为心系社会并有时代担当的技术技能人才

【导　　入】

货车运用作业程序执行"一班、一列、一辆"标准作业程序。货车到达、中转列车进站前，检车员应提前到达指定位置接车，重点观察车轮是否因故障打击钢轨、配件有无脱落；列车到达停稳后，检车员应及时向本务机车司机了解列车途中运行情况，设置安全号志，然后进行列车检查。始发、中转列车发车时，检车员应在指定位置送车，重点观察配件有无脱落、折角塞门有无关闭等。

【活　　动】

活动 5.3.1　准备工作

1. 安全准备

穿好工作服，戴好安全帽，设置防护信号旗。

2. 工具、材料准备（见表 5-10）

表 5-10　工具、材料的准备

序号	名称	规格	数量	备注
1	防护信号旗		1 面	
2	小撬棍		1 根	
3	检车锤		1 把	
4	活扳手	300 mm	1 把	
5	检车灯		1 只	
6	秒表		3 只	

活动 5.3.2　货车单车技术检查作业（人工作业　两人交替包转向架检查作业）程序与要求

货车单车技术检查作业（人工作业　两人交替包转向架检查作业）

货车单车技术检查作业（人工作业　两人交替包转向架检查作业）程序与要求如表 5-11 所示。

表 5-11　货车单车技术检查作业（人工作业　两人交替包转向架检查作业）程序与要求

序号	工步	检查顺序及部位名称	质量标准及要求	图示
0	准备工作	插设防护信号旗	工作中防护信号旗不得落地	
1	第一步：左脚迈进钢轨内侧，目视车钩，检查裂纹、互钩差、车体端部，锤敲钩体托梁螺栓	钩头、钩颈、冲击座、端板、端梁、补助管、折角塞门、编织制动软管总成、车钩托梁及磨耗板、车钩托梁螺栓及螺母（开口销）	（1）钩头、钩颈无裂损，端梁无裂损，补助管无裂损脱出，冲击座无破损，车钩托梁螺栓及螺母无折断丢失，编织制动软管总成、折角塞门及把手无破损丢失。 （2）钩舌与钩腕内侧距离不大于：闭锁位置 135 mm，全开位置 250 mm。 （3）钩提杆链松余量为 45~55 mm。 （4）车钩中心高度：最高为 890 mm，最低空车位为 835 mm、重车位为 815 mm。 （5）两连接车钩中心水平线高度之差不大于 75 mm。 **注意：** 端板破损影响装货的空车应扣修	

续表

序号	工步	检查顺序及部位名称	质量标准及要求	图示
2	第二步：右脚跨入钢轨内侧蹲身，目视各部位及配件，敲打中部螺栓及螺母	钩身、钩尾框、钩尾销、钩尾销螺栓及螺母、开口销、从板及座、缓冲器、缓冲器托板、螺栓及螺母、钩尾框后部、中梁牵引部、主管吊卡、主管、枕梁、地板	钩身、钩尾框无裂损，从板、从板座及缓冲器无破损，钩尾框托板及钩尾扁销螺母无松弛，开口销无折断丢失，钩尾扁销螺栓无折断，扁销无丢失，枕梁及中梁牵引部无裂损。 注意：地板破损影响装车的空车应扣修	
3	第三步：左脚横跨步，面向车轴探身，目视、锤敲	车轮内侧、侧架内侧、旁承、闸瓦托内侧、安全链、制动梁、内枕簧、摇枕、上拉杆及圆销开口销、移动杠杆、中拉杆及圆销开口销、制动梁支柱及圆销开口销、交叉杆、中间夹板、安全吊链、安全锁、上下心盘螺栓及螺母、制动梁支柱及圆销帽、中拉杆及圆销帽、上拉杆及圆销帽、摇枕、旁承、侧架内侧、车轮内侧、闸瓦托内侧、内枕簧、制动梁、安全链、交叉杆、安全吊链、安全锁、枕梁、地板、中梁牵引部、钩尾框、从板及座、缓冲器、钩尾框托板螺栓及螺母、钩尾扁销螺栓及螺帽	车轮无裂损，制动梁体、制动梁支柱、弓形杆无裂损，安全链无脱落折断，各拉杆杠杆及圆销、开口销无折损丢失，枕簧无折断窜出丢失，常接触式旁承配件齐全无破损，上下旁承无间隙，闸瓦托无脱出，侧架、摇枕无裂损，交叉杆无裂损、弯曲、变形，中间夹板无裂损变形，交叉杆安全链无脱落折断，安全锁无丢失，各垂下品距轨面距离不小于 60 mm，上下心盘无窜出，枕梁中梁牵引部无裂纹，钩身及钩尾框无裂损，钩尾扁销螺栓无折断，从板及座、缓冲器无破损，钩尾框托板螺栓无松动、丢失	
4	第四步：低头向右转身，左脚迈出钢轨	空步		

序号	工步	检查顺序及部位名称	质量标准及要求	图示
5	第五步：右脚迈出钢轨直立面对角柱，目视、锤敲，先检查车体，然后蹲下检查走行部	角柱、车体、侧梁、轮缘、踏面、车轮外侧、轴承后挡、密封罩、轴承外圈、承载鞍、侧架导框	车体倾斜不大于 75 mm，车体外胀空车不大于 80 mm、重车不大于 150 mm，中、侧梁下垂空车不大于 40 mm、重车不大于 80 mm，车轮无裂损，轮辋厚度无辐板孔不小于 23 mm、有辐板孔不小于 24 mm，轮缘厚度不小于 23 mm，轮缘垂直磨耗不大于 15 mm，轮缘内侧缺损长度不大于 30 mm、宽度不大于 10 mm，踏面圆周磨耗深度不大于 8 mm，滚动轴承轮踏面擦伤及局部凹下深度不大于 1 mm，踏面剥离长度 1 处不大于 50 mm、2 处每处均不大于 40 mm，车轮踏面缺损相对轮缘外侧至缺损部位边缘之距离不小于 1 508 mm、缺损部位长度不大于 150 mm，滚动轴承后挡、外圈无裂损，密封罩无脱出，承载鞍无裂损，侧架导框无裂损	 
6	第六步：左脚迈出车体外	空步		
7	第七步：右脚迈进，面对车体，目视、锤敲	侧板、色票插、定检标记、侧架、承载鞍、滚动轴承密封罩、前盖及轴端螺栓、轴承外圈、下挡键	空车定检不过期，侧架无裂损，承载鞍正位、无裂损，轴端螺栓无松动、丢失，密封罩无脱出，滚动轴承外圈无裂损，下挡键无丢失	
8	第八步：左脚向前跨进一步，目视、锤敲，先看外部，然后从侧架上部探身检查制动梁端轴	侧架、闸瓦托外侧、闸瓦及闸瓦插销上部、车轮踏面闸瓦及闸瓦插销下部、车轮踏面、交叉杆支撑座、端头螺栓、防松垫止耳、轴向橡胶垫	侧架无裂损，闸瓦托无脱出，闸瓦插销无折断、丢失，闸瓦插销距轨面距离不小于 25 mm。闸瓦磨耗剩余厚度：高磷闸瓦不小于 10 mm，高低磨合成闸瓦不小于 14 mm。高磷闸瓦与高摩闸瓦不得混装，同一制动梁两端闸瓦厚度差不得超过 20 mm，叉杆支撑座无裂损，端头螺栓无松动，防松垫止耳无折断，轴向橡胶垫无破损	

序号	工步	检查顺序及部位名称	质量标准及要求	图示
9	第九步：右脚跨进，面对摇枕，目视、锤敲	车门及折页搭扣、车门圆销及开口销、侧板、侧架、摇枕端部、斜楔（斜楔插板）、侧架立柱及磨耗板、外枕簧、侧架底部	车门无丢失、门轴圆销及开口销无丢失、摇枕无裂损，枕簧无折断、窜出、丢失，侧架无裂损，侧架立柱磨耗板无丢失、窜出	
10	第十步：左脚向前跨进一步探身，目视、锤敲	侧架、闸瓦托外侧、闸瓦及闸瓦插销上部、车轮踏面、闸瓦及闸瓦插销下部、车轮踏面、交叉杆支撑座、端头螺栓、防松垫止耳、轴向橡胶垫	侧架无裂损，闸瓦托无脱出，闸瓦插销无折断、丢失，闸瓦插销距轨面距离不小于 25 mm。闸瓦磨耗剩余厚度：高磷闸瓦不小于 10 mm，高低磨合成闸瓦不小于 14 mm。同一制动梁两端闸瓦厚度差不得超过 20 mm，高磷闸瓦与高摩闸瓦不得混装，交叉杆支撑座无裂损，端头螺栓无松动，防松垫止耳无折断，轴向橡胶垫无破损	
11	第十一步：右脚跨进，面对轴承，目视、锤敲	车门、侧板、侧柱、车门轴、车门轴圆销及开口销、车门折页及搭扣、侧架、承载鞍、滚动轴承、密封罩、前盖及轴端螺栓、轴承外圈、下挡键	车门无丢失，门轴圆销及开口销无丢失，侧架无裂损，承载鞍正位、无裂损，轴端螺栓无松动、丢失，密封罩无脱出，滚动轴承外圈无裂损，下挡键无丢失	
12	第十二步：左脚向前跨大步，侧身	空步		
13	第十三步：转身，右脚靠近钢轨外侧下蹲，目视、锤敲	侧架导框、承载鞍、滚动轴承外圈、密封罩、轴承后挡、车轮外侧面、踏面、轮缘	侧架导框无裂损，承载鞍无裂损，滚动轴承外圈、轴承后挡无裂损，密封罩无脱出，车轮无裂纹，轮辋厚度无辐板孔不小于 23 mm，有辐板孔不小于 24 mm，轮缘厚度不小于 23 mm，轮缘垂直磨耗不大于 15 mm，轮缘内侧缺损长度不大于 30 mm、宽度不大于 10 mm，踏面圆周磨耗深度不大于 8 mm，滚动轴承车轮踏面擦伤及局部凹下深度不大于 1 mm，踏面剥离长度 1 处不大于 50 mm、2 处每处均不大于 40 mm，车轮踏面缺损相对轮缘外侧至缺损部位边缘之距离不小于 1 508 mm、缺损部位长度不大于 150 mm	

序号	工步	检查顺序及部位名称	质量标准及要求	图示
14	第十四步：转身，左脚跨入钢轨	空步		
15	第十五步：右脚跟进一步，转身面向摇枕，目视、锤敲	对面车轮内侧、侧架内侧、对面中梁、枕梁、旁承、闸瓦托内侧、安全链、内枕簧、制动梁、交叉杆、安全吊链、安全锁、中间夹板、摇枕、上下心盘、心盘螺栓及螺母、横跨梁托、横跨梁、传感阀、抑制盘、支架、固定支点及圆销帽、固定杠杆及中拉杆及圆销帽、制动梁支柱及圆销帽、制动梁支柱及圆销开口销、中拉杆及圆销开口销、固定杠杆、固定支点及圆销开口销、摇枕、旁承、上拉杆、侧架内侧、内枕簧、闸瓦托内侧、安全链、制动梁、内枕簧、交叉杆、车轮内侧、枕梁、中梁	车轮无裂损，侧架无裂损，枕梁无裂损，常接触式旁承配件齐全、无破损，上下旁承无间隙，制动梁体、制动梁支柱、弓型杆无裂损，安全链无脱落、折断，闸瓦托无脱出，各拉杆、杠杆、固定支点圆销及开口销无折损、丢失，横跨梁无脱落、变形，传感阀抑制盘无破损，枕簧无折断、窜出，交叉杆无裂损、弯曲、变形，中间夹板无裂损、变形，交叉杆安全链无脱落、折断，安全锁无丢失，各垂下品距轨面距离不小于 60 mm。中梁无裂损，车号自动识别标签无损坏丢失	
16	第十六步：右脚跨出钢轨，左脚跟出	空步		
17	自由步：第一个转向架检查完毕，以下为自由步，边走边检查，检查方法为目视、锤敲	侧板、侧柱、车门及折页、上下插销门搭扣、车门轴及圆销开口销、拉风线及手把、各杠杆、拉杆及圆销开口销、闸调器、制动管系、截断塞门、远心集尘器、120 控制阀、半自动缓解阀手柄、空重车调	车门无丢失，门轴圆销及开口销无丢失，拉风线及手把无破损、丢失，各拉杆、杠杆及圆销、开口销无折断、丢失，闸调器无破损，制动配件齐全，制动机作用良好，活塞行程符合规定，空重车调整装置配件齐全、正确，制动缸链无脱落，手制动机拉杆无脱落，制动缸、副风缸、降压风缸、加速缓解风缸安装螺栓无松动丢失，中、侧梁下垂空车不超过 40 mm、重车不超过 80 mm，中部各梁无裂损	

续表

序号	工步	检查顺序及部位名称	质量标准及要求	图示
17	自由步：第一个转向架检查完毕，以下为自由步，边走边检查，检查方法为目视、锤敲	整装置、加速缓解风缸、降压风缸、副风缸、制动缸、手制动机拉杆、制动缸链、中部各梁	侧板、地板、门板破损影响装车的空车应扣修	 
18	第十七步：左脚靠近钢轨外侧，蹲身，目视、锤敲	中梁、轮缘、踏面、车轮外侧面、轴承后挡、密封罩、轴承外圈、承载鞍、侧架导框	中梁无裂损，车轮无裂损，轮辋厚度无辐板孔不小于23 mm，有辐板孔不小于24 mm，轮缘厚度不小于23 mm，轮缘垂直磨耗不大于15 mm，轮缘内侧缺损长度不大于30 mm、宽度不大于10 mm，踏面圆周磨耗深度不大于8 mm，车轮踏面擦伤及局部凹下深度不大于1 mm，踏面剥离长度1处不大于50 mm、2处每处均不大于40 mm，车轮踏面缺损相对轮缘外侧至缺损部位边缘之距离不小于1 508 mm、缺损部位长度不大于150 mm，承载鞍无裂损，滚动轴承外圈、后挡无裂损，密封罩无脱出，侧架导框无裂损	
19	第十八步：左脚迈出车体外	空步		
20	第十九步：右脚迈进，面对车体，目视、锤敲	侧板、侧架、承载鞍、滚动轴承密封罩、前盖及轴端螺栓、轴承外圈、下挡键	侧架无裂损，承载鞍正位、无裂损，轴端螺栓无松动、丢失，密封罩无脱出，滚动轴承外圈无裂损，下挡键无丢失	

序号	工步	检查顺序及部位名称	质量标准及要求	图示
21	第二十步：左脚向前跨进一步，目视、锤敲	同第八步	同第八步	
22	第二十一步：右脚跨进，面对摇枕，目视、锤敲	同第九步	同第九步	
23	第二十二步：左脚向前跨进一步，目视、锤敲	同第十步	同第十步	
24	第二十三步：右脚跨进，面对轴承，目视、锤敲	车门、侧板、侧柱、车门轴、车门轴圆销及开口销、车门折页及搭扣、侧梁、脚蹬子、手把杆、侧架、承载鞍、滚动轴承外圈、密封罩、前盖及轴端螺栓、下挡键	车门无丢失，门轴圆销及开口销无丢失，侧柱、侧板无裂纹，侧架无裂损，承载鞍正位、无裂损，轴端螺栓无松动、丢失，密封罩无脱出，下挡键无丢失	
25	第二十四步：左脚向前跨进一步侧身	空步		

序号	工步	检查顺序及部位名称	质量标准及要求	图示
26	第二十五步：转身，右脚迈进，靠近钢轨外侧面，先蹲身后站立，目视、锤敲	侧架导框、承载鞍、密封罩、轴承外圈、滚动轴承后挡、车轮外侧、踏面、轮缘、手制动机拉杆、提钩杆座、提钩杆、提钩链、手制动机、角柱、端板、端梁、冲击座、钩托梁及磨耗板、钩托梁螺栓及螺母、钩颈、钩头、钩舌、钩舌销及开口销	侧架导框无裂损，承载鞍无裂损，滚动轴承外圈无裂损，密封罩无脱出，车轮无裂纹，轮辋厚度无辐板孔不小于23 mm、有辐板孔不小于24 mm，轮缘厚度不小于23 mm，轮缘垂直磨耗不大于15 mm，轮缘内侧缺损长不大于30 mm、宽不大于10 mm，踏面圆周磨耗深度不大于8 mm，车轮踏面擦伤及局部凹下深度滚动轴承不大于1 mm，踏面剥离滚动轴承1处不大于50 mm、2处每处均不大于40 mm，车轮踏面缺损相对轮缘外侧至缺损部位边缘之距离不小于1 508 mm，缺损部位长度不大于150 mm，手制动机配件齐全、无破损，钩头、钩颈无裂损，端梁无裂损，钩舌销无折断，构体托梁螺栓及螺母无折断、无丢失，钩提杆及座、链齐全且作用良好，松余量45～55 mm，互钩差不超过75 mm，车钩最高890 mm，空车最低835 mm、重车最低815 mm，钩舌与钩腕内侧距离全开位不大于250 mm，闭锁位不大于135 mm，冲击座无破损	 
27	试验车钩三态作用	闭锁位状态、开锁位状态、全开位状态	闭锁位状态良好，开锁位状态良好，全开位状态良好	
28	撤销安全防护号志	撤除防护信号旗		

活动 5.3.3　思考练习

1. 自由步都检查哪些部件？其要求有哪些？

2. 写出轮对在运用中的限度要求。

3. 默写货车单车技术检查作业（人工作业 两人交替包转向架检查作业）过程。

【考核评价】

1. 综合评价表（见表 5-12）

表 5-12 综合评价表

考核要求时间：_____

操作开始时间：_____   操作结束时间：_____

序号	考核内容	考核要点	总分	评分标准	扣分	得分
1	作业时间	作业时间 6 min	10	每超 6 s 扣 1 分，不足 6 s 按 6 s 计算		
2	作业过程	（1）插设防护信号旗。 （2）按单车技术检查作业过程对全车进行检查。 （3）正确发现车辆故障。 （4）严格按要求对车辆各部配件进行详细检查。 （5）试验车钩三态作业。 （6）撤除防护信号旗	30	（1）防护信号旗未展开，扣 2 分；防护信号旗落地未重插，扣 5 分。 （2）作业顺序颠倒，每次扣 3 分。 （3）风管水压、定检未报，每次扣 2 分。 （4）漏检故障，每个扣 3 分。 （5）作业不到位，每次扣 5 分。 （6）该敲打配件未敲，不该敲的配件乱敲，每次扣 2 分。 （7）工具未撤出钢轨外侧，每件扣 2 分；防护信号旗未撤除，扣 10 分		
3	作业质量	（1）正确发现车辆故障。 （2）三态试验正确。 （3）车辆各部状态符合技术要求	50	（1）故障漏检，每件扣 5 分。 （2）车钩三态试验不会做，每态扣 5 分；做得不标准，每态扣 2 分。 （3）发现故障却不知名称不算发现故障。回头故障不算（以脚向前移为准）。 设置故障：①②③④⑤⑥⑦⑧⑨⑩		
4	安全及其他	（1）认真做好工具、设备的使用与维护工作。 （2）按规定插、撤防护信号旗。 （3）按规定穿戴个人防护用品	10	（1）未按规定佩带工具及穿戴个人防护用品，每件扣 5 分。 （2）工具损坏，每件扣 4 分；工具未放回指定地点，每件扣 2 分。 （3）作业过程中碰伤出血，扣 10 分		
		合计	100			

否定项：若发生下列情况之一，则应及时终止实训，成绩记为零分。

① 未插设防护信号旗即进行作业。

② 受伤不能继续操作。

③ 作业时间超过 8 min。

④ 发现故障不足 60%。

2. 教师评价建议

任务 5.4　货车动态技术检查作业（人机分工　动态检查作业）

【任务描述】

货车动态技术检查是动态检车员利用铁路货车运行安全监控系统进行的列车不停车技术检查，要求按规定的检查范围和质量标准检查铁路货车运行安全监控系统可探测、可视的铁路货车配件。

通过实训教学，学生需掌握以下内容：

① 运用货车的运用限度要求。

② TFDS 列车技术检查作业方法。

在整个作业过程中，应遵循现场工作管理规范。

【学习目标】

知识目标	1. 掌握列车动态技术检查的作业范围和质量标准； 2. 掌握运用货车的运用限度要求； 3. 掌握 TFDS 列车技术检查作业方法
能力目标	1. 培养学生 TFDS 微机操作能力； 2. 培养学生的专业能力，使学生掌握处理问题的方法
素质目标	1. 培育学生求真务实、实践创新、精益求精的精神； 2. 培养学生踏实严谨、吃苦耐劳、追求卓越的优秀品质，使学生成长为心系社会并有时代担当的技术技能人才

【导　　入】

TFDS 是铁路货车运行故障动态图像监测系统（trouble of moving freight car detection system）的简称。在 TFDS 显示图像清晰可辨的条件下，检车员可通过 TFDS 显示的图像对货车车辆的可视部位进行检查。下面以 TFDS 动态技术检查作业为例说明其作业流程，作业流程图如图 5-5 所示。

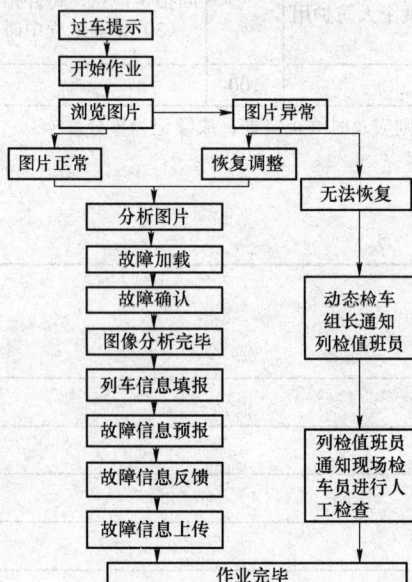

图 5-5　TFDS 动态技术检查作业流程图

【活　　动】

活动 5.4.1　准备工作

1. 工作准备

穿好铁路工作服，佩戴臂章，登录 TFDS 运用软件平台，在终端登录界面正确输入用户名称（编号）和密码，进入操作系统。

2. 技术准备

① 熟练掌握 TFDS 动态检查的作业范围和质量标准。

② 熟练掌握 TFDS 软件使用方法。

活动 5.4.2　货车动态检查作业（人机分工　动态检查作业）程序与要求

货车动态检查作业（人机分工　动态检查作业）程序与要求如表 5-13 所示。

表 5-13　货车动态检查作业（人机分工　动态检查作业）程序与要求

序号	工步	作业内容与要求	图示
1	过车提示	接到系统接车信息提示时，TFDS 动态检车组长通知 TFDS 动态检车员："××组，××方向准备作业。"	
2	开始作业	（1）TFDS 动态检车员接到 TFDS 动态检车组长"××组，××方向准备作业"的指令后，做好作业准备	 

续表

序号	工步	作业内容与要求	图示
		（2）TFDS 动态检车组长应按照"直通优先、先开优先"的原则安排检查顺序。具体操作为： ① TFDS 动态检车组长在列车到达提示窗口下选择列车性质，进入接车主界面，同时发布接车作业指令："××组，××方向，××次开始作业。" ② TFDS 动态检车员立即回复"×号工位明白"后开始作业。 **要求**：TFDS 动态检查时间原则上按 10 min（50 辆/列）的标准掌握，单屏图片检查时间不少于 3 s，要做到不漏检、不误判、不错报	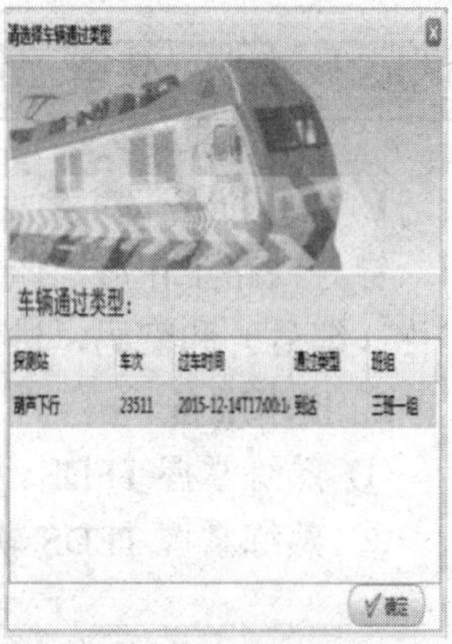
2	开始作业	（3）TFDS 动态检车员单击 TFDS 动态检车界面右下角"选择"按钮，弹出过车详细信息列表界面，在左侧选定所要分析的列车车次，在右侧列表中选定该列车自己负责辆序的第一位车辆车号，单击"确定"按钮开始检测分析	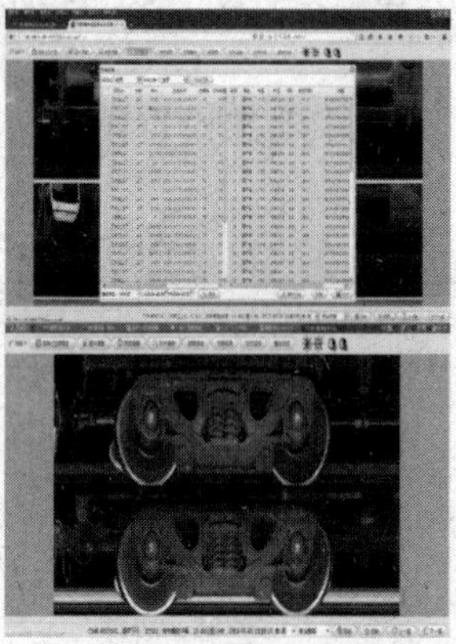
		（4）TFDS 动态检车组长打开"检车监控"界面，对 TFDS 动态检车员作业情况进行监控，发现未及时作业或看错车的，及时提醒 TFDS 动态检车员按标准作业	
3	浏览图片	（1）TFDS 动态检车员确认显示图片清晰、拼接完整无异常后，单击"后一幅"，依次按照前台侧架、后台侧架、前台制动梁摇枕、后台制动梁摇枕、车钩钩缓、中间部 1、中间部 2、中间部 3、互钩差、中间部侧面 1、中间部侧面 2 的顺序逐辆进行分析，负责检查尾部最后一辆车的 TFDS 动态检车员还需对车尾车钩钩缓、车尾互钩差两个部位进行分析	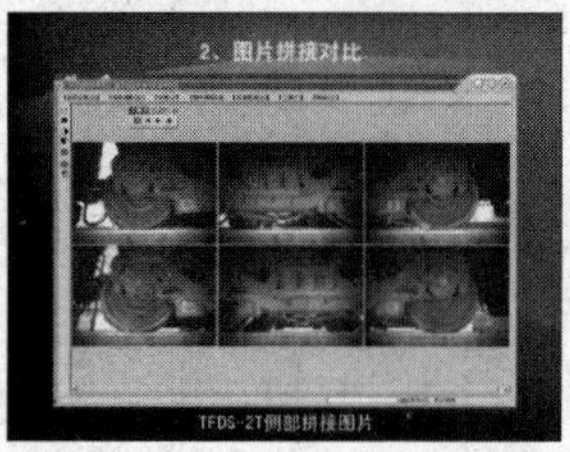

续表

序号	工步	作业内容与要求	图示
3	浏览图片	（2）在 TFDS 动态检车员浏览图片过程中，发现图片不清晰影响分析时，单击 TFDS 图像识别及运用软件平台主界面左边的图像调整工具栏，调整图片的亮度、对比度	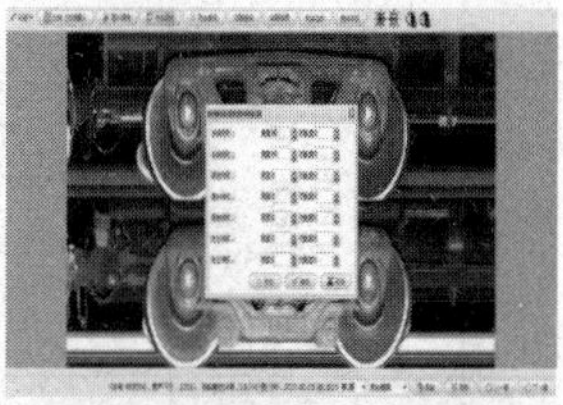
		（3）在 TFDS 动态检车员浏览图像过程中，如果出现窜图现象，立即通知 TFDS 动态检车组长，TFDS 动态检车组长报修后通知列检值班员，列检值班员通知现场检车员对停车作业的列车相应车辆或部位进行人工检查，TFDS 动态检车组长在《列检、动态检查作业场班组交接班记录簿》中做好记录	
		（4）因 TFDS 客户端计算机无法正常工作或由于光线干扰及其他因素造成动态检查时图像不全、不清晰、丢图，以及编挂有长大铁路货车、机械冷藏车、客车等车辆动态检测系统无法正常显示，TFDS 动态检车员无法分析判断时，TFDS 动态检车员要立即通知 TFDS 动态检车组长，TFDS 动态检车组长通知列检值班员，列检值班员立即通知现场检车员对停车作业的列车相应车辆、部位进行人工检查，并在《列检、动态检查作业场班组交接班记录簿》"铁路货车安全防范系统显示操作设备交班情况"栏中做好记录。 安全风险点：⚠TFDS 图片无法正常显示时，通知列检值班员，请求现场检车员进行人工检查	
		（5）TFDS 动态检车组长发现设备异常或故障影响正常动态检查时，立即通知动态检测车间维修人员进行处理，并在《设备故障报修及维修记录簿》及《列检、动态检查作业场班组交接班记录簿》"铁路货车安全防范系统运行状态报修情况"栏内认真填写信息	
		（6）当 TFDS 发生设备故障停机、未上传图片或其他原因影响正常动态检查，TFDS 动态检车组长在接到动态检测车间维修人员通知 2 h 内不能及时恢复时，立即报告车间值班干部，并通知列检值班员，同时组织当班 TFDS 动态检车员听从列检值班员的安排，补充到现场检车作业组，服从现场工长的指挥 安全风险点：⚠设备发生故障时，未按报修流程及时通知动态检测车间维修人员进行故障处理，会延误 TFDS 正常作业	
4	分析图片	（1）TFDS 动态检车员分析作业中执行"人机分工 TFDS 动态检查范围和质量标准""通过作业 TFDS 动态检查范围和质量标准""技术交接作业场检查范围和质量标准"	

序号	工步	作业内容与要求	图示
		（2）放大检查要求	
4	分析图片	① 侧架部位：前台侧架部位由左 1 轴—左 2 轴—右 1 轴—右 2 轴放大 4 幅；后台侧架部位由左 3 轴—左 4 轴—右 3 轴—右 4 轴放大 4 幅，共 8 幅	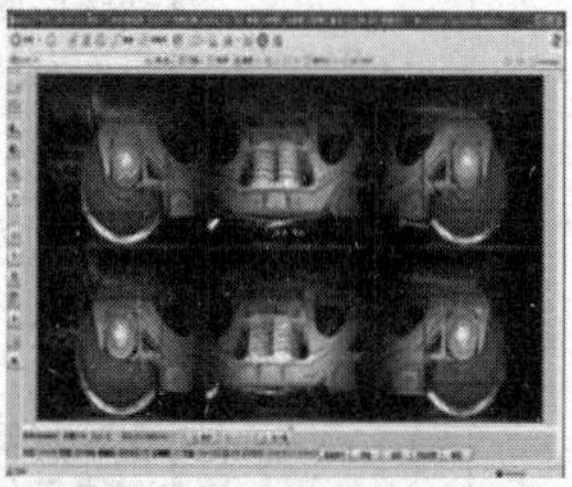 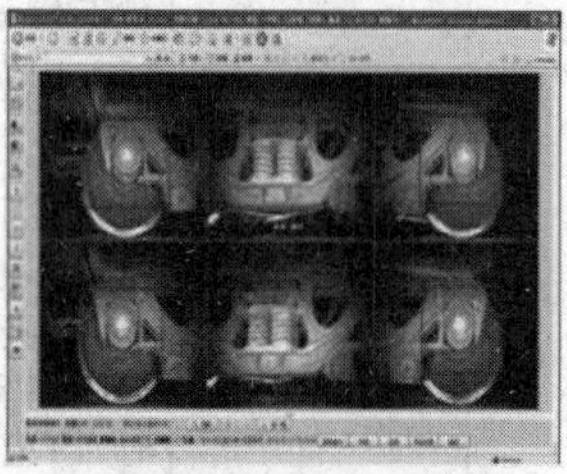
		② 制动梁摇枕部位：前台制动梁摇枕部位由左 1 轴—中 1 轴—右 1 轴—左 2 轴—中 2 轴—右 2 轴放大 6 幅；后台制动梁摇枕部位由左 3 轴—中 3 轴—右 3 轴—左 4 轴—中 4 轴—右 4 轴放大 6 幅，共 12 幅	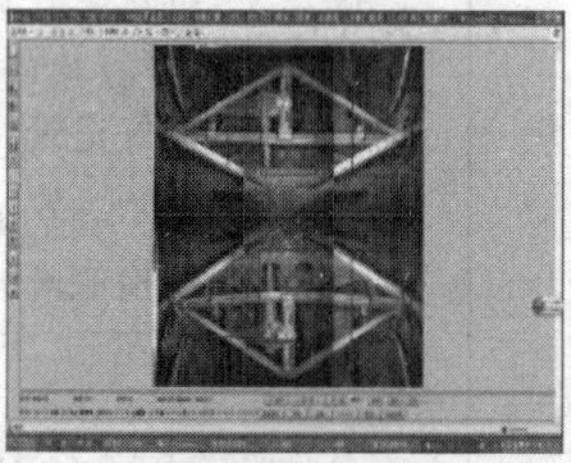 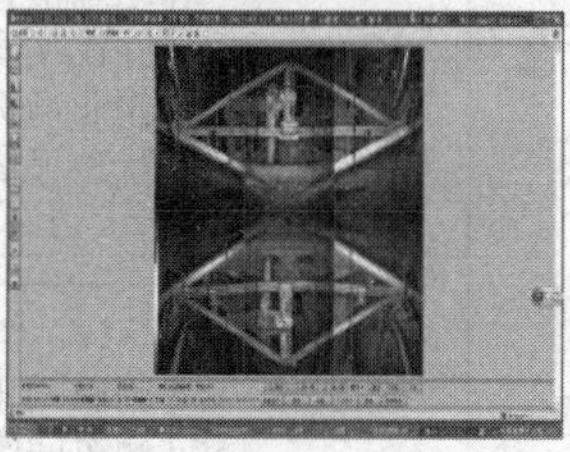
		③ 车钩钩缓部位：中部 1—中部 2—中部 3，共放大 3 幅	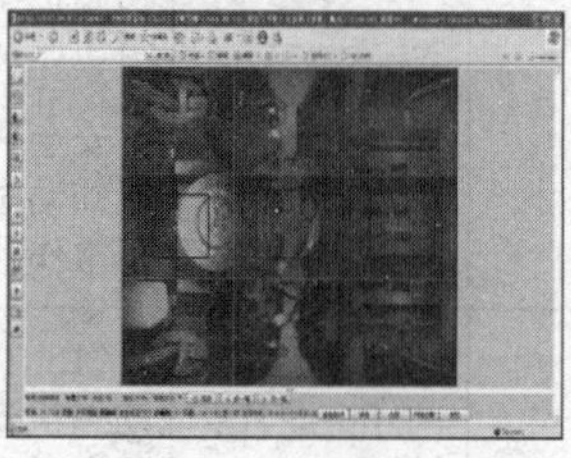

序号	工步	作业内容与要求	图示
4	分析图片	④ 中间部部位：制动缸、制动阀图片必须放大，其他任意放大一幅图	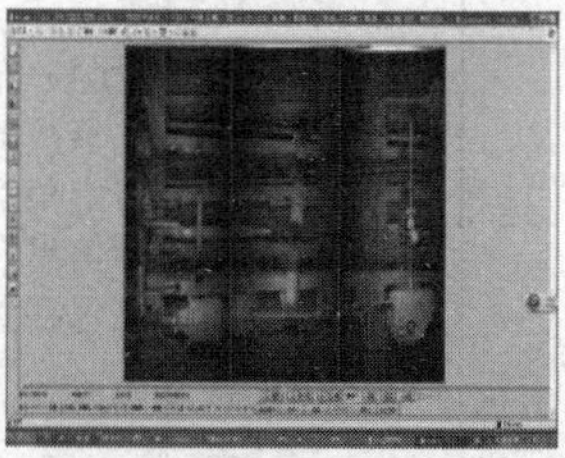
		⑤ 互钩差部位：图片放大检查 2 幅	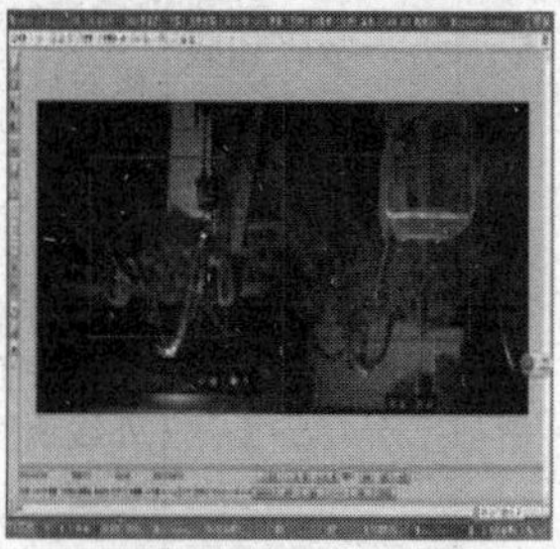
		⑥ 车体侧部部位：当 TFDS 具备车体检查功能时，还应检查以下部位：车门、车窗、车门折页、车门锁闭装置、墙板、门板、罐车卡带、车梯扶手、车门滑道	
5	故障加载	（1）在 TFDS 动态检车员接车作业浏览图片的过程中，若发现车辆故时，则双击该图片，放大进行分析，确认故障后按住鼠标左键拖动，在故障部位处画上红框	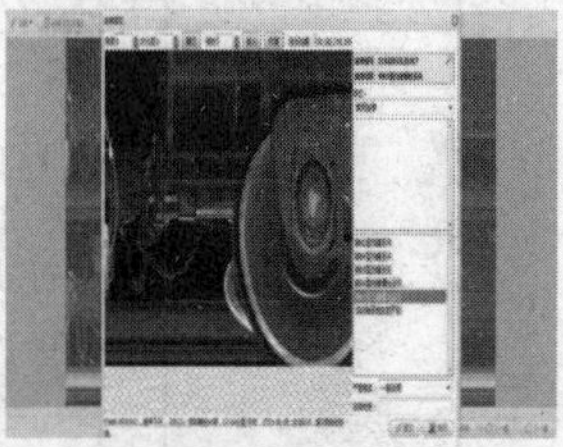
		（2）TFDS 动态检车员在故障图片上右击，弹出"提交故障"对话框	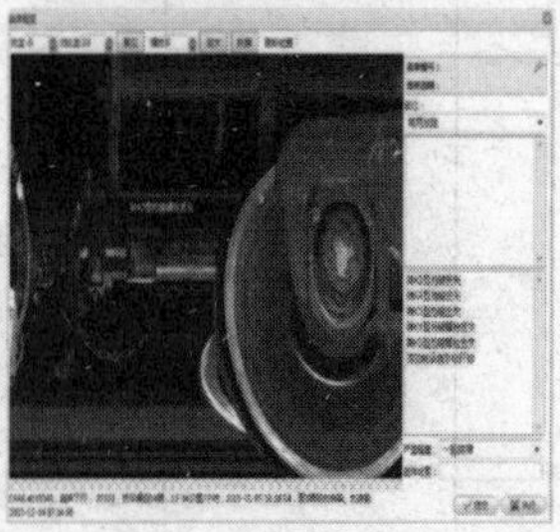

序号	工步	作业内容与要求	图示
5	故障加载	（3）在"提交故障"对话框中，TFDS 动态检车员正确选择故障部位、具体故障名称、严重程度，有需要时调节右上角"亮度"和"对比度"按钮，使图片更加清晰。故障信息选择完成后，单击"提交"按钮，将发现的故障信息保存到系统故障数据库中	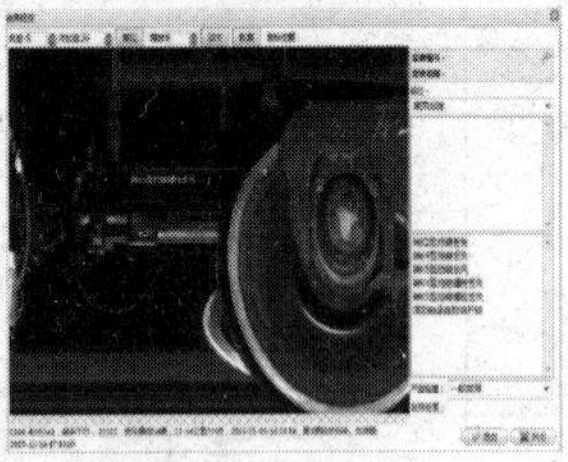
		（4）当 TFDS 动态检车员发现系统故障库中无故障名称的故障时，立即口头通知 TFDS 动态检车组长进行确认，核对属实后，将该故障信息通过该部位其他故障选项进行选择，之后手工录入故障名称	
		（5）当动态检查作业发现"通过作业 TFDS 动态检查范围和质量标准"范围内的故障和其他危及行车安全的故障时，按照"先报告后提交"的原则，向铁路局集团公司红外线调度员进行预报拦停，办理拦停手续。 安全风险点：⚠TFDS 动态检车员在作业过程中，对于拦停故障，若未按"先报告后提交"的规定执行，易造成事故	
6	故障确认	（1）TFDS 动态检车组长接到 TFDS 动态检车员口头故障预报后，在"TFDS 图像识别及运用软件平台"主界面下，单击菜单栏"TF 组长管理"下的"故障确认上传"，选择"车次列表"，进入 TFDS 动态检车员预报故障信息列表界面	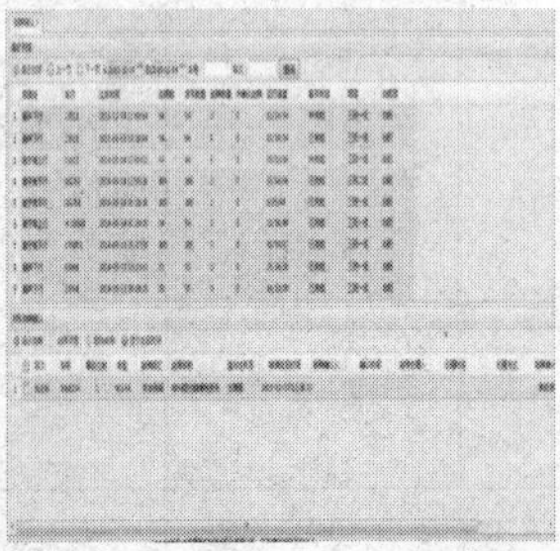
		（2）TFDS 动态检车组长在故障信息列表界面左侧的"车次列表"栏内选择要确认上传预报故障的车次，选中需进行提交的故障信息，单击列表上方的"查看"按钮，或双击需进行提交的故障信息，弹出"故障确认上传"对话框	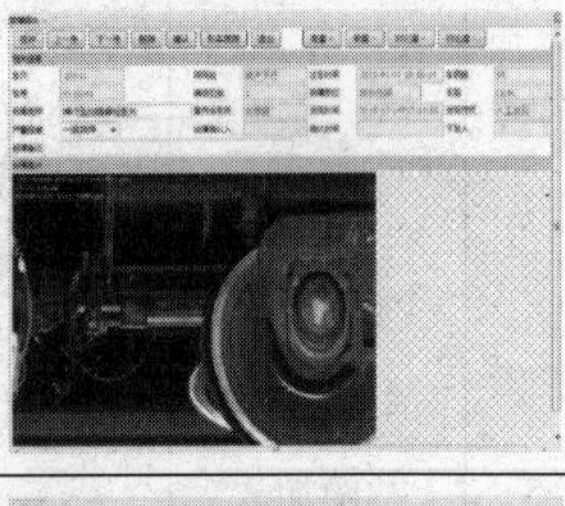
		（3）TFDS 动态检车组长在"故障确认上传"对话框中核对该条故障信息的车次、车号、故障发现时间、故障发现班组、故障发现人等信息，认真仔细对故障图片进行确认，确认后将故障信息下发给列检值班员。 重复以上操作，完成多条故障记录的确认	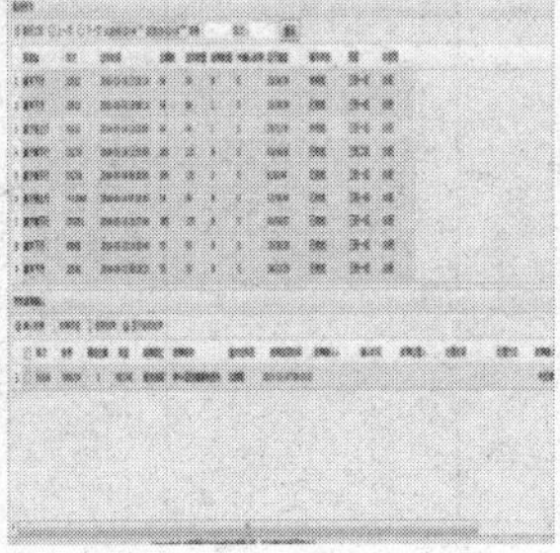

序号	工步	作业内容与要求	图示
6	故障确认	（4）当 TFDS 动态检车组长发现 TFDS 动态检车员误上报故障后，在"故障确认上传"对话框单击"删除"按钮完成对误报故障的删除	
7	图像分析完毕	TFDS 动态检车员作业完毕后向 TFDS 动态检车组长报告"××工位作业完毕"，TFDS 动态检车组长听到 TFDS 动态检车员"××工位作业完毕"报告后，使用标准用语复述"××工位作业完毕"，待收到全组 TFDS 动态检车员作业完毕的报告后，用标准用语宣布："××次列车全组作业完毕。"	
8	列车信息填报	（1）TFDS 动态检车组长在"TFDS 运用软件平台"主界面下，单击菜单栏"TF 工长管理"下的"列车信息"，进入显示所有探测列车信息列表的界面	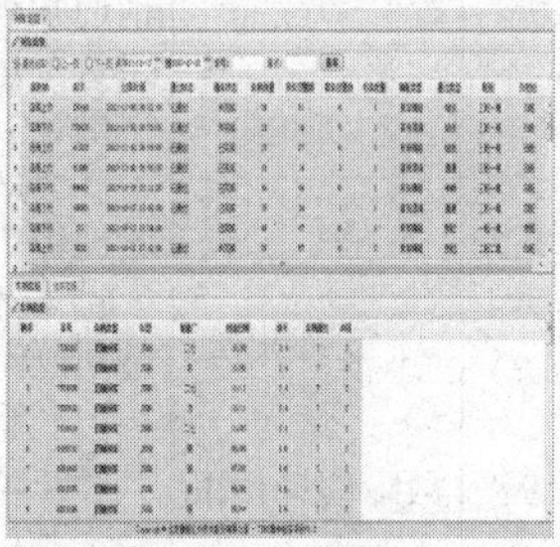
		（2）选择需对列车探测情况进行录入的车次，双击该车次，进入列车信息"编辑"界面，对列车信息进行编辑。 在列车信息"编辑"界面下，对列车车次、货车总辆数、通过类型等信息进行添加或修改，在"备注"栏内填写列车通过探测站情况，包括：接入实际车次、图像质量、未探测车辆数、无车号车辆、接入作业场等信息。 本次列车信息编辑完毕保存后，再对另一列车信息进行编辑，编辑完成后单击"退出"	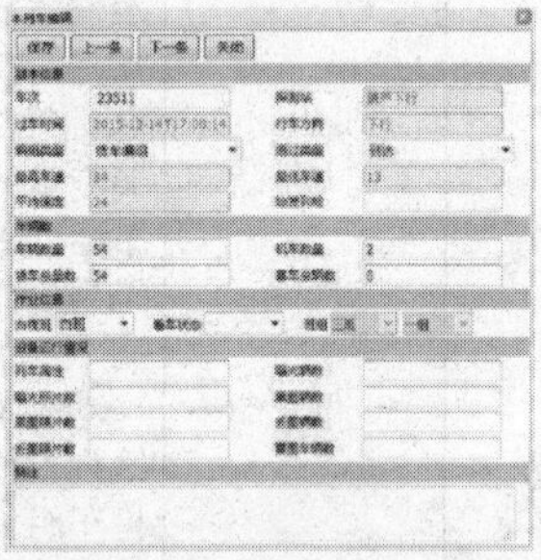
9	故障信息预报	（1）本场及跨场列检值班员收到车站值班员列车要牌计划后，立即联系 TFDS 动态检车组长，由 TFDS 动态检车组长确认作业完毕后，逐条核对提交的图片故障信息，无误后单击"数据下发"按钮。列检值班员须登录 TFDS 网络平台，负责车辆故障的预报、回填，作业完毕后通知 TFDS 动态检车组长该列车作业完毕	
		（2）跨场预报时，列检值班员登录"TFDS 运用软件平台"根据故障内容向现场预报故障，现场检车员进行确认处理。不能达到网络传输要求的，由 TFDS 动态检车组组长利用带有语音记录仪的电话通知负责人工检查该列车的列检值班员，由接报列检值班员负责向现场检车员预报车辆故障信息。作业完毕后，列检值班员负责将预报车辆故障反馈信息用带有语音记录仪的电话反馈给 TFDS 动态检车组长，由 TFDS 动态检车组长负责车辆故障信息回填。遇设备故障无法正常探测时，TFDS 动态检车组长用录音电话将车次、未探测车辆信息等通知相应作业场列检值班员	

序号	工步	作业内容与要求	图示
9	故障信息预报	（3）"通过作业 TFDS 动态检查范围和质量标准"范围内的故障和其他危及行车安全的故障的拦停预报标准： ① 出现故障后，TFDS 动态检车员立即口头报告 TFDS 动态检车组长，由 TFDS 动态检车组长快速判断确认后，立即使用语音记录装置良好的直通电话将需要拦停的车次、故障铁路货车编挂位置和车种车型车号、故障等情况通知铁路局集团公司红外线调度员，TFDS 动态检车组长要向铁路局集团公司红外线调度员明确立即停车的要求。 ② 集团公司红外线调度员根据 TFDS 动态检车组长提出的拦停列车意见，立即使用语音记录装置良好的直通电话通知列车调度员"立即安排就地停车"，同时填写《铁路货车运行安全监控系统拦停通知卡》，送列车调度员签字确认。 ③ 列车调度员接到拦停列车的信息后，立即安排列车就地停车。 ④ 机车乘务员接到就地停车的口头通知后，立即采取常用制动停车。列车在区间停车时，由车辆乘务员负责确认，无车辆乘务员的由机车乘务员负责确认。按照拦停信息确定故障铁路货车编组位置，并确认能否继续安全运行到车站，可以继续运行的，及时报告车站值班员并转报列车调度员，根据口头指示，运行到前方车站或退行至后方车站；不能继续运行的，铁路局集团公司启动应急处置预案。机车乘务员接到前方站停车的口头通知后，根据列车调度员的安排在前方站侧线停车，列车在有列检作业场的车站停车时，由车辆段调度员通知列检作业场确认、处理；无列检作业场的，由车站安排将该故障铁路货车从列车中摘下，车辆段调度员通知列检作业场确认、处理。 ⑤ 列检人员须将预报拦停的故障确认、处理结果反馈给列检值班员，列检值班员报车辆段调度员和 TFDS 动态检车组长，TFDS 动态检车组长将故障处理方式、处理人、处理时间等内容，自故障发生时刻起 24 h 内录入 TFDS，车辆段调度员报铁路局集团公司红外线调度员和车辆调度员。 安全风险提示：⚠ 禁止预警信息不处置。 控制措施：严格执行《中国铁路××局集团有限公司车辆系统基本规章制度红线触碰处理办法》的相关管理规定，对 TFDS 拦停未按规定处置的，按照局集团公司红线管理	
10	故障信息检查反馈	本场及跨场现场检车员对预报确认的故障，认真确认、处理并反馈相应信息，列检值班员将现场反馈的信息及时回填至"TFDS 运用软件平台"，并及时向 TFDS 动态检车组长反馈（无车号故障车辆及扣修车定检信息）	
11	故障信息上传	（1）由列检值班员填写"处理方式、处理人"等信息后，单击"保存"按钮保存该条故障信息，TFDS 动态检车组长接到预报故障确认反馈信息后，在"故障确认上传"界面上核对车次、车号、故障发现时间、故障发现人、回填扣修车定检等信息，然后单击"确认上报"按钮完成故障确认上传。 重复以上操作，完成多条故障记录的确认上传	

续表

序号	工步	作业内容与要求	图示
11	故障信息上传	（2）当出现 TFDS 图像显示故障特征明显，但现场反馈良好时，须立即通知列检值班员，列检值班员接到通知后再次通知现场检车工长进行复核确认，并及时收集复核确认信息，并注明复核人	
		（3）对 TFDS 动态检车员发现的系统故障库中没有该故障名称的故障，现场检车员检查确认处理后，TFDS 动态检车组长应将现场处理反馈情况及时录入"TFDS 运用软件平台"	
12	作业完毕	TFDS 动态检车员作业完毕后，查看检车监控，确认本次作业无遗漏车辆后返回接车界面，等待下一次接车	

活动 5.4.3 思考练习

1. 写出 TFDS 动态检查范围和质量标准。
2. 说明 TFDS 动态检查转向架的方法步骤。

【考核评价】

1. 综合评价表（见表 5-14）

表 5-14 综合评价表

考核要求时间：_____

操作开始时间：_____   操作结束时间：_____

序号	考核项目	作业过程	要求	评分标准	总分	综合评分
1	时间	检查车辆用时 10 min	超过 3 min 判定失格	超出作业时间 1 min 扣 2 分	20	
2	作业过程	浏览图片	（1）按照动态检查标准检查范围逐辆进行检查。 （2）做到不漏检、不误判、不错报	（1）作业顺序颠倒，每次扣 2 分。 （2）漏检故障，每个扣 2 分	20	

序号	考核项目	作业过程	要求	评分标准	总分	综合评分
3	作业过程	分析图片	（1）分析作业执行"TFDS 动态检查范围和质量标准"。 （2）放大检查图片	分析故障不正确，每次扣 3 分	20	
4		故障加载	（1）发现故障后将信息保存到系统故障数据库中。 （2）核对属实后，将故障信息手工录入。 （3）向铁路局集团公司红外线调度员进行预报拦停，办理拦停手续	故障加载不正确，每次扣 2 分	5	
5		故障确认	（1）选择要确认上传预报故障车次，弹出"故障确认上传"对话框。 （2）核对该条故障信息，认真仔细对故障图片进行确认	故障确认不正确，每次扣 2 分	5	
6		故障信息预报	根据故障内容向现场预报故障，现场检车员进行确认处理	漏报一次，扣 5 分	5	
7	作业质量		（1）故障漏检，每个扣 5 分。 （2）发现故障却不知名称，不算发现故障，回头故障不算（以脚向前移为准）。 设置故障：①②③④⑤⑥⑦⑧⑨⑩		20	
8	安全与其他		（1）未按规定佩带臂章及穿戴个人防护用品，每件扣 3 分。 （2）设备损坏为失格		5	

2. 教师评价建议

_____

_____

_____

_____

_____

_____

_____

_____

_____

_____

_____

任务 5.5　货车单车技术检查作业
（人机分工人工作业 "一跨、一俯、三探"分面检查方法）

【任务描述】

本检查作业适用于中转作业，根据车辆方向、位置不同，敞车一辆车全面检、全面修技术检查分正位检查、反位检查两种。

① 正位检查：到达列车一辆车正向技术检查作业过程，是指检车员由车辆的一位侧 2 位端向 1 位端或由二位侧 1 位端向 2 位端进行车辆技术检查时的技术检查作业过程。

② 反位检查：与正位检查方向相反，对照现车进行反向技术检查。

在技术检查作业中，根据车辆位置、方向不同，执行相应位置的一辆车检查作业。

中转作业人机分工人工检查作业采取"一跨、一俯、三探"分面检查方法，要求两人平行作业，双边检车员作业时前后不得超过一个转向架。

① 一跨：制动软管所在侧端转向架外端跨轨检查。

② 一俯：底架中部车下悬挂配件俯身顺车检查。

③ 三探：制动软管所在侧端转向架内端及另一转向架内外端探身检查。

检查方法及检查步伐图如图 5-6、图 5-7 所示。

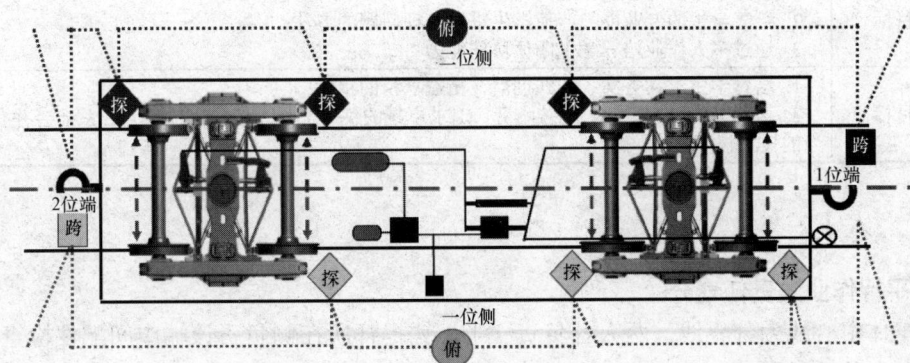

图 5-6　"一跨、一俯、三探"分面检查方法

○ —— 右脚

△ —— 左脚

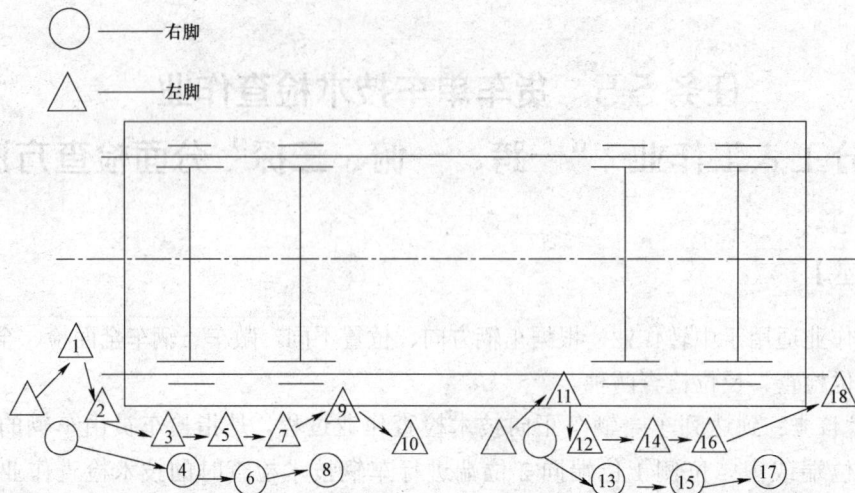

图5-7 "一跨、一俯、三探"分面检查步伐图

通过实训教学，学生需掌握以下内容：

① 运用货车的运用限度要求。

② 人工检查列车技术检查作业方法。

在整个作业过程中，应遵循现场工作管理规范。

【学习目标】

知识目标	1. 掌握列车技术检查作业范围和质量标准； 2. 掌握运用货车的运用限度要求； 3. 掌握人工检查列车技术检查作业方法
能力目标	1. 培养学生的动手操作能力； 2. 培养学生的专业能力，使学生掌握处理问题的方法； 3. 通过多人作业培养学生团体协作能力
素质目标	1. 培育学生求真务实、实践创新、精益求精的精神； 2. 培养学生踏实严谨、吃苦耐劳、追求卓越的优秀品质，使学生成长为心系社会并有时代担当的技术技能人才

【导　　入】

1. 平行作业法责任划分

以车体中心线为分界线，两人各负责一半。钩提杆所在侧负责该端中间配件检查，并负责车钩三态试验。

2. 易混淆部位界限划分

① 车钩连接状态、首尾车钩三态作用、钩提杆及链、车钩防跳插销及吊链、下锁销组成，均由钩提杆所在侧检车员负责；车钩高度、两连接车钩高度差，两侧检车员共同负责；车钩上部、冲击座纵向中心线处是否破损，由非提钩杆所在侧检车员负责。

② 钩体底面（下锁销孔）、钩锁锁腿、车钩托梁、车钩支撑座、车钩支撑座含油尼龙磨耗板、钩尾销及安全吊架螺栓、制动软管吊链，均由跨轨检查的检车员负责。

③ 转向架旁承、心盘、摇枕、内侧枕簧（不含减振弹簧）、制动梁体及支柱夹扣螺栓、交叉杆、横跨梁及安全链（索）、空重车调整阀，均由跨轨检查的检车员负责。

④ 转向架内外侧以轮缘顶点划分。

⑤ 制动缸连通管是否漏泄由负责制动机试验的检车员负责。

⑥ 转向架内外端固定及游动杠杆、上拉杆、固定杠杆支点及座、固定杠杆支点链蹄环及圆销、开口销（拉铆销套），均由所在侧检车员负责。

【活　动】

活动 5.5.1　准备工作

1. 安全准备

穿好具有反光条的工作服，戴好工作帽，插设安全防护标志。

2. 工具准备

表 5-15　工具的准备

序号	名称	规格	数量	备注
1	防护信号旗		1 面	
2	小撬棍		1 根	
3	检车锤		1 把	
4	活扳手	300 mm	1 把	
5	检车灯		1 只	

3. 技术准备

① 掌握按动态检查、人工检查负责的检查范围和质量标准分工进行的列车技术检查。

② 掌握动态检查、人工检查负责的检查范围和质量标准及各项运用限度。

活动 5.5.2　货车单车技术检查作业（人机分工人工作业 "一跨、一俯、三探" 分面检查方法）程序与要求

货车单车技术检查作业（人机分工人工作业 "一跨、一俯、三探" 分面检查方法）程序与要求如表 5-16 所示。

表 5-16　货车单车技术检查作业（人机分工人工作业 "一跨、一俯、三探" 分面检查方法）程序与要求

序号	工步	作业内容与要求	图示
0	准备工作	插设防护信号旗，工作途中防护信号旗不得落地	

序号	工步	作业内容与要求	图示
1	第一步：左脚迈进钢轨内侧，目视、锤敲（先站立、后蹲身）	**检查**：钩体、车列首尾端部车钩钩舌 S 面、冲击座、端梁、端板、渡板折页及座、圆销、制动软管、门挡及车端护栏、折角塞门、直端塞门、从板座、枕梁及牵引梁、主管卡子及螺母、法兰螺母、脱轨自动制动装置调节杆、拉环及圆销、车轮内侧、旁承、装有弹簧托板的转向架摇枕、上心盘铆钉、副构架与连接杆连接用螺母及开口销、上拉杆、装有弹簧托板的转向架内侧摇枕弹簧、减振弹簧、集成式制动装置的制动缸连接软管、制动缸推杆及 β 型插销、制动缸活塞行程指示器、标志牌、制动梁闸瓦托、制动梁吊、圆销及开口销。 **要求**：对铁路货车运行安全监控系统预报的故障进行确认和处置	 
2	第二步：左脚跨出钢轨（面对角柱先站立、后蹲身）	**检查**：车体、角柱、侧梁、轮缘、踏面、车轮外侧、侧架导框、滚动轴承外圈、承载鞍。 **要求**：对铁路货车运行安全监控系统预报的故障进行确认和处置	 
3	第三步：左脚迈出车体	空步	
4	第四步：右脚跨出一步，转身	**检查**：定检标记、侧梁、侧柱、墙板、门板、绳栓、柱插、车门、车窗、车门折页及座、车门锁闭装置、集装箱锁头、轴承外圈、轴端螺栓、承载鞍、侧架导框、副构架导框。 **要求**：对铁路货车运行安全监控系统预报的故障进行确认和处置	
5	第五步：左脚向前迈出一步	**检查**：闸瓦上部、闸瓦插销、转 K3 型转向架制动梁端头与闸瓦托组装开口销、轮缘、踏面、轮辋、侧架立柱磨耗板折头螺栓、铆钉、交叉杆端部螺栓。 **要求**：对铁路货车运行安全监控系统预报的故障进行确认和处置	

序号	工步	作业内容与要求	图示
6	第六步：右脚向前跨出一步	**检查：** 侧梁、侧柱、车门、墙板、门板、车窗、车门折页及座、车门锁闭装置、绳栓、柱插、集装箱锁头、罐车卡带、紧固螺母及锁紧螺母、圆销、开口销、侧架立柱磨耗板、斜楔、主摩擦板、摇枕斜楔摩擦面磨耗板、摇枕斜面磨耗板折头螺栓。 **要求：** 对铁路货车运行安全监控系统预报的故障进行确认和处置	
7	第七步：左脚跨出一步	**检查：** 闸瓦上部、闸瓦插销、转 K3 型转向架制动梁端头与闸瓦托组装开口销、轮缘、踏面、轮辋、侧架立柱磨耗板折头螺栓、铆钉、交叉杆端部螺栓。 **要求：** 对铁路货车运行安全监控系统预报的故障进行确认和处置	
8	第八步：右脚向前跨进一步	**检查：** 侧梁、侧柱、墙板、门板、绳栓、柱插、车门、车窗、车门折页及座、车门锁闭装置、集装箱锁头、轴承外圈、轴端螺栓、承载鞍、侧架导框、副构架导框。 **要求：** 对铁路货车运行安全监控系统预报的故障进行确认和处置	
9	第九步：左脚跨出一步，右脚跟进贴轨，探身检查，目视、锤敲	**检查：** 承载鞍、滚动轴承外圈、车轮外侧、踏面、轮缘、车轮内侧、枕梁、中梁、旁承、装有弹簧托板的转向架摇枕、上心盘铆钉、装有弹簧托板的转向架内侧摇枕弹簧、减振弹簧、主管卡子及螺母、法兰螺母、传感阀、脱轨自动制动装置调节杆、拉环及圆销、基础制动装置的固定杠杆支点及座、固定杠杆支点链蹄环、上拉杆、制动梁闸瓦托、制动梁吊、圆销及开口销。 **要求：** 对铁路货车运行安全监控系统预报的故障进行确认和处置	
10	第十步：右脚迈出车体	空步	
11	自由步	**检查：** 侧梁、侧柱、墙板、门板、绳栓、柱插、底开门转轴开口销、车门滑动轨道、车门滑轮、车门、车窗、车门折页及座、车门锁闭装置、罐体及阀、人孔盖及安全阀、罐体上部走板、防护栏、集装箱锁头、上拉杆、制动阀中间体吊架、制动缸后杠杆支点及圆销、开口销、拉铆销套、制动主管卡子及螺母、法兰螺母、远心集尘器及组合式集尘器、缓解阀、缓解阀拉杆及吊架、空重车调整杆吊架、空重车自动调整装置限压阀、调整阀、	

197

续表

序号	工步	作业内容与要求	图示
11	自由步	截断塞门、制动缸、副风缸、加速缓解风缸、容积风缸、降压风缸、手制动机附加杠杆座及圆销、开口销、吊架螺母、中梁 **要求**：对铁路货车运行安全监控系统预报的故障进行确认和处置	
12	第十一步：左脚贴近钢轨，探身检查	**检查**：承载鞍、滚动轴承外圈、车轮外侧、踏面、轮缘、车轮内侧、枕梁、中梁、旁承、装有弹簧托板的转向架摇枕、上心盘铆钉、装有弹簧托板的转向架内侧摇枕弹簧、减振弹簧、主管卡子及螺母、法兰螺母、传感阀、脱轨自动制动装置调节杆、拉环及圆销、基础制动装置的固定杠杆支点及座、固定杠杆支点链蹄环、上拉杆、制动梁闸瓦托、制动梁吊、圆销及开口销。 **要求**：对铁路货车运行安全监控系统预报的故障进行确认和处置	
13	第十二步：左脚迈出车体	空步	
14	第十三步：右脚跨出一步，转身	**检查**：侧梁、侧柱、墙板、门板、绳栓、柱插、车门、车窗、车门折页及座、车门锁闭装置、集装箱锁头、轴承外圈、轴端螺栓、承载鞍、侧架导框、副构架导框。 **要求**：对铁路货车运行安全监控系统预报的故障进行确认和处置	
15	第十四步：左脚跨出一步	**检查**：闸瓦上部、闸瓦插销、转 K3 型转向架制动梁端头与闸瓦托组装开口销、轮缘、踏面、轮辋、侧架立柱磨耗板折头螺栓、铆钉、交叉杆端部螺栓。 **要求**：对铁路货车运行安全监控系统预报的故障进行确认和处置	

续表

序号	工步	作业内容与要求	图示
16	第十五步：右脚跨出一步	**检查：**侧梁、侧柱、车门、墙板、门板、车窗、车门折页及座、车门锁闭装置、绳栓、柱插、集装箱锁头、罐车卡带、紧固螺母及锁紧螺母、圆销、开口销、侧架立柱磨耗板、斜楔、主摩擦板、摇枕斜楔摩擦面磨耗板、摇枕斜面磨耗板折头螺栓。 **要求：**对铁路货车运行安全监控系统预报的故障进行确认和处置	
17	第十六步：左脚跨出一步	**检查：**闸瓦上部、闸瓦插销、转 K3 型转向架制动梁端头与闸瓦托组装开口销、轮缘、踏面、轮辋、侧架立柱磨耗板折头螺栓、铆钉、交叉杆端部螺栓。 **要求：**对铁路货车运行安全监控系统预报的故障进行确认和处置	
18	第十七步：右脚跨出一步	**检查：**侧梁、侧柱、墙板、门板、绳栓、柱插、车门、车窗、车门折页及座、车门锁闭装置、集装箱锁头、车梯扶手、脚蹬、轴承外圈、轴端螺栓、承载鞍、侧架导框、副构架导框。 **要求：**对铁路货车运行安全监控系统预报的故障进行确认和处置	
19	第十八步：左脚跨出一步转身，右脚跟进贴近钢轨，探身检查	**检查：**角柱、端梁、端板、渡板折页及座、圆销、门挡及车端护栏、钩提杆座、提钩杆及链、冲击座、钩体、车列首尾端部车钩钩舌 S 面、折叠式手制动机轴折页、圆销及开口销、托架、侧梁、侧架导框、承载鞍、滚动轴承外圈、车轮外侧面、轮缘、踏面、车轮内侧、旁承、装有弹簧托板的转向架摇枕、上心盘铆钉、副构架与连接杆连接用螺母及开口销、上拉杆、装有弹簧托板的转向架内侧摇枕弹簧、减振弹簧、从板座、枕梁及牵引梁、制动梁闸瓦托、制动梁吊、圆销及开口销。 **要求：**对铁路货车运行安全监控系统预报的故障进行确认和处置	
20	撤除安全防护号志	撤除防护信号旗	

活动 5.5.3　思考练习

1. 人机分工人工作业 "一跨、一俯、三探" 分面检查方法的责任是如何划分的？
2. 说明人机分工人工作业 "一跨、一俯、三探" 分面检查方法的过程。

【考核评价】

1. 综合评价表（见表 5-17）

表 5-17　综合评价表

考核要求时间：_____

操作开始时间：_____　　　　　　　　　　　操作结束时间：_____

序号	考核内容	考核要点	总分	评分标准	扣分	得分
1	作业时间	作业时间 6 min	10	每超 6 s 扣 1 分，不足 6 s 按 6 s 计算		
2	作业过程	（1）插设防护信号旗。 （2）按单车检查作业过程，对全车进行技术检查。 （3）正确发现车辆故障。 （4）严格按要求对车辆各部配件进行详细检查。 （5）试验车钩三态作业。 （6）撤除防护信号旗	30	（1）防护信号旗未展开，扣 2 分；防护信号旗落地未重插，扣 5 分。 （2）作业顺序颠倒，每次扣 3 分。 （3）风管水压、定检未报，每次扣 2 分。 （4）漏检故障，每个扣 3 分。 （5）作业不到位，每次扣 5 分。 （6）该敲打配件未敲，不该敲的配件乱敲，每次扣 2 分。 （7）工具未撤出钢轨外侧，每件扣 2 分；防护信号旗未撤除，扣 10 分		
3	作业质量	（1）正确发现车辆故障。 （2）三态试验正确。 （3）车辆各部状态符合技术要求	50	（1）故障漏检，每个扣 5 分。 （2）车钩三态试验不会做，每态扣 5 分，试验不标准，每态扣 2 分。 （3）发现故障却不知名称，不算发现故障。回头故障不算（以脚向前移为准）。 设置故障：①②③④⑤⑥⑦⑧⑨⑩		
4	安全及其他	（1）认真做好工具、设备的使用与维护工作。 （2）按规定插、撤防护信号旗。 （3）按规定穿戴个人防护用品	10	（1）未按规定佩带工具及穿戴个人防护用品，每件扣 5 分。 （2）工具损坏，每件扣 4 分；工具未放回指定地点，每件扣 2 分。 （3）作业过程中碰伤出血，扣 10 分		
合计			100			

否定项：若发生下列情况之一，则应及时终止实训，成绩记为零分。
① 未插设防护信号旗即进行作业。
② 受伤不能继续操作。
③ 作业时间超过 8 min。
④ 发现故障不足 60%。

2. 教师评价建议